金陵全書

甲編·方志類·縣志

光緒續纂句容縣志（二）

（清）張紹棠 修
蕭穆 等纂

南京出版傳媒集團
南京出版社

圖書在版編目（CIP）數據

光緒續纂句容縣志 /（清）張紹棠修；（清）蕭穆等纂
.-- 南京：南京出版社，2020.10
（金陵全書）
ISBN 978-7-5533-2807-2

Ⅰ.①光… Ⅱ.①張… ②蕭… Ⅲ.①句容－地方志
－清代 Ⅳ.①K295.34

中國版本圖書館CIP數據核字（2020）第018744號

書　　名　【金陵全書】（甲編・方志類・縣志）
　　　　　光緒續纂句容縣志
編 著 者　（清）張紹棠修；（清）蕭穆等纂
出版發行　南京出版傳媒集團
　　　　　南 京 出 版 社
　　　　　社址：南京市太平門街53號　　郵編：210016
　　　　　網址：http://www.njcbs.cn　　電子信箱：njcbs1988@163.com
　　　　　聯系電話：025-83283893、83283864（營銷）　025-83112257（編務）

出 版 人　項曉寧
出 品 人　盧海鳴
責任編輯　嚴行健　佘世瑶
裝幀設計　楊曉崗
責任印製　楊福彬

製　　版　南京新華豐製版有限公司
印　　刷　南京凱德印刷有限公司
開　　本　889毫米×1194毫米　1/16
印　　張　153.75
版　　次　2020年10月第1版
印　　次　2020年10月第1次印刷
書　　號　ISBN　978-7-5533-2807-2
定　　價　3200.00元（全四册）

南京出版社
圖書專營店

續纂句容縣志卷七上

邑人張　瀛分纂

秩官表

親民之官自昔所重蓋以生聚噢咻胥惟令乎是賴咸豐閒吾邑淪爲豺虎窟十萬生靈搏噬幾盡勘定以來創痍滿目而又土客雜處水旱洊饑俾吾民出水火而登衽席者皆賢有司力也迹其政治卓然著于宦蹟此特班其姓氏而已學官丞尉臚列于下沿舊例也同治以前僅記大略作續秩官表

	乾隆	
知縣	陸鈞古修浙江仁和人進士有傳	謝昂廣東
縣丞駐郭莊廟	謝昂廣東澄海人貢生	王祖肅
教諭	張耒常熟人舉人	李珩海門
訓導	陸載錫吳縣人廩貢生	朱沛安徽
典史	牟榮宗山東福山人吏員	邵永和

澄海人貢生
李棠 直隸河間人進士
朱繡 浙江歸安人進士
金啟鏞 浙江山陰人監生
蘇呈機 福建會安人舉人
卜義明 浙江桐鄉人舉人
林光照

山東新城人貢生
吳瀚 浙江海鹽人貢生
張琁 甘肅鎮源人貢生
汪蒼霖 浙江錢塘人監生
郭巖 山西洪洞人監生
費元震 浙江歸安人監生
鄭文徵

人舉人
沙應桐 安徽無為州舉人
孫勳 武進人舉人有傳
施詔 儀徵人舉人

全椒人歲貢
俞獻 安徽歙縣人拔貢有傳

順天大興人吏員
李大楷 順天永清人捐未入流
楊元暉 安徽當塗人寄籍奉天吏員
曾曰唯 廣東嘉應人監生
賞鎬淳 浙江山陰人供事
丁哲 河南

福建霞浦人進士有傳

陳賢書　浙江海甯人監生

范廷燕　雲南通海人舉人有傳

趙湛　山西高平人舉人

張尙懷　湖南長沙人進士有傳

浙江仁和人寄籍宛平附生

唐作梅　浙江秀水人監生

永城人監生

周舒泮　湖北麻城人監生

胡咸攀　福建永甯人監生

費元震五十年署

孟芮直隸東明人拔貢

吳汾山東東平人附貢

王光陞順天永清人吏員

梁蘭生直隸正定人吏員

任可舉河南信陽人舉人

魯宗泰

成文爍

邱南林

嘉慶

方菁 廣東惠來人廩貢有傳
鄭志濂 直隸南宮人供事
于稽山 山東東平人有傳
楊宗志
張先甲 二十一年任

李聯第 湖北監利人拔貢
陸珍 浙江錢塘人監生
秦熙齡 山西鳳臺人貢生
王洵 順天大興人廩貢

徐彬 丹徒舉人
王明晉 安徽太平人舉人
方德 安徽桐城人舉人
潘慶齡 泰州人二十二任有傳
魏嘉謨
何失名

馮金伯 南匯人廩貢
何堅光 丹徒人舉人

孫起觀 安徽桐城人供事
馮守岳 浙江山陰人監生

	道光
韓慧均 二十三年任 劉鈴 安徽人 二十四年任	潘鎔 元年任 秦頤齡 拔貢 四年署 陳 失名 字陶甫 五年任
吳文煥 趙 失名 上海舉人	茅枝 年任 四
何堅光 再任	何堅光 年三任 四

毛正坦　湖北麻城人舉人七年任有傳

王清渠

陳廉

林用光

唐敩

王經

趙楷　寶應人

華廷弼　舉人

沈炳　湖州人

馮　失名

楊得時山西舉人

錢兆麐浙江人有傳

劉佳浙江江山縣舉人十七年任有傳

錢燕桂小山浙江嘉興人十八年任有傳

張肇靜軒浙江

張履淵甫震澤舉人十四年任有傳

姚先名桐城人

山陰人有傳

梁園棣

龔照琪　十八年任

姚文　邢生浙江人十九年署

王會圖　安徽盧州舉人二十年署

張寬培　三任句容有傳

張履　二十年再任

陳廣鉞　蕪湖舉人十八年任

成祉　趾本實應舉人二十二年任

沈炳　再任有傳

王檢心子涵河南內鄉舉人二十三年任有傳

徐失名二十六年署

許道身浙江仁和附貢二十七年任有傳

楊鳳翽二十八年任

白上釆永和拔貢二十九年

張履二十六年三任

徐逢幹寶應附貢

咸豐

郭夫名元年

姚文元年再署

曾錫三二年署

趙廷銘伯庸貴州遵義進士二年任

趙廷銘七年再任

同治二年

杜代侃代理

杜代侃湖南宜章縣監生

馬元德健齋上海拔貢

唐沂楚城甘泉舉人

徐鑄金鎔甫寶應附貢生兼理訓導有傳

李夔拊石通州人

董楨揚州人九年任

徐廷芳再任

徐鈞

陳文治

湖北人

三年	依勒通阿健庵湖北荊州駐防正紅旗滿洲筆帖式署有傳	杜代侃再任	朱元烺如皋附貢署兼理訓導	李蓉鏡寶應附貢署
四年	周光斗山東東阿縣監生署	張鑄浙江錢塘附貢署	馮元燊金壇增貢兼理訓導	朱啟華青浦歲貢署 邵承志山陽附貢署
五年	龍寅綬古郴廣西臨桂人舉人署有傳	陳敦福浙江紹興監生代 鄧維濬	蔡光熙泰興附貢署	何榮錦丹徒附貢代 張振奎

六年		廣東鎮平監生署　部仲齡 河南光州俊秀署　章承寅 浙江會稽從九品署	薛廷棟 江都增貢代　柳興恩 丹徒舉人授有傳〔叔賓〕　王治和 儀徵舉人署兼理訓導	丹徒廩貢署　錢寶昌 江都優貢署　周殿喬 山陽附貢署〔木天〕	應常玉 浙江甯波監生代　鄧汝章 廣西臨桂監生署
七年		岳繩祖 歸安附貢授有傳		秦煥 笠亭 無錫廩貢授有傳	
八年			錢青選 丹徒舉人授		洪淦 浙江臨海監生署
九年					任慶芳

十年	十一年	十二年	十三年	光緒元年
李寶雲亭順天昌平人供事署有傳	袁輔寶齋江西新建人監生授有傳			
			岳繩祖再任	祝永清
徐燦英贛榆恩貢署	徐倬江都副貢署	彭福保復齋吳縣舉人授有傳　楊保貞恂甫丹徒舉人署	杜效曾東臺舉人署	胡玉源佐卿
			秦煥再任	
河南光州監生署		張淦浙江山陰監生授		王其昰

	二年	三年	四年
	樊爕蘭台浙江會稽人監生署	涂嘉驥雲甌貴州松桃廳人附貢署	朱聲先平州浙江歸安人監生授 袁照湖北公安人附貢署有傳
湖北羅田監生代	夏雲集河南息縣廩貢代		
寶應舉人署		賈受璋如皋附貢署	楊青選研農溧陽舉人授 許桐茂生海州歲貢署
浙江嘉興附貢署有傳		沈墉浙江歸安人俊秀署	

五年	六年	七年	八年
	張沇清東榮 山東萊陽人進士授 有傳		黎光旦 湖南湘潭人監生代
孫德深 浙江歸安監生代	岳繩祖三任		鄢金階 江西南城人代
	陳鼎霄卓 長洲舉人授 鄭時懋 山陽歲貢署	成懋勳 太興舉人署 黃積慶衍卿 儀徵舉人授 有傳	
	秦煥三任		李蓉慶 寶應附貢署
郁曜宗 浙江嘉興附貢署	黃啟仁 浙江會稽監生授	王澍田 山東諸城附貢代 武鳳孫 浙江錢塘監生署	樓廣純 浙江浦江監生代

	理			陶桂金 江都增貢授	
九年	廖佐卿 萊峯 湖南舉人署	洪淦 見前授		沈澧元 鹽城增貢署	仇煦 浙江錢塘監生署
十年	陳玉斌 雲郎 湖南蔭生署			季榮恩 炳文 江陰拔貢授	丁壽祺 介人 浙江山陰監生授
十一年		吳廷榜 安徽霍山附貢署 張渠 山東萊州人監生授			胡榮昌 福建侯官人代
十二年	張沇清 回任	孫德保 浙江歸安監生代		徐嘉 山陽舉人署	

十三年	十四年	十五年
	吳大鏞 代理 趙受璋 筱帆 直隸祁州人進士署 有傳	龔長恩 少愚 代理 張沆清 回任
陶學乾 湖北漢陽監生署	季逢辛 山東福山附貢授	劉孔恭
黃積慶 再任		
晏振祜 淡如 儀徵廩貢授 有傳		
	丁壽祺 再任	

十七年	十八年	十九年	二十年
汪樹堂劍星浙江餘姚人由侯補直隸知州代理有傳	舒霖小巖安徽懷甯人監生署	孫廷顯念農安徽望江人監生署	
山東安邱監生代	王培瑞湖北黃岡監生代	郭希振湖南長沙監生代 楊保申浙江山陰監生署	周銘直隸宛平監生署
			高輝祖如皋附貢代
	晏振祜再任		張祥書笏山丹徒優貢授

二十一年	二十二年	二十三年	二十四年	二十五年
張沇清回任	鄧炬雲如湖南武岡州人監生署有傳	王友桂鎮齋浙江紹興人監生授	李孟康竹八河南光州廩貢代理	張紹棠星五
	王澤存河南光山附貢署 劉鼎元湖南永興人文童署		張瀛浙江平湖監生署	
黃積慶三任				鄧鐄次黃如皋
丁壽康順天大興監生代 余則李安徽懷甯監生署 吳棣少耕河南固始人監生授				

二十六年	安徽桐城附貢署	黃傳祁仲蘇湖南長沙人進士授	左秋周松軒湖南附貢代理		
	朱元羹調卿安徽旌德人監生署	陳耀山西附貢署			
二十七年	恩貢署	殷殿揚山陽舉人署	顧鴻闓澤軒通州人舉人年二十六		
二十八年	張祥書再任				
	顧國琛繼常浙江附貢授				

龍潭司巡檢駐龍潭鎮

孫承宗浙江會稽人監生署

沈福厚浙江山陰人監生署

沈志高直隸清苑人監生代

石汝松山西介休人監生代

鄭慶恩浙江嘉興人監生署

許吉雲安徽全椒人供事代

城守汛把總

蔡錦元上元人咸豐六年殉難

杜天順儀徵人

周玉欽四川郫縣人

俞學海上元籍邑人

劉興邦合肥人

狄懷慶上元人

馮　恆　浙江山陰人俊秀署　李明洲　儀徵人

潘　榮　浙江慈谿人監生授　以上同治閒任

陳金壽　浙江蕭山人監生署

余丙曦　安徽懷甯人監生署

孔憲鉦　順天大興人監生署

傅麟書　浙江山陰人監生署

黃燮元　廣東嘉應人監生代

胡子成　江西泰和人俊秀署

潘泰寬　安徽當塗人監生代

姚棟材　安徽貴池人監生署

高昂千　浙江仁和人俊秀署

郝耀奎　安徽懷甯人附監生署

何式金浙江錢塘人監生授
許　仁安徽桐城人監生代
熊儁江湖北漢陽人文童署
劉孔恭山東安邱人監生授
沙　淇安徽合肥人俊秀署
藍杰森湖南新化人俊秀代
周光藻順天宛平人監生代
趙鑑三順天宛平人附監生授以上光緒間任
按舊志順治間裁龍潭巡檢一員以驛丞兼攝今裁龍潭雲亭兩驛丞而復巡檢咸豐以前檔冊無存故斷自同治後而以汎弁附錄於下秩官科貢諸表同治以上均據續府志及采訪容有舛誤無從考證識者諒之

	知縣	縣丞	教諭	訓導	典史
光緒二十八年	李儁湖南舉人代 王樹鼎燮臣山西進士署				
三十年	龍曜樞自修安徽壽州舉人授				

續纂句容縣志卷七上終

續纂句容縣志卷七中

邑人張瀛分纂

選舉 科貢

人材隨氣運爲興衰漢初通儒多出豐沛吾邑爲明漆沮地故科名之盛甲於南都　國朝乾嘉後漸次衰微然猶蹟而能起洎乎烽火摧殘風流歇絶竟與曹鄶同譏顧茆峰東峙淮水西流靈氣所鍾豈今不若古乎是又在一鳴驚人不爲氣運所囿矣作續科貢表

乾隆	進士	舉人	貢生	武科
十六年辛未			許從龍 歲貢 笪自純 恩貢	
十七年壬申	李廷試 官海陽知縣興化籍庚午科舉人		吳淑宗 副貢 王鳳翔 恩貢候選訓導	

十八年癸酉

十九年甲戌

二十一年丙子

孔毓文官太僕寺少卿有傳

李景堂官安徽巢縣教諭附傳

孔毓文

沈之宗附傳

沈貽孫

駱存翥有傳

李廷謌興化籍

魏方泰歲貢金山訓導附傳

沈貽孫拔貢

駱琚優貢廷試一等授內閣中書充會試同考官有傳

李培源歲貢霍山訓導

沈邦直歲貢

張天鴻府學歲貢

樊明徵歲貢有傳

王光斗官都司

年份	舉人	貢生
二十三年戊寅		陳蒼石 歲貢
二十四年己卯	錢士澄	李元芳 優貢
二十五年庚辰		周鳳鳴 歲貢
二十七年壬午	李元芳 官安徽蕪湖教諭	李馭坤 副貢 興化籍
		孔毓琮 恩貢 正白旗教習 附傳
		孔毓桂 歲貢 奉賢訓導 附傳
二十八年癸未		王牧謙 歲貢
二十九年甲申		吳觀 歲貢
三十年乙酉	王駒 候補知縣 有傳	俞懷祖 拔貢

二十一年丙戌	沈貽孫官山東館陶縣知縣附傳		駱存智歲貢 魏湘副貢
二十三年戊子		俞懷祖興化教諭有傳 欒培桃源教諭有傳	張道正歲貢有傳
二十五年庚寅		吳觀官翰林院檢討附傳 駱彝有傳	王兆崙歲貢
三十六年辛卯			魏瀛恩貢
三十七年壬辰			張嵩歲貢
三十九年甲午			湯豸之歲貢

四十一年丙申	四十二年丁酉	四十三年戊戌	四十四年己亥	四十五年庚子	四十六年辛丑	四十七年壬寅	四十八年癸卯	四十九年甲辰	五十年乙巳
			李問禮興化籍桐城教諭						
孔毓棟歲貢	施文拔貢	丁一瀾歲貢	宋熠恩貢	裴于宣歲貢有傳	戴璠恩貢	葛珠山歲貢		王以樸歲貢有傳	紀宏澤恩貢
周繼濂衛千總							凌餘雙浦口營守備有傳		

五十一年丙午			高烈歲貢 裴于東歲貢有傳	朱俊
五十三年戊申		魏紹濂順天榜	劉黻歲貢	
五十四年己酉		駱存智賜欽翰林院檢討銜有傳	孔傳薪拔貢官直隸行唐縣知縣有傳	周宗濂 郜雲彪 李春元江南提塘
五十五年庚戌	魏紹濂官山東兖州府知府有傳		高漢沖恩貢 陳杪歲貢	
五十七年壬子		筲立樞覺羅教習以知縣用有傳 王從懋新陽訓導附傳	張祖善副貢有傳 駱遐齡歲貢	

五十九年甲寅
六十年乙卯
嘉慶元年丙辰
三年戊午
五年庚申
六年辛酉
七年壬戌

孔傳勳　官陝西同官縣知縣　附傳

潘祿　歲貢
潘變元　恩貢
俞宗淇　歲貢候選訓導
李介福　副貢興化籍
鄒近魯　歲貢有傳
俞宗涑　恩貢候選教諭
李巒　歲貢有傳
胡敬敷　拔貢有傳
曹衣振　副貢
劉翀　歲貢
王以楠　歲貢
夏洛書　歲貢

朱健
邰雲龍

八年癸亥			章芝歲貢	張天籛
九年甲子			王汝湄歲貢	
十一年丙寅				
十二年丁卯		孔傳慶元年詔舉孝廉方正欽賜六品頂戴任遠教諭陞淮安教授		郜雲會
十三年戊辰		裴鑑 趙模候補知縣	王調元歲貢	
十五年庚午			戴日蔭歲貢	凌慶元解元金山游擊 凌慶華靖江守備

十七年壬申			葛芳林恩貢 王鳳翔歲貢	
十八年癸酉			姚鋐拔貢候選教諭	郜肇周
十九年甲戌			王以樞歲貢	
二十一年丙子			戴臣錦歲貢	凌慶鼇福山都司
二十三年戊寅			經朝偀歲貢	鄭長青江陰游擊
二十四年己卯	裴鑑翰林官主事宗人府有傳	馬兆增	尚徵進恩貢有傳	
二十五年庚辰			周鳴岡歲貢	
道光元年辛巳			孔傳壽恩貢羅泉州判 張慶闓副貢有傳	凌慶桂潛山游擊霍山陣亡有傳
二年壬午			朱煥歲貢	仇顯經京口守備

四年甲申	五年乙酉	七年丙戌	八年戊子	十年庚寅	十一年辛卯
	唐治安徽祁門縣知縣咸豐四年殉節贈知府有傳 王艮雯南陵教諭有傳	王雲錦順天榜			王振修順天榜寄
朱步雲歲貢元年孝廉方正	裴壽拔貢懷遠教諭陞浙江湯溪知縣附傳	潘旭歲貢	李元祺歲貢	朱淮歲貢	
					郜定邦

十二年壬辰	馬兆增刑部郎中京察一等簡放江西贛州府知府有傳	籍大興有傳	唐澍歲貢 駱化麟歲貢	李廷揚戊戌武進士桂林守備陣亡有傳
十三年癸巳			高星顯恩貢有傳	
十四年甲午		陳立	駱重恆歲貢有傳	邰宗凱團練殉節有傳
十五年乙未			裘宗銳恩貢	
十六年丙申			蔣兆寅歲貢殉難	
十七年丁酉			陳範拔貢	
十八年戊戌			裘宗錯歲貢	
二十年庚子			李廷錫恩貢	

二十八年戊申	二十六年丙午	二十五年乙巳	二十四年甲辰	二十三年癸卯	二十二年壬寅	二十一年辛丑
		戴臣法 官直隸寶坻縣知縣				陳立 翰林官刑部郎中簡放曲靖知府有傳
		戴臣法 廣西榜寄籍臨桂縣	張長鑑 候選教諭			
東春瑞 拔貢安徽泗州州判有傳	李兆詵 歲貢	駱仲林 歲貢 李川 恩貢	駱懋修 歲貢咸豐元年咸孝廉方正殉難有傳		張雋堂 歲貢	吳鴻舉 歲貢
				蘇廷傑 采石千總		

二十九年己酉			凌長埏副貢
三十年庚戌			李興仁歲貢
咸豐元年辛亥		笪佐堯官貴州平遠州知州	朱振鷺恩貢
			張澍堂歲貢
二年壬子		許貞元河南榜解元寄籍祥符縣	朱驤恩貢
			王承曾歲貢
三年癸丑	許貞元官山西大同縣知縣		施貞文恩貢候選教諭
四年甲寅			潘同恩貢試用教諭
五年乙卯			周肯堂歲貢試用訓導
六年丙辰			
八年戊午			
九年己未			

十年庚申同治元年壬戌

五年丙寅

六年丁卯

九年庚午

十一年壬申

十二年癸酉

朱榮清　順天榜官國子監助敎寄籍大興縣

蔣鳴慶　現任廣東香山知縣候升知府

陳文銳　陝西榜寄籍漢陰廳

嚴名棻　歲貢

朱汝舟　歲貢

章安福　補行辛酉拔貢敎習署廣東安定縣知縣有傳

王嘉貞　恩貢試用敎諭

陳汝權　歲貢試用訓導

裴忠　拔貢

王有贊　拔貢金匱訓導寄籍吳縣

年	進士	舉人	貢生	
十三年甲戌			朱昌祈 歲貢壬辰重遊泮水	
光緒元年乙亥			東錫桐 恩貢候選教諭	
二年丙子			劉渭 歲貢就職訓導	
四年戊寅			楊瑞椿 歲貢	
五年己卯			朱英 恩貢	閻人鵬翀
			楊瑞華 恩貢	
六年庚辰	陳文銳 現官戶部郎中		張澍 歲貢就職訓導	
八年壬午			張源 歲貢	閻人東亮
十年甲申			楊履坤 歲貢就職訓導	
十一年乙酉			楊世沅 拔貢沛縣教諭	
十二年丙戌			楊履豐 歲貢	

十四年戊子
十五年己丑
十六年庚寅
十八年壬辰
二十年甲午
二十二年丙申
二十三年丁酉

王有德 順天榜吳縣籍
許守鈞 河南榜祥

楊銘恩 歲貢
周梓堂 恩貢
駱文鳳 恩貢候選直隸州州判
陳汝恭 歲貢代理興化訓導甘泉訓導
田進道 歲貢就職訓導
張瀛 歲貢就職訓導
高成隆 歲貢
王履康 拔貢七品小京官禮部祠祭司行走
陳禮耕 拔貢貴州思州

朱體仁

府籍	符縣籍	
		二十四年戊戌 二十六年庚子
	陳培壽 壬寅恩科並補庚子丹徒籍	
楊慶恩 歲貢		
楊啟熊 恩貢		
俞濟川 歲貢就職訓導		

按五貢咸同以前檔册無存甄録呂府志續府志及各家乘先後班次無從攷證並有采訪佚科分者載入拾補識者諒之

孝廉方正

嘉慶元年舉

孔傳慶 增廣生十三年舉八

道光元年舉

朱步雲 廩膳生四年歲貢　孔式之 生員

咸豐元年舉

駱懋修 歲貢生　田志蓮 優廩生

光緒元年舉

駱道溥 增貢生

續纂句容縣志卷七中終

續纂句容縣志卷七下　　邑人張　瀛分纂

選舉

薦辟　封典　恩蔭　應例　別進

漢重徵辟晉重門蔭有明既定科舉而薦辟蔭例未嘗偏廢故取材不限一途而奇材愈奮我　朝因之野無遺士矣中興以來威鳳祥麟不盡出於科目邑人士捧檄馳驅執戈捍衛者亦實繁有徒雖微僚偏裨其蹟有不容沒者類而列之庶足動後來之興起乎作續薦辟封蔭例進表

薦辟

倪　銓　以保舉任山西興縣知縣擢岢嵐州知州

王應洽　從安親王剿寇積功保至淮安都司

羅國安　以南巡應役功保舉五品頂戴

鄭天彪　由武生投效積功保至瓜洲守備

李佳言　以工楷薦繕　御製詩文授浦城縣丞

陶茂森　由行伍積功保至提督銜授陝西延安鎮總兵

朱　桂　以捐布政司經歷薦署廣州糧捕通判

戴耀龍　由武童積功保至提督銜遇缺補授總兵

孔繼廉　由縣丞以軍功保舉知縣擢通判
戴宏度　由保舉歷署江西督糧道
姚行浩　由從九品辦振濟勞績保選縣丞
劉長恆　由廩生辦團練功保同知銜
王錫蕃　由候選訓導倡辦團練功即選復設教諭
趙　晉　由生員辦團練功即選訓導
張餘伸　由生員辦團練功即選訓導
笪　熙　由八品銜督帶團練功歷保至運同銜候補同知
笪名城　由俊秀帶團練功歷保至候選縣丞
趙映斗　由監生辦團練功即選從九品
孫　丙　由從九品銜辦團練功即選從九品
蔣培中　由生員辦捐釐助餉以勞積保訓導

董永勝　由行伍積功保至副將銜儘先補用參將
王來鵬　由行伍積功保至總兵銜以副將留兩江補用
徐邦傑　由行伍積功保至副將銜儘先補用參將
王有才　由行伍積功保至游擊管帶新軍後營
戎恆高　由行伍積功保至都司
王世楨　由行伍積功保至都司
王安宏　由行伍積功保至游擊
朱全勝　由軍功保至花翎都司
笪敎慎　由軍功保至藍翎守備
嚴進海　由軍功保至千總
俞學勤　由軍功保至六品藍翎督標補用把總
俞學海　由軍功保至花翎游擊管帶督標新兵後營

朱桂馨 由生員辦營務功保運同銜署湖北竹谿知縣
王履信 由行伍積功保至游擊刲股療母

戴鼎和 由童生辦營務歷保同知銜浙江候補知縣
杜世恩 由武生投標保至把總署句容高淳等處把總

孔廣業 由生員歷保授四川夔州通判代理夔州知府
朱立斌 由武生投營保至花翎都司

王元階 以功保至縣丞
張純如 由行伍歷任溧陽守備

戴儒珍 由山西滎河知縣辦防出力保升知府
王乾仁 由武童投左營保至總兵銜以副將儘先補用

張　桐 由營幕保至五品銜浙江候補知縣
戴友升 投左恪靖營歷保至藍翎把總

傅寶如 由童生在霆軍辦文案歷保五品銜候選縣丞

駱崇樸 附生由營募保至縣丞告歸孝母淡於榮利

孫筠竹 由諸生佐戎幕保至候補知縣加四品銜

孔昭熺 由吏員保舉六品頂戴

袁　鏞 由俊秀入鼎軍募保職候選從九

傅炳章 由候補縣丞歷保五品藍翎補缺後以知縣用

封典

王超宗　貢生以孫康佐貤贈徵仕郎翰林院檢討

王　鯤　以子康佐贈徵仕郎翰林院檢討

倪啟盛　以子錦封文林郎陝西省甘泉縣知縣

倪啟泰　以子銓封文林郎山西興縣知縣

欒長禮　以孫培貤贈文林郎候選知縣

欒正球　以子培贈文林郎候選知縣

笪晉銜　以孫立樞貤贈文林郎候選知縣

笪自澄　以子立樞贈文林郎候選知縣

王新仕　以孫駒貤贈文林郎候選知縣

俞茂鯤　以子懷祖贈修職郎太平教諭

魏應昇　以孫紹濂貤贈朝議大夫兗州知府

恩蔭

駱崇錦　孝廉方正懋修孫入監讀書期滿以縣丞選用

李福厚　桂林守備廷揚子兵部郎中兼襲雲騎尉

唐之植　祁門知縣治子襲職雲騎尉

凌長淦　潛山守備慶桂子武生襲職雲騎尉

凌鑑堂　潛山守備慶桂孫襲職恩騎尉

李宗泌　附貢生受祺孫滄州鹽大使兼襲雲騎尉

楊德福　從九品有仁子襲職雲騎尉

王琢成　文生王矜式子附生兼襲雲騎尉

趙裕艮　六品頂戴從九品永儒子襲職雲騎尉

徐廷佐　從九品日昶子增貢生兼襲雲騎尉

楊義源　文生振聲子襲職雲騎尉

魏子嶠 以子紹濂兖州知府贈朝議大夫

戴一烈 以孫宏度袁州知府貤贈朝議大夫

戴日甯 以子宏度袁州知府贈朝議大夫

王本涵 庠生以子從懋貤封修職郎新陽訓導

裴于宣 貢生以孫鑑貤贈承德郎宗人府主事

裴球 以子鑑贈承德郎宗人府主事

裴于東 貢生以子暢候補同知贈奉政大夫

趙國玳 監生以孫模揀選知縣貤贈文林郎

趙翔 以子模揀選知縣贈文林郎

孔毓璋 生員以子傳薪贈文林郎行唐知縣

孔毓昌 以子傳勳贈文林郎同官知縣

孔繼廉 以子廣業運同銜夔州通判封朝議大夫

東潮 都司原任臨元鎮把總溶子襲職雲騎尉

俞殿佐 議敘府經歷士根孫襲職雲騎尉

李序東 從九品慶連子襲職雲騎尉

戴堯臣 記名總兵耀龍子廕五品以通判用署正指揮

駱嘉言 貢生以子纘先贈承德郎兵部主事

唐兆蕙 生員以子治贈文林郎祁門知縣

陳啟瑞 監生以嗣子立贈中憲大夫候選道曲靖知府

陳輔 生員以子立封刑部主事贈候選道曲靖知府

許世敦 以子貞元封奉政大夫大同知縣

笪修點 候選從九品以子佐堯贈奉直大夫平遠知州

楊朝舉 以孫彥柏捐職州同例贈儒林郎

楊際任 以子彥柏捐職州同例贈儒林郎

楊彥松 以姪步蟾貤贈登仕佐郎隨州吏目

楊元祐 以孫世興道銜二品封典贈通奉大夫

楊啟葆 以子世興道銜二品封典封通奉大夫

楊兆楨 生員以子履謙四品封典贈朝議大夫

王昌富以子禮瑾同知職銜例贈奉直大夫

經茂齋以孫榮坤捐職州同貤贈儒林郎

經慎庵以子榮坤捐職州同例贈儒林郎

朱澍貢生以孫桂馨運同銜竹谿知縣贈朝議大夫

朱汝棻附生以子桂馨運同銜竹谿知縣封朝議大夫

姚可湘以子鋐拔貢生候選教諭貤贈修職郎

趙璜以子暹捐職布政司理問例贈儒林郎

駱崇禧增生以子文鳳五品銜候選州判贈奉直大夫

張信成以子曾福捐職州同銜例封儒林郎

王復初以子智同知銜候選布經歷例贈奉政大夫

王永年以子貞春捐職同知銜例贈奉政大夫

王貞春以子履康例封文林郎七品小京官

王煥奎　廪生以子嘉貞候選教諭貤贈修職郎

潘金恩　廪生以子同候選教諭貤贈修職郎

趙文彤　以子凌雲捐職同知例封奉政大夫

趙凌雲　捐職同知以孫淦道銜兵部郎中封中憲大夫

趙　熙　即選通判以子淦道銜兵部郎中封中憲大夫

趙宗文　以孫培元候選州同貤封儒林郎

趙重遠　以子培元候選州同例封儒林郎

俞輔廷　以子芳華候選同知例贈奉政大夫

李殿鼇　以子福恆候選同知例贈奉政大夫

蔣韓章　監生以孫鳴慶晉贈中議大夫候選知府

蔣　坤　附生以子鳴慶覃恩貤贈中議大夫候選知府

應例　　別進

胡惟新　考取內閣供事歷任永甯州知州
王新組　考授州同
王階組　候選州同
趙應佐　歷任廣東香山縣知縣
趙國鈞　詹事府考取供事
倪　錦　由監生歷任陝西甘泉華亭等縣知縣
倪　鑛　由監生任河南郟縣知縣
王吉士　由廩貢歷任寶應訓導江都教諭海州學正
王周南　由例貢候選同知
朱兆鎰　候選縣丞
朱顯杞　候補州判
許茂昇　考授同知

胡惟孝　福建太甯縣主簿
俞　贊　浙江候補府司獄署海甯州州判
駱　煥　雲南大姚縣巡檢
周清培　字希仲臨泉鄉人歷任廣東省巡檢有政聲
凌雲從　候選巡檢
孔毓昌　任河南靈寶縣典史
孔毓荃　考取內閣供事歷任山東清平縣典史
王正宗　由監生任河南西華縣典史
孔廣植　四川華陽縣典史
孔廣楷　湖北江陵縣典史
俞正邦　六品銜補用典史
俞學禮　六品銜補用經歷

俞　遴　候選州同
孔昭熊　四川補用典史

趙士荃　候選布政司理問
駱道源　四川補用典史

趙培元　候選州同
祖文炳　由附生報捐典史分發山東

駱允觀　由附貢任詹事府主簿
祖文煥　由附貢任湖北羅田縣典史

駱家慶　由監生候選直隸廳同知
祖文堯　安徽補用吏目

駱永泰　由監生任大理寺寺丞
蔣裕廷　由監生任安徽渦陽縣典史

朱繼塏　五品銜候選州同
張浚泉　由監生六品銜報捐兩班分發浙江試用巡檢

孔繼軫　由貢生任寶山訓導
李耀廷　由俊秀分發試用巡檢

孔繼賡　任江西弋陽縣丞代理知縣
駱　煊　由附貢報捐分發安徽試用典史

孔繼志　歷任貴州大塘州州判

馬兆科　由監生任山西平遙縣知縣

王甯長　由監生任貴州鎮遠縣知縣

裴　泰　由廩貢任懷遠訓導
駱懋官　由監生捐布政司理問
駱道同　由附生捐布政司理問
趙　熙　由貢生部選通判
趙淦　道銜歷用郎中兵部員外郎車駕司兼武選司行走
倪德兆　捐授湖南縣丞
楊履升　由附貢考取謄錄籤分國史館以訓導用
楊履恆　由附生考取謄錄籤分國史館以訓導用
戴鴻鈞　由監生捐儘先補用同知分發吉林
戴　琳　由監生報捐候選縣丞
楊世盛　由廩貢任荆溪訓導
楊錫恩　由廩貢任金山訓導

應鍾湘由附貢任浙江東陽縣丞
楊世橙由附貢捐候選訓導
雍　棻由附貢捐縣丞分發浙江候補
汪紹基由稟貢捐試用訓導代理清河訓導
經家齡由附貢報捐縣丞不論雙單月指發浙江試用
許兆元由稟貢捐試用府經歷
高翰卿由附監生捐縣丞分發浙江試用
華思明由監生捐候選知縣加五品銜
華　彬由附貢生捐候選訓導

續纂句容縣志卷七下終

續纂句容縣志卷八上

邑人張　瀛分纂

人物　宦蹟

山川磅礴之氣或數十百年而一泄生于斯者既咸莫不流轉于氣化之中以各蘄其所至而官于斯者又爲之涵濡呴噢玉汝於成猗歟盛矣吾句容自漢迄元閒鍾英特至有明爲㴬沮而其泄愈奇乾嘉以來亦稍稍衰矣然地肺靈氣豈終歇絕迺就此百數十年閒摭拾遺蹟罔羅舊聞分爲數類曰宦蹟志官于斯者尊有位也曰仕績先正孝友儒行文學武功義行才技耆年志生于斯者念耆舊也至若忠義附以貞烈則國殤可憫焉節孝附以才淑則閨範宜存焉類而列之具見山川之氣尚非一泄無餘也外此流寓諸賢亦氣類所感而不可略焉作續人物志

宦蹟

有明最重令長循聲卓著者加以不次之擢丁賓徐九思洊升卿貳實發軔于吾邑洎厥後來難繼前軌顧數世遙遙獨無約己愛民者乎乃摧殘兵火遺澤就湮爰舉乾道之閒政在民心者勤加搜討迄乎亂定見聞所及去思未泯略陳梗概而已黌舍雅化陪貳長材例得附載若夫死綏蹈義捍我藩籬亦應著錄雖忠武忠壯東南保障非一邑所得私然實有造於斯勞苦功高民不能忘也謹撮大凡附紀于後志宦蹟

曹襲先江西新建舉人由教習選授高淳縣調署句容知本邑漕糧額重加意寬卹民用日舒兄秀先會督學江南士林感德襲先奬厲風化修書院給膏火重輯縣志僉謂有儒吏風再任

高湄均有政聲

陸鈞字古修號秉齋浙江仁和人乾隆戊辰翰林壬申由編修改官句容縣將莅任貧無貲盡鬻其居室室有未克葬者六匱號泣而厝諸野以行旣下車卽養耆老興孝弟勸農桑息爭訟省刑罰時以愛民爲心利民爲事邑有猾吏某習詐舞文蒙蔽官長黨羽盤固莫可究詰鈞至盡剔弊竇民困大蘇上憲頒式于近縣著爲令胥吏因是叢怨兌漕時勾結弁丁百計刁難逾限不兌鈞拮据奔走晝夜靡甯又不忍以毫釐累民遂憤極自縊於倉時甲戌正月八日也遠近百姓驚聞如中路失慈母匍匐哀號塡衢溢巷本邑暨鄰縣紳民咸感其德立淸惠祠以祀之弁刊石爲記鈞莅任未滿二稔宦槖如洗布衣尚多補綴年四十無嗣寡妻弱弟留滯不能歸尤足悲云

林光照字珠浦福建霞浦人乾隆三十三年由進士出知句容甫下車卽敬禮賢士大夫詣司馬王周南宅從訪政事詢邑風俗俾指陳利病通達民隱又慕中翰駱琚之爲人館其弟孝廉彛於署逾年歲洊饑發廩以振諭諸生裴于東等散給窮檐全活甚眾邑中育嬰久弛特籌經費諭耆正曹宜惕家璨興辦常親驗肥瘠撫卹必周而於貧苦嫠婦尤加之意闔邑稱爲慈父母報最升高郵州以去紳民思之附祀於四賢祠中

范廷杰雲南通海人以舉人官句容縣流風善政悉效法于前令林光照慈惠勤慎家丁胥吏防範綦嚴從未飛一紙遣一役入民家騷擾者聽訟如神而於骨肉相爭婉委開導必令感泣以去蓋惻怛至誠入人寤寐綽有古循吏風邑人祀之於四賢祠馨香以報竟與林令並美云

張尙懷湖南長沙進士乾隆四十八年莅任句容親詣東陽郭莊廟等鎮宣講　聖諭問民疾苦永革照糧食鹽陋規祠廟之在祀典及繫屬古蹟者必捐廉倡修四十九年奉旨開龍潭河並不科派嚴懲胥吏舞弊勒石永禁邑中父老猶嘖嘖稱道弗衰

方菁字蘊齋廣東惠州廩貢生嘉慶四年由蕭縣調任句容扃試童子首拔朱元英於孤寒中館諸署齋親課之一時士論翕然嘗引程子語云士苟存心愛物於人必有所濟故兢兢以教養爲先而刑罰稅斂諸政唯恐稍有害民旦夕勤勞不遑安處未幾以憂去官留句容讀禮三載始赴部謁選邑人士過從者謂其嘉言懿行蓋不勝縷述云

于稽山山東東平人嘉慶十九年宰句容時値大旱赤地千里

民生無聊瘟疫且作稽山捐廉延醫療疾炊糜振饑拮据愁苦昕夕靡甯四鄉饑民待哺甚衆迺糶官米平價禁暴安良詳請蠲振逐戸清查杜胥吏侵漁之弊是歲災重于鄰邑而民沾實惠道殣無憂時人目爲衆母道光四年秦頤齡由高涫來權句容篆旌節孝邺孤獨亦著賢聲

毛正坦湖北麻城人道光乙酉戊子間任句容縣興廢舉墜昕夕弗遑邑多山苦旱修水利開河道至瑣山止自書儀門楹聯云士農工商爾等各安本分是非曲直我終不昧良心木刻至今猶存

錢兆麐浙江人道光間任句容縣邑舊苦糧重歲歉鄉民報災入衙喊訴兆麐爲人和易婉轉勸導衆屢解散去任代者某至政尚嚴厲收漕時募民壯數百名駐龍潭倉側懾以聲威刁民

某鼓惑愚頑阻遏柴米入城城內大恐上憲委兆麐往諭至則
先赴鄉講鄉約民聞錢公來爭往聽講兆麐先慰勞民敘契闊
事民皆歡樂某勢孤自請服罪餘無波累
王會圖安徽廬州舉人道光十五年權句容篆居心仁恕聽訟
時如家人父子推誠開導民不忍欺請　旌貞孝節烈婦
女一千二百五十三人建總坊於致遠門外以振風教兵後江
甯續纂府志藉以采輯句容事跡不致沈泯皆其力也光緒壬
午其子某赴秋試邑貢生張源遘諸場屋言其父尚存年八十
餘精神矍鑠課幼子童孫之暇猶追述句容事輒惓惓不置云
張寬培道光十六年初莅句容勤慎愛民案無留牘有疑獄必
推鞫再三而後定讞山田易涸比歲不登議建義倉名以豐備
改築于城東督學署之故址工未竣即去任再至則察斷嚴明

以家丁幕友皆舊人防閑最密終日坐堂皇與百姓相見不許胥吏壅遏家丁幕友無所施其伎倆三至則勸農桑濬塘壩爲鄉里興利無窮人咸稱賢有司云又有白上釆永和拔貢亦以嚴懲猾吏力除積弊稱父老至今能道之

劉佳字眉士浙江江山縣舉人道光十七年冬權句容篆鋭意更化謂民生匱乏之非有以裕之則教無所施特手輯蠶桑要法勸民種桑育蠶教民織布先是秋蝗遺子佳捐廉俸七百緡于龍潭司及儒學署設局收買至一百餘石逾年夏蝻生猶繁佳赴鄉勘視令邨民撲之不盡乃捐廉以倡幷集紳商助錢數百緡至東北二鄉購獲十餘萬斤而蝝種始絕秋大熟籌豐備倉以防歉歲刊總督陶澍所頒章程告諭以勸鄉民與教諭張履志同道合講求治理未幾調任去士論惜之

錢燕桂字小山浙江嘉興人道光十八年任句容關心民瘼重籌積貯酌路之遠近鄉之大小戶之稠稀或分或合各自爲倉就近振貸以繼劉佳未竟之志捐俸刊教諭張履容山教事錄俾廣其教一時賢聲卓著

張肇字靜軒浙江山陰縣人道光間任句容甫下車卽爲民興利除弊百廢俱舉尤以嚴辦訟棍爲務日坐堂皇親決民詞是非曲直明如指掌維時有豪家爭田揑造僞契肇不避權貴秉公斷結田歸原主人皆悅服句容爲南北往來孔道驛遞差使絡繹不絕加之兵差過境夫馬草料用款浩繁格於部議不准開支而親友暨家丁眷屬賴以舉火者百數十家凡有一面之識告貸無不立應地方善舉捐廉倡助不可數計卒以虧空正雜錢糧三萬數千金致罣吏議人皆惜之去官之日萬民遮道

焚香遠送頌口成碑後得堂弟河督文翰之力繳清錢糧開復原官另補銅山縣知縣亦有政聲至今句容人民尚感戴其德弗衰也

王檢心字子涵一字惺齋河南内鄉人初名立人道光五年鄉薦出桐城姚東之之門繼與倭文端李文清吳司寇竹如陳心一丁彥儔諸君子切劘風義益洞澈于天人内外體用之本在于一心因改名檢心乙未大挑一等發江蘇以知縣用庚子到省試用其冬委放粥差檢心丑正詣廠槩米眎爨班男女懲吏役邪用不增民惠以溥嘗曰弊竇安能淨惟勤查細訪庶有覺察耳夫冒濫之在災民可也胥吏中飽不可也至我漫不省錄則大不可二十三年署句容縣下車觀風扃生童于院面課之月煆季煉勸勉諄諄所拔何鴻儀駱崇禧皆知名士箸傳心要

語以訓士子鄉曲溺女風甚熾出示嚴禁復捐廉設局以收之全活嬰孩甚衆廉得鼻苗爲害至烈逐種者于境外刊印牛痘新書延醫傳種二十四年署高湻二十七年調任儀徵洊升直隸州候補道以徐州守城功　予花翎積勞乞假歸皖匪擾內鄉集練卻之加按察使銜生平究心理學而不爲迂闊難行之事同治八年卒著有易經說約春秋本義孝經本義四書存眞禮傳合鈔等二十餘種又菜姚伯山全集香峯文鈔行世

許道生浙江仁和附貢生以世家子來宰句容居官仁恕不以秕政病民洊升至常鎮通海道

楊鳳翮憐才愛士整頓書院以振文教聽訟嚴明胥吏不敢舞弊皆道光季年任

依勒通阿字健庵滿洲正紅旗人荆州駐防以筆帖式署通州

直隸州同治三年調署句容時粵逆初平設善後招墾撫恤幼

幼各局鄉民漸次歸來飢不得食開粥廠以振之請給耔種招

民墾荒賊去遺幼孩甚衆設法收養有籍者遞歸迎養其父於

署有鄉人入爲薙工者告之曰民閒傳言縣官收畝費百錢民

多愁苦其父訶令曰吾捐貲俾爾振民爾猶歛費民困未蘇竟

忍爲此乎令對以實無其事廉得私歛者重繩以法父老至今

猶感誦之

龍寅綬字右郇廣西臨桂舉人同治五年署句容寮友僕從只

數人政刑清簡民閒情僞洞若觀火故聽斷最明吏不敢蒙民

多畏服

李寶字雲亭順天昌平人同治九年署句容寬惠愛民兵後書

院無專款課多閒斷寶至捐廉定額月一舉行歲暮厚奬同沾

其惠創立義塾教育孤寒未幾没于署橐如縣磬民多哀之

裘輔字寶齋江西新建人文達公曰修孫精明嚴毅人不敢干以私同治四年任江浦時大水請發公款修堤以工代賑不允卽謝病去爲句溧高三岸督銷委員駐句容久留心風俗利弊十一年請補句容年幾七十高眶大額白鬚彪然日坐堂皇洞燭民隱適辦大徵知舊額甚重兵後元氣未復民不能堪力請總督沈文肅公奏　准永遠減免三成民沾實惠其聽訟如神不勝殫述莅任三年翩然告歸邑民均懷其德

袁照字萬皆湖北公安附貢生宏道六世孫同治七年署江甯南捕通判光緒四年權句容篆捐廉興辦卹嫠籌增書院膏火修建東西堞樓創設牛痘官局禱雨輒應創建寶華龍神祠復茅山下泊宮華陽書院籌捐四千緡續建　文廟親督工

程始竣其事勒石以紀聽斷精明民少冤抑政暇手輯小學以
論語弟子章爲綱而以孝悌謹信親愛力行學文爲目援引諸
經以釋之脈絡分明條理貫注刊送數百部人皆稱爲儒吏焉
張沇清字東榮山東萊陽人同治乙丑進士自光緒庚辰至丙
申四莅句容勤撫字緩催科敝衣羸馬三五僕從循行郵舍問
民閒疾苦則加意體卹雖窮檐婦孺莫不曰我公眞仁慈父母
也六年初任扃門課士一題發必教以義法閱卷細加批削多
所成就捐修城垣橋梁道路並濬郭西大塘事載碑記十二年
再任捐助書院經費增設小課十六年三任倡建義成石橋二
十一年四任佽助卹嫠育嬰各義舉沇清清癯骨立弱不勝衣
一聞盜警則馳騎夜出從者執炬隨之忽遇鄉人逐賊鳴鉦燃
銃沇清戒之曰汝曹勿爾倘賊還擊奈何只宜潛伏隴旁俟其

至擊之一日沇清追賊至河濱下騎騰踔而過護卒不敢越每
閱文時收視返聽家人至其前輒不覺其專如此解任後歿於
省垣闔邑至今稱之

趙受璋字筱帆直隸祁州人光緒庚辰進士十四年由清和調
任句容精明廉幹吏不敢欺訟無所滯甫下車即培澤書院士
子厚其膏奬是秋大旱請蠲請振並設局典牛飼養明年大水
圩田被淹請給莊木修埂邑民均沾實惠

汪樹堂字劍星浙江餘杭人尙書文端公子以部郎改官直隸
州十七年代理句容仁惠勤敏寬嚴並濟句容士客雜處宵壑
深林易於竊發樹堂莅任購線嚴緝朞月之閒風靖萑苻閭閻
安堵捐廉倡建邑廟未幾升任通州民咸思之

鄧炬字澐如湖南武岡州人二十二年攝句容縣事爲治嚴厲

風發一振泄沓之習感科名衰落慨然捐千金葺院舍講堂延山長教士諭董募貲購書籍增課經史時務俾士子講習其中邑北沿河一帶匪徒出沒洲堵間横行鄉鎮跳刀掐張莫敢誰何炬出不意擒獲匪首置諸狴犴解散脅從一方安謐士民咸懷其德以上知縣

孫勳字書屛常州武進舉人乾隆間任句容教諭每月課士精于品隲而奬掖之新進孤寒則免其贄遇邑之義舉輒喜擘畫以贊其成誕淵如觀察于署後於丁未及第迺牓其堂曰鼎元先路命儔嘯侶一時稱盛事焉

俞獻安徽歙縣拔貢生乾嘉間任句容訓導樂親賢士如駱正組朱兆銘輩獻與之切劘道義歷久不倦兆銘歿輓之以詩有云一生厚德遺孫子奕世書香紹祖宗可以見其志矣獻子正

燮亦育于署中後爲名孝廉云
潘慶齡字餘慶泰州人嘉慶六年舉人二十二年任句容縣教諭嗜學敦品著有汲綆書屋稿生平留心水利曾獻淮黄濟運五議總督松文清公亟賞之至句容議開赤山湖修埠頭橋至黄堰壩沿河各閘以備旱潦後因經費難籌遂寢其議
張履字淵甫震澤舉人邃三禮之學纂宗法通攷道光十四年任句容教諭募修宣聖禮殿崇聖忠孝鄉賢名宦諸祠及明倫堂次第完竣以其餘葺四賢祠而黜從祀一人履記云宋林范三侯並有遺惠祀之別室以勸善也至某者非衆志所孚黜而去之以治濫也烏乎德之不建民之莫懷雖僅附一木主且靡所容焉然則官斯土者何去何從亦可以知所決矣啟華陽學舍與諸生五日一會講求經訓作抗志植心砥行稽經練務屬

文六箴以勵學者知縣錢燕桂爲栞容山教事錄序其大旨略謂諭止爭訟以修身禁演淫劇以正心戒婦女游觀以齊家雜說首重廉恥即慎獨之功利民講及蠶桑即生財之道他如捕蝗記義倉議推之治平不難矣履性嚴毅雖盛暑不袒裼蓋示人以身教者也咸豐紀元沒于任後賊至全家殉難

徐鑄金字鎔甫寶應人咸豐八年官句容訓導邑中凋敝諸生執贄者寥寥鑄金恆以俸贍諸生己未江南鄉試借浙闈舉行擇能文而貧者厚贐之十一月乞假歸里囊橐蕭然十年句容復陷士人避亂往謁或贈金或假館皆酌宜以施

柳興恩丹徒人道光壬辰舉人游阮文達公門遂於經學文達纂　皇清經解興恩與參校分修脯貲振卹孤貧己甘淡泊布衣蔬食晏如也平生以禮法自持烏韡纓帽無斯須去諸身

同治初年選授句容教諭單車就道甫抵任署事者告曰吾家貧親老冀博升斗以養故摒當衣物就此寒氊而君又至奈何興恩俯而思仰而微笑久之曰君舍此何以慰高年吾去矣逾日即驅車返士論高之

彭福保字復齋吳縣人舉同治甲子鄉試十二年任句容教諭月課士子厚獎以誘擇少年英俊授業門下不受贄見文廟工程中輟籲請大府修之遍視童塾察功課勤苦者給資獎勵邑中儒嫠遺孤按月每戶給千文親送諸室而勉慰之節孝合例者贈額旌其門暇約二三老宿樽酒簋貳飲于東齋切磨道誼凡以楹帖及便面求書者悉錄先正格言以應之未幾撫憲檄同蘇辦其郡善舉去任

秦煥字笠亭無錫廩貢生大宗伯文恭公裔也同治閒任句容

訓導持身儉約教士循謹門庭嚴肅婦孺終年不出戶限督僕灌園種蔬雜蒔花木春秋佳日獨步郊外流連光景值花開豆熟時招門下士於署齋論道講藝致足樂也再任期滿謝病歸

同寅寶應舉人胡壬源東臺舉人杜效曾海州歲貢許桐均署教諭以善教稱

楊青選字研農溧陽舉人光緒三年授句容教諭奬掖士類出於至誠外和內介不阿附某令旋以事去任捐升知縣分發江西

晏振祐字淡如儀徵副憲端書孫光緒間任句容訓導捐俸加奬月課撫卹儒嫠每屆歲科兩試不校贄儀厚薄尋丁外艱服闋以卓異改授奉賢司訓

黃積慶字衍卿儀徵人咸豐己未舉於鄉庚申禮闈報罷偕江

都孝廉徐兆英南返行抵山東沂州忽遇捻逆遮道遂並騎馳至賊營從容説其酋酋感悟款以禮越宿遣邏送出賊境光緒庚辰大挑選授句容教諭最卹寒士三任之久贄券盈篋未嘗追索辛卯秋試督學楊頤續錄遺才至八月三日截止點名時有自遠方來者六十餘人環求補錄學使大怒令驅逐之諸生跪堂下竇求不已益怒弗許積慶下堂讓曰爾曹後止實自誤也將誰懟憲顏稍霽徐進曰諸生雖自誤卒皆寒畯不然早抵試寓矣不遠千里卒不與試何面目歸公其念之遂收錄其陰行方便類如此丁酉募縣令王有桂捐金修理學宮己亥卒於任以上教職

沈炳湖州人道光二十一年任句容典史後洊升雲南阿迷州知州緘金贈故舊並囑掩埋無主荒墓以補任內未畢之願其

費皆由炳遠寄今龍潭義冢實其經始也續府志誤作沈墉

岳繩祖浙江山陰附貢生以軍功歷保知縣同治七年補授句容縣丞駐郭莊廟署燬于寇僦居僧舍破屋數椽敝衾一襲不屑不潔泊如也性仁慈終歲不聞敲撲聲間有訊斷則恂恂粥粥如書生訟者感其至誠輒相悅以解歷三任謝病去

王其昱浙江嘉興附貢生同治間任句容典史兵後署圮寓書院中攜一僕炊爨冷淡如僧舍公餘終日閉關靜坐翻閱圖史工寫梅索之者不靳惜謁令不磬折第拱揖而已令呵之亦無慍色無故不履公庭不入廛肆故祿俸外不名一錢其廉潔如此以上佐貳

張國樑字殿臣廣東高要人原名嘉祥少時豁然有大志任俠仗義長身矗立材武絕倫其氣節足以折服羣豪羣豪咸兄事

之時廣西洊飢羣盜蠭起國樑結義兵勦之附之者有萬餘衆
不妄殺掠時人語曰拯弱鋤强張家祥廣西巡撫勞崇光撫之
於左江鎮乃改今名道光三十年洪楊倡亂檄國樑勦賊于新
甯以二百人破賊數萬廣西提督向榮調至營隸爲偏裨倚之
如左右手每戰身先陷陣所向必捷克復郡縣甚多賊聞風輒
遁去往往索一戰不可得則舉軍中旗鼓悉易焉而建他將之
纛賊誤攖之乃大驚潰咸豐三年賊自湖北東下陷江甯國樑
隨　欽差大臣向榮進勦鍾山賊營以其部桼七甕橋五
年十一月國樑馳勦東陽竄賊六年正月駐軍於城門岡屢破
橋頭下戍賊壘旋破皖賊于倉頭二月攻燬倉頭賊營數座追
賊于龍潭敗之三月賊潛竄下戍國樑與提督余萬清設伏兵
破之五月馳救京峴山大營焚賊巢追擊于治北小茅山乙亥

向營潰移守丹陽六月向公疏薦國樑總統江南大營疊破丹陽城外賊壘八月乙巳總統整兵大舉由寶堰進攻句容駐軍太平莊丙辰會諸軍直搗枝堯里移營逼近縣城九月乙卯分兵進攻敗賊于急流郿追至東門橋十月率馬步前進駐營野雞山七年正月大敗賊于城南五里岡三月赴剿于郭莊廟殺賊數萬四月擊賊于西關痛殲之五月賊撲我東門大營國樑奮擊賊潰遁閏五月收復縣城　賞穿黃馬褂追敗賊于湯水殲其眾移駐高資九月堵截竄賊于運河北賊勢大蹙十月督總兵虎坤元剿賊下戍斬安賊洪仁十一月率總兵張玉良擊援賊于竹里廟平賊營數十是時揚鎮既復遂築長圍於孝陵衛十年閏三月長濠潰國樑殉節于丹陽積功至江南提督　欽差幫辦軍務　賞戴雙眼花翎　晉贈

太子太保一等男爵　予謚忠武建立專祠子蔭清襲世爵國樑威名震天下雖洪楊諸酋無不畏之在句容大小數十戰無不出奇制勝暇時輕裘緩帶白皙如書生辭氣溫雅好從士大夫游善作擘窠書見者不知其爲大將也及戰麻屨行縢帓首横刀馳去部卒數十隨之從鎗礮濃烟中攢入白刃齊發疾若風雨雖悍賊當之輒靡凱旋載馘數車觀者如堵莫不咋舌暫憩郇店圍食環顧所部不失一人駐軍邑中先後數年拔識奇士健兒以百數或集義團或勒部伍有功則賞既亡則卹句容民至今感懷不已

虎坤元字子厚四川人總兵嵩林子驍勇絶倫營中號爲小虎將軍嵩林以事當法坤元泥首向帥前乞以身代拔刀自擬張國樑大呼入營馳救自願立功代贖且曰毋傷此小將帥徇其

請坤元由是激昂奮發戰必先登其收復句容也由溧水馳至甫抵郭莊廟有鄉人進計先破湖熟以斷賊援坤元攻克之殺賊萬人淮水盡赤而聲威益壯返旆直指城下營于兆文山顛置駁轟擊賊膽盡落拔關宵遁遂克縣城此七年閏五月事也七月移駐亭山邑北諸隘結團堵禦時國樑圍攻鎭江金陵出大股賊勾結捻逆合數萬衆沿河一帶連營數十里圖援京口坤元率師奮擊于倉頭下戍閒先後鏖戰三月堵截援賊四次燬賊壘百餘殺賊數萬俾國樑喋血苦戰攻克堅城坤元之力也坤元每戰督部下少年百人裝束如一跨健騎背旂手鎗飄揚若紅霞一片入陣馳突彈子雨下雖堅比堵牆當之砰訇崩塌血肉橫飛其雄傑英武如此壁亭山數月與民雜處紀律甚嚴閭閻安堵常梭巡各要隘賊不敢南越一步暇與練首相慰

勞民夫應役者重犒之未嘗一拂以箠其慈惠又如此未幾戰
死于秣陵關句容人設位而哭之事　聞照總兵
賜卹謚曰忠壯
李鴻勳廣東高要人投廣西提督向榮營咸豐三年躡賊東下
積功至游擊六年賊犯仙鶴門營壘副將王浚等迎剿失利賊
圍我軍甚急向公令鴻勳往援力戰卻之五月金陵大營潰賊
以大隊號百萬來壓張國樑屯丹陽誓師復戰屢挫賊鋒賊旁
竄攻金壇鴻勳竭力守禦賊不能破國樑往援圍乃解以功擢
總兵九月進剿句容遇賊于百培山奮厲迎擊賊潰遁未幾南
鄉民團潰鴻勳力救賊四面兜撲鴻勳奮勇突圍出至百培山
下中礮死事　聞　贈卹如例　加恩予謚壯
愍

李窗向營弁勇積功爲偏裨升都司花翎六年孝陵營陷退屯丹陽賊攻金壇窗與李鴻勳登陴死守張國樑馳救解圍拔窗爲前鋒進向句容八月助克寶堰攻茅莊又攻白兔身先士卒每戰必勝十一月攻小干橋又勝遂駐營率兵衝至東門城根幾破賊賊困鬬益急分股由南北二門夾攻窗窗收兵回身殿後拒賊賊矛刺窗橋高而窄受傷墜水死

李桂芳游擊銜江甯將軍和春部將也咸豐六年和軍進攻句容令桂芳巡檄崇德鄉各民卡遇賊輒擊殺之賊不敢犯九月賊勾結金陵溧水潰賊併力齊攻各卡同日盡陷桂芳率部卒奮力痛勦轉戰至淤鄉太平橋時杠梁已斷賊蜂擁蝟集圍裹數重所部三百人盡覆焉桂芳奮呼馳突手刃數賊力竭墜馬賊臠割之焚其屍

蔡錦元字伯榮上元人道光間任句容把總廉幹有聲咸豐三年赭寇陷金陵錦元義憤塡膺訓練團丁巡檄防堵六年大營潰賊衆攻城錦元與外委曹國洪督團抵禦賊如潮湧且戰且退至鎖山下被圍數重顧所部殲盡二人衝突刀左右揮賊頭隨落未幾矛集于胸同被刺死錦元與國洪家屬數十口均在逋逕邨投水殉龍團汛外委王達溧陽人是年在汛剿賊陣亡

以上武職

續纂句容縣志卷八上終

續纂句容縣志卷八中

邑人張餘堂分纂

人物先正

士君子之樹立一方之風俗繫焉其效或至數十年而不衰吾鄉當乾嘉之際世積隆平詩禮之家日以倫常道義相切劘教化行於上而風俗厚於下有自來矣魏氏以下皆舊族雖出處不同設施亦異而其德之皭然不磨超然於富貴貧賤之外則一也志先正以續前志之鄉賢

魏子嵩字雪亭號健庵父應昇一名時昕字昇初諸生世居東陽性至孝侍父疾晝夜不離者六十餘日及卒執喪盡禮教諸子有法家雖貧所行多隱德著有東陽閒筆及詩稿子嵩少失恃祖毋戴撫之每夕述古先賢哲事以爲訓即立志願學焉年二十四舉雍正壬子鄉試禮部罷歸而父已謝世浹旬矣一慟

幾絕乾隆乙丑登明通榜進士選授太平教諭諸生會文改試爲課不月使之爭補製聖廟祭器合樂習舞均依古式上官委查涇縣積欠不事敲扑而民課自完並詳陳水災情形乞賑從之既而連值旱飢置廠賑粥又倡捐分賑貧鰥遺役賫送以全自好之士纂修太平縣志搜釆節烈都爲一册請　旌表於朝迎養繼母施於署先意承志事兄方泰如師老而彌篤有故人子二無以爲生攜歸教之後皆補諸生歷官九年寄家不過百金俸滿引見卒於道入祀太平名宧著有處車集詩文稿

朱垣字泗山號闇齋獻酯少子以廩生舉乾隆元年孝廉方正幼體弱多病年十一始就家塾讀與講解古聖賢行事卽能通曉大義獻酯深器之年十九丁父憂哀毁逾禮於諸兄極孔懷之愛長兄埱患發背垣百方圖救參藥日費十數金不顧素不

信禱祝至此茹素禮斗願以身代及卒一慟幾絕既治喪猶每夜披衣哀號作秋浦泣雁圖以志悼名流題咏殆遍甫踰年羅四兄殰之變亦如之諸兄之相繼逝也遺姪幼垣教養備至有不率教者卽垂涕而泣曰吾他日得見先人及汝父於地下者總視汝輩之成敗也可但已乎其懇惻如此故諸孤皆無父而有父會新例舉優行邑令重其品將具文申送矣垣以孀孤在室不忍北上力辭時論益服其高生平見義勇爲興理本邑明倫堂辛丑壬寅歲祲出穀分給族黨爲本族高節婦吳節婦及王門潘節婦請　旌建坊皆能獨舉其大而其備極苦心者則在纂修家譜一事其言曰夫纂譜之事不易易也以一人之心神而綰千萬指之會合以晚近之聞見而綜數十世之源流亂一則頭足不能復理漏一則零丁餒鬼百世不收縱極徧摹動

與愆會欲以徑寸筆墨成盈尺縹囊俾前徽炳列後裔光昭以垂不刊詎不難哉故垣所纂朱氏家譜二卷詳愼精密其義法爲獨美云

笪立樞字繩齋號愼之重光之族孫重光事見前志幼穎敏讀書過目輒能闇解工詩善畫素負奇氣好植名節家貧田薄不足供饘粥既補諸生即以課讀謀色養貣讓其田於諸兄乾隆五十七年舉於鄉考取覺羅教習議敘知縣座主鐵保總督兩江延入幕中掌書記會鐵保以事獲譴戍烏魯木齊年已衰邁欲乞親故一人偕往無有應者立樞毅然請行鐵保慮誤立樞銓期轉堅辭之立樞竟決意偕去抵戍後復至哈叶噶爾葉爾羌歷一萬八千餘里六年乃歸鬢髮盡白途病未抵里而卒從弟立行字厚風貢生同族鋝字洛中乾隆庚午副貢自修字德新與鋝

同榜舉人自純字修儒恩貢生自壽字近山自淑字心儀晚號秀野居士皆諸生

駱纘先字晴嵐一字紹庭質性純厚事其父賡庵以孝聞與昆季處友愛無閒言少負經濟才讀書觀大意不屑屑於章句之末嘗言儒者以民物爲懷宜出此身爲世用奈何效佔畢小儒於故紙中求生活哉遂援例貢成均就職兵部司主事卒於官

宗人傳字綿莊增廣生廉潔自持耄而好學卒年七十三子中艮字純如庠生讀書勵品

裴于宣字郇雨一字晴宇邑諸生父諤士性嚴重于宣能得其歡心居鄉遇事退讓於捐賑捐修事皆贊成之而不居功晚年日手通鑑一編中夜不勌退處內寢子孫入侍怡怡如也嘗謂家庭和則元氣固防微杜漸必慎其端遇佳節則家人治具稱

子稱觴訓飭累千萬言列坐拱聽以此爲娛年六十六卒弟于
東見義行孫鑑
裴鑑字靜涵一字印川父球早歿叔珏撫之成立天資英敏嘉
慶十三年舉於鄉以大挑爲如臯教諭諸生課文手自校勘如
塾師之繩子弟二十四年成進士以庶吉士改官內閣中書主
湖南壬午科鄉試擢協辦侍讀轉宗人府主事未幾告歸鑑自
念少孤既貴爲母陳請　旌表復推及縣之苦節籌建總坊於
西門外又以裴氏子姓實繁於宗祠中積穀備荒凡族戚之貧
者出私財周卹之家居足跡罕入城市或以事干必婉謝之年
六十有三卒弟鑕字竹臞自稱潑潑子著有活潑潑地稿鑑子
澍字孟生後改名霨字黍谷充道光乙酉科拔貢生考授安徽
懷遠縣教諭會懷遠大水霨經理賑務不辭勞瘁明歲境有飛

蝗復督役撲治之俸滿以知縣用母老例得告近除浙江湯溪知縣假歸迎母而母卒匝月霨亦卒年僅五十八稱爲孝霨弟泰字季安貢生官宿遷沭陽訓導工醫泰孫忠字省吾同治癸酉科拔貢生

孔傳慶字柳堂號拙菴父毓桂官奉賢訓導文學有傳傳慶生而穎異經史過目成誦比長賅博能文而性最剛介於流俗少許可朋友有過恆面諍之以諸生舉嘉慶元年孝廉方正總督某公府志作陶文毅公誤延敎其子一言不合即拂衣去旋舉丁卯科鄉試挑選定遠縣敎諭後陞懷安府敎授所至講學明倫振興文敎士林頌之在籍與同縣王應祺捐造三台閣以轉閤邑文運應祺字泰芝庠生又朱步雲字敬熙歲貢生嗜學敦品道光元年舉孝廉方正

劉長森字卓堂父祚潤字雨亭恂謹自守長森補縣學生田產多膏腴佃者輒負租長森不與校素善飲客至必堅留客或辭問家有事否曰無他苦逋賦急耳即代之償後他客亦效之而長森不疑也嘉慶十九年江南北奇荒五十二州縣禾麥絕種有司邀邑人勸賑相顧無敢先者長森即署曰助錢五十萬貫衆愕然曰君寒士烏得此得毋戲乎長森曰誰以人命爲戲衆大感動遂集成巨款翌日長森賤鬻其產而以其直入官如所署之數議敘得從九品晚年貧甚爲童子師自給江甯藩司賀長齡請於督撫學三憲彙同奏　聞稱長森好善樂施仁義兼全奉　旨諭國史館纂修採入一統志以章其義卒祀鄉賢祠弟長裕字德寬以孝行聞

葛芳林字杏江廷堅之次孫恩貢生爲人品學純粹邑令毛正

坦深器之其訓子孫輩嘗曰士人自入學後無不以食餼爲榮然一經與保卽有利心吾見今之索贄者卑汙萬狀一日之閒顏面數更有市井所不肯爲者壞品行而損陰隲莫此爲甚又子孫苟愚魯不能讀書儘可貿易萬勿充當農里書以染公門氣習且子弟佚則生淫爲農里書者終年遊惰所費不貲卽至奉文催漕時已得不償失勢必至別生機巧夫讀書而爲廩保是士而賈矣讀書之家而充農里書又士而役矣其言可爲藥石

王莊字康田王氏自前明成化迄 國朝嘉道閒科名踵接爲邑世族莊少孤勵學自爲諸生卽砥行立名爲人倫師表性嚴肅雖燕居無戲語惰容雅好酒不常飲飲輒微醺挹其和煦如坐春風中愛植花卉不購異種而滿庭綠縟生趣盎然平生

節省自愛非其義一介不取歲入館穀止五六十金而度支不匱授徒精心課講始終如一卒年七十有六同時朱昌祈字雨亭歲貢生品行端粹光緒癸巳重遊泮水學使給額曰思樂重賡

蔣坤字立誠一字笠臣祖鴻儒太學生以賈起家慷慨好義乾嘉時凡田畔偶有浮屍差保輒藉端敲詐當之者恆破家鴻儒嫉之乃糾合同志捐貲設寶善堂於郭莊廟施棺贈藥而尤以收殮浮屍稟官驗埋爲首務一切雜費皆取給於堂刊有定章蠹猾無所用其詐鄉人由是受福者數十年父韓章篤厚好施亦國學生坤天資過人讀書一目五行十歲能屬文十四歲應童子試邑人號爲神童父以獨子頗鍾愛母萬訓之恆嚴自塾歸每督課至夜分暇則訓以古人嘉言懿行一時有慈父嚴母

之稱甫冠受知於滇南李椭堂侍郎補博士弟子咸豐間洪逆陷金陵向軍門榮駐師鍾山懷材者多挾策干進坤以家有慈親不願置身危地同人邀之謝不往然於家國之安危疆場之勝負未嘗不耿耿於中忠愛之忱一形諸歌詠善料事嘗謂欲克金陵須從上游着手江南北軍務須統歸一人庶免推諉牽制之虞後皆如其言庚申春大營潰張國樑戰歿丹陽江南無一寸淨土以避地稍遲幾及於難賊酋魯欲聘爲記室力卻之星夜渡江家屬暨戚友相依者逾百口舊有油肆在宿遷縣之白洋河於是昕夕籌畫内外撫輯百口得無恙而精力亦從此瘁矣卒年才三十有九坤敬節卹貧出於天性叔母湯貧苦守志迎養於家終身先世慕義輕財篋多借劵盡付諸火謂借貸皆親友非負人者久而不償必力不能償者也留之徒貽子孫

口實又慎於擇交求全君子而不苛待小人人皆樂爲之用雖鄉曲桀驁者悉能馴受範圍庚申之變卒賴其力以脫於險人皆謂其有先見之明云

續纂句容縣志卷八中終

續纂句容縣志卷八下

邑人張餘堂分纂

人物　孝友

昔巨川公廬墓三十六年馨香之報自唐迄今弗衰芳躅所留俗亦化之故以倫常相砥礪者往往各極其至雖庸行不求表襮而罔羅軼事闡發幽光載筆之責也乾嘉之世斷自宗譜及諸家文集咸同以來則得諸見聞爲多類而敘之可以昭激勸已續孝友

趙藺字廉友由歲貢生考取教職歷任泗州盱眙縣訓導父應惠以叠次輸粟賑災　恩賜廸功郎舉鄉飲大賓藺入都死未視含殮抱恨終天侍母王槃匜滫瀡必躬親之不假手於奴婢初至盱眙士子務揣摩舉子業置經史不問自藺秉鐸教之窮經諸生得其口授指畫轉相效法風氣爲之一變莅任後

迎母就養母懼渡江藺泣曰吾何忍戀此微官致虧定省卽乞歸宗人彥序字松培侍孀母沈善承意旨每出必誡其妻曰他日歸吾母無恙卽拜汝賜又張純如字永誠以行伍官龍潭外委得卓薦當入都純如不往曰吾所以希圖薄俸爲養親計乃復奔走宦途致父母離別之感可乎後陞至溧陽城守守備從弟灼如字文英嘗還人遺金性亦孝友

魏方泰字魯巖一字蓼園母吳卒甫八歲哀泣如成人遇時物必親薦之父應昇病噎見之心痛誓不御酒肉事繼母施如所生有餽食物於其母者感謝不去口數十年來人不知其非施出也喜賓客好施與乾隆十六年歲飢倡捐粟米二十一年復大飢强者沿門索食方泰懲其首者餘不敢譁乃勸富者出穀賑之一方以安晚以歲貢生選金山訓導未赴卒弟子嵩先正

有傳其季曰子恆子嶠皆諸生子恆字冀襄父病時方泰侍疾子嵩應禮部試乃偕弟子嶠外謀修脯以供家計一錢尺帛不入私室及方泰年邁子嵩先歿子恆子嶠經理家務拮据支持有不使方泰知者以是方泰得與老友從容觴詠以爲常子嶠一名子岱字平山幼慧能文待諸兄友愛逾常母施病於子嵩任所子嶠日夜禱天願減己算益母及訃音至方稽首案前一時匍匐哀號至不能起水漿不入口者數日子紹濂乾隆庚戌進士官知府另有傳從孫嘉梁字壽軿諸生教授里門以養父母日吾若遠謀修脯其如定省之曠何嘉梁從子元白字臨仙亦諸生

戴向煊字爾儀父元甲孝友好施嘗營公祠教族人子弟時目爲熙朝人瑞年八十四舉鄉飲賓向煊善繼父志少嗜學比

長爲怡養計遂慨然投筆經營四方每逆旅思親淚涔涔下會母病尙煊在河南忽心痛大駭卽馳歸而母已病篤扶養月餘而卒自是以父老不復出父病胃氣夜半卽飢少進饌始安尙煊與父偕臥起以便進食歷十數年無徹夜之眠及歿哀毀幾滅性縣令欲以孝子請　旌尙煊固辭事乃寢

戴元解字鹿鳴邑庠生事母撫弟各極其至父在與豪家結訟不得直憂憤以死元解卒諸弟伸理數年卒雪父忿人稱其孝治家有條理五世同居無閒言年八十有五卒族弟元薦字明受少讀書篤於實行家人六十餘口元薦處之裕如四十年無詬誶聲病革時囑諸子環侍訓以孝弟之道語畢而瞑又一俊字進之性豪俠父遭仇誣末伸一俊訟三年冤得雪仲弟早死弟婦周撫孤守節其子又誤撲人人訟之官一俊挺然代姪分

理始無恙後姪積貲累萬一俊戒已子曰姪致豐厚乃伊母苦節之報也毋起爭心宜元與弟宜玉俱天性友愛衣同笥食同味寢同席相依白首怡怡如也日治字爾恭父甯之嚴於教兒輩小有過輒恚焉不安日治善於承順惟恐偶觸父怒弟死矢撫諸姪成名居鄉恂恂有大度三舉鄉飲賓戴大徇戴亨瑞戴一英戴憲章並以孝母稱

曹於義字幹臣母孔家範嚴肅於義壹意承歡不敢稍忤顏色兄於禮無嗣爲立後以全嫂節性伉爽人有過恆面斥之姪政通一名湘字秀文太學生天資英敏七歲出就外傅晨起入塾必詣母前問安及日中日晡亦如之時有奇童之目比長重然諾慎笑言爲里中剖決爭競無不平允又周克全字爾功博通書史爲文章根柢深厚不肯應試有勸之者則曰人祇此身志

功名而疏定省吾不願也以布衣終
向祜字賓臣先世有華玉者工醫以孝義著祜事親亦謹父病禱天乞代其藥餌日費多金貲盡不悔父歿哀毀盡禮子永瑄字繡書諸生性至孝雖燕見必正衣冠父於別業設一榻永瑄肄業其中數十年未嘗偶坐每應省試父必多予資斧永瑄節省所餘盡以濟貧乏父聞而益喜文敏而工嘗聘修郡縣志考授太常博士族孫徵倩字溯方貌魁偉性孝友徵珮字江如諸生性耿介母王病衣不解帶者數月又世賢字子揚父瑞玉徵珮弟也世賢好施予事母唐孝與兄弟析產居瘠讓肥後更以所分田產給寡嫂居平敬禮儒生見人有過必直言規勸性復耿介家苦貧未嘗告貸於戚友卒年六十八
王宏德字維馨生長山東十七年始歸事嫡母戴極孝嘗言父

歿不及養今養母不能先意承志使吾母謂子非所出而隱然自傷縱憐而貰我我其何以爲人故無一事不求適戴意晚年手足偏痿宏德撫摩抑搔出入則躬負之依依如嬰兒如是者三年歲一往山東省生母寶留連匝月卽趣之歸臨別必涕泣誡同母弟曰吾之釋然於山東者大人幸强健且恃有汝也及戴歿宏德以哀泣致毁逾年而卒子開塈字炳文亦孝事孀母飲食居處惟恐稍拂其意雖有諸子母恆樂居其室時里人以孝母聞者有曹承襄張養吾張爾瞻倪秉楨及族弟秉橋爾瞻廩膳生工文章

王運桂字樹宫母張愛憐少子一不當意詬詈隨之並及其媳運桂長跪於前不敢置辨俟其怒解命之起而後起其色笑如故也性廉正非其義一介不取王氏以孝友著者宏毅字重遠

事母曲盡孝道母有憂色怒容輒依依膝下不敢稍離俟母顏既解始出門去運敬字爾明九歲喪父家貧行傭將母運祥少孤貧撫幼弟友愛備至弟運秀亦恭事伯兄同居六十餘年泰延字嵩年諸生十歲善屬文事孀母孝開經字心益習染業江右所得直輒寄歸奉親毫不自私或與宴會念親未得食卽側然不忍下箸嫂胡氏矢志撫孤開經時其匱乏而厚給之

王宏崑字蔭三邑諸生資性過人親疾躬侍湯藥夜則對天焚香求以身代復刲股和糜以進疾立愈弟宏崙字旭初能文工詩友愛逾常亦諸生又駟字宇高恩貢生弱齡執父喪哀戚如成人既長端嚴簡重動止有法雖倉猝未嘗急言遽色里人咸服其德量運晟字叔明年十二喪父勺飲不入口者數日道明字暉吉庠生母病風痺轉側需人道明扶持抑搔十餘年無勸

容厚森字茂千嗣父卒嗣母許以哭夫傷明厚森迎與同居侍養能極其歡

徐在位字爾謀與兄相友愛兄死泣曰生不得事父母兄又不祿奈何一慟幾絕事孀嫂飲食衣服惟其所適子知元字虞臣博學能文竺於內行宗人君求字惺庵父病瞽君求愉色婉容曲爲承順每定省恪立於前不命之退不敢退子明字承昭躬耕養親事嫡母溫溫如也璋字耐庵沈靜有智略孝事所生歲飢甘旨不給以家事屬諸婦出賈以贍二親之養三年中迭更斬衰期功之喪五璋以一身送死養生曲折盡禮克聰字達夫父死甫弱冠呼號欲絕事母益加謹篤衞英字化之家貧能孝值六十誕辰戚友欲舉觴辭曰上有慈闈何壽之有後舉鄉飲賓時又有衞國彩字君文生八月而失怙母王撫孤成立國彩

善承母志奉命惟謹母歿哭泣之哀感動鄉里臬憲王公手書碩德維馨額贈之趙成龍字雲亭善賈有約之賈於閩者成龍曰親在遠出二千里外吾不忍也乃就近謀供甘旨及卒哀毀逾禮一垣字沖虛傳父醫學兼精易術弟三人繼母出一垣善事繼母母欲有所厚於弟必曲爲成就以安其心

兪延祖字紹先茂鯤少子（鯤見前志）鯤多男秀而文者命之讀願而愨者命之耕延祖幼習農事天性竺厚族人共舉爲宗子兄懷祖貴（懷祖見文學）諸母皆得貤贈獨延祖庶出例不得與每言及之潸然淚下其孝思可想也弟銓祖字宸選八歲而孤哀戚踰成人比葬攀柏悲號酸動行路事母湯朝夕不離疾痛則抑搔扶持親調湯藥及卒殯殮悉準古禮尤以營兆爲藏體魄之所不惜重貲三遷其地求得吉壤而後卽安宗人應禮字聖常父淸

宇早卒與季弟應浩依孀母吳家貧備嘗荼苦應禮至性過人痛不逮養其父每忌日設祭輒痛哭失聲季弟有過應禮即跪母前流涕自責後弟以從浮屠遊歿於外應禮跋涉千里覓柩歸葬爲撫卹其孤

俞宜本字爾植父歿弟爾志尚幼長爲娶婦婦至遽欲析箸不許益詬誶先世啟肆江西值千金至是盡畀弟而獨力居積不數年漸充裕顧無子弟婦私倖之或告宜本曰無是也已而弟之子遊佚無度弟鬱鬱以死宜本聞訃悲泣即趨江西扶柩歸後弟之子亦死宜本竟連舉二子且抱孫遂以孫爲弟立後乾隆己未里人上其事舉鄉飲賓時年八十二同時篤友于之愛者王綱字敦三同懷四人綱居次其析箸也田産願取瘠者顧二弟尚幼不忍其獨居教讀教耕如是者八年所增産已倍蓰

於前爲弟授室舉產三分之曰弟年方壯能自奮又與弱弟合居十三年家益裕以半歸之弟曰余老矣食指漸繁如不分累及弟矣綱前後處兄弟閒三致千金而三讓之人稱其賢又兪宗洙字魯潤國學生兄弟同爨三十年無閒言迨析居以季弟有志進取將先世遺產悉讓之恐其以家累妨讀也許家哲年十五郎能以田產讓諸兄謂父曰兄累多產寡我得其半兄將若之何

兪宜大字爾碩事母孝境雖貧見母則佯爲歡笑若非不足者母有不悅臥不起宜大必長跪哀請或歌唱以博其歡母起則色喜謹進膳然後退嘗於元旦恭謁茅君爲母祈壽雖風雨不能阻後母歿仍以期往曰吾心未忍忘也妻强氏亦善事姑族人士佩字子服幼時舉動即異羣兒及長善鼓琴又精形家言

父歿卜地不避寒暑嘗昏夜見虎茅峯下無懼色母王晚年病
膂奉養唯謹晨起必以水潠口而舐之葢冀其復明也與兄弟
析居自擇其卑隘者更以逼近兄宅別謀住所其退讓如此子
二鈞鐘鈞字揆望有孝行鐘義行有傳又宜魁字潁文父公選
手足偏痿宜魁侍床褥不離左右事繼母以孝聞
許邦憲字掞三生而穎異父歿時甫八歲哀毀如成人母六旬
外忽染重疾急切不得痊因嘗糞而知無礙已而果然又閱二
十年始卒八咸謂邦憲之孝感云宗人際和母有疾醫藥調護
晝夜不寐啟龍字雲伯妻張二十年不育會繼母生子甫三日
而母故所生弟苦無乳啟龍焚香默禱令其妻服開乳藥果得
乳於是育三日之弟嫂代母職父大悅曰兒誠孝媳誠賢吾無
憂矣後弟竟成立生四子衍嗣續焉許氏以孝稱者又有許元

許廣元字漢侯侍父疾目不交睫者數月廣字居仁家貧灌園

養親久而不勌

王知坤字廣生爲人樸鈍家貧藿食自充而養親必厚母病寢食不安時大雪嚴寒跪雪中禱天願減己算以延母壽復刲股和藥以進卒愈母病妻許亦善成夫志王增字天成奉母色養二十餘年敬諸兄恂恂如也田廬之大推讓一如梨棗平生輕財樂善有俠士風王灝字宗程增廣生性至孝少長即課讀以佐甘旨會赴省試遇術者謂曰君內行甚善然逢兩壬當死壬申秋果得重疾戚黨來問者輒戚戚以親老爲念於妻子淡如也有契友自外歸急趨視之時已昏憒忽張目招坐榻下嗚咽不能吐一字意蓋以二親爲託也友心諾之少頃而瞑王明晟字允昇父死遺逋千金門戶赤立明晟奮然貿遷湖廣數年悉

償其父宿負而將母有資即不復出以孝養終其身

王允文字性淑邑廪生大母病篤願以身代事兄如臨師保初詔州縣募民輸穀積儲里人懼以爲累允文獨任之自束髪窮經至老不厭嘗謂弟子曰讀書以靜爲主勿著一毫浮氣諸生謁見雖盛暑必正衣冠年八十四卒時孝事祖母者又有王新夏王楷新夏字我求父二及遊於外祖母年八十餘衰病侵尋新夏衣不解帶者三月雖盛暑扶持拊摩晝夜無閒二及喜賓客好施予供具務得其歡慟生母蚤卒忌辰必致齋設祭悲哀不能自已楷字聖林早失怙恃見父遺書及母帨之屬輒悲咽至廢寢食顧不令祖母知恐其聞而增慟也侍祖母病不離牀褥者數月

胡惟聖字子詹家居謝外事專以養母自娛性渾樸雖犯不校

子其勤年十八失怙恃撫諸弟有恩弟其富字德裕國學生兄歿敬寡嫂撫諸姪一如兄之待已也性好施與鄉里德之宗人其桓字功甫事繼母如已母世溥字天敘國學生服賈養母兄卒嫂倪守志世溥委曲善待俾完其節吳檢討觀亟稱之世基字念修父夏彝目失明基怡顏順志無幾微遺憾文著字錦文諸生幼失怙恃事後母孝與諸弟早析箸以季弟多病復與合居十五年後弟夫婦繼亡爲撫其遺孤恩勤備至

駱臻字蓮伍邑諸生貌魁梧意氣雄傑至性過人事父圖呈見前志義行能先意承志家故貧圖呈喜交遊座賓常滿臻供具無少缺不足則典衣佐之時與其父遊者多不知其貧弟天申早亡遺孤一愛育如已子每食必令侍父側冀顧之稍紓其憂姊適朱氏遇喜慶必歸甯會父九十誕辰先期大雨雪逡廵未至父

有愠色臻卽自咎曰奈何今日失親歡長跪風雪中謝罪時鬢
鬚並皓然矣見者無不欷歔感歎父亦爲解顔臻有著述才而
恥於自炫乾隆乙卯族人纂修宗譜潤色誌傳則臻與堂兄敦
素手筆居多云宗人鶴年字翔千廩貢生家居授徒養親人稱
其孝
駱中吉字埜田幼喪母哀慕終身事父書巢與繼母戴怡怡色
養同懷弟四人一人出嗣友愛無閒性靜逸讀書乾元觀凡十
年妻死不再娶貌類深山老衲著述等身以諸生終從孫正慶
字春谷太學生父母早歿事其祖臨吉以孝稱少應童子試名
前列聞其祖思之不待試畢而歸娶妻黄新婚時仍侍祖寢家
有懺綺樓日與其祖品詩讀畫其中邑人傳爲佳話
經章紳字巽甫天性篤孝父振麓遠出經商歷久不歸章紳甫

弱冠泣謂母曰兒不見父何以生爲卽以尋父自矢母以幼年不諳江湖之險止之章紳日夜哀思寢食俱廢母知其意決許之於是拜母就道渡江淮踰汴冀冒越險阻歷二十年足跡幾徧天下而父卒無耗後母卒擗踊仆地氣絕復蘇水漿不入以親友力勸乃一進饘粥遂茹素終身云同里楊朝舉字永傒父客楚朝舉時幼及長請於母欲作尋父計母初不允固請許之使戚屬某偕往行次湖南見一客操鄉音戚某曰卽爾父也遂抱膝長跪淚潸然下觀者動容嗟歎艮久蓋朝舉在襁褓父卽遠賈也時以朱孝子尋親比之劉長醇字法乾父賈數千里外無音問徒步尋之歸朝夕侍奉鄉里稱爲劉孝子又章紳族孫榮培字天益嗣父淑齡客死湖北喪難遽歸榮培泣言曰事不避難子弟職也焉有父喪在外而子弟能安寢食者卽束裝星

夜趨漢陽越兩月果護柩歸時年甫十七

楊學仁字聖先性至孝母嬰疾在牀褥者經年學仁侍湯藥未嘗偶離妻稍忤顏色重笞之妻没不娶以堂弟治之子承祧王世簷事母孝家素貧奉母必甘旨母年八十艱於行世簷負之出觀田疇插秧以爲樂其善悅母意類如此素行恭儉非禮不爲弟世書亦孝友時人比之祥覽楊明盛性篤厚母四體病不仁飲食舉動須人盛失妻早無力復娶以子而婦數十年如一日後母至七十八而卒明盛亦相繼而歿梅逑儼字明瞻六歲而孤有至性見母親操井臼則呱呱而泣母問曰兒飢欲食耶曰否然則寒耶曰否哭何爲者則曰兒不忍母之勞苦於是泣益甚母再三喻之及長境稍裕事母益恭謹每念無所報劬勞輒泫然流涕云朱和橋字君正父仲華早逝舅奪母志和橋旣

失怙恃年甫舞象三弟皆穉幼勤儉經營旣諸弟皆完娶麤給饘粥以母之故日夜飲泣即迎歸奉養意之所需靡不置備妻徐亦事姑孝

楊有裕字子容家小康秉性慈惠鄰里貧乏者輒陰給錢米嘗於雪天以竹簟鋪粟飼飛禽人咸以迂目之居家孝友子弟循循守法度年七十餘卒子正端字方林幼習禮儀以孝友自矢侍父疾刲股三次端子興鼇字魁元立身行已無時不以辱親爲懼楊氏三世孝友鄉里目爲義門時刲股愈親疾者有楊茂福胡侃經成雲張懋釗茂福字臻山母疾醫云須人血作引茂福即刲股取之母果愈侃字廷和年十六母病將不起侃刲股爲羹以進母愈越二年父疾亦如之後父復遘疾侃又刲股其純孝如此成雲字榮山侍親疾默拜北斗願以身代每進湯藥

必親嘗久之罔效乃割臂和羹雖妻孥不使之知懋釗字春和父病刲左臂和藥迨後母病則割右臂療之再病又刲股卒不愈懋釗廬墓終制又楊聚文孔繼發並以刲股起母疾感同時人

吳祖新字西翹諸生父觀官翰林院檢討旅歿山東祖新哭之慟知縣林光照索其遺文繕寫付之王民表稱祖新爲眞孝子

張博遠字禹成與弟厚遠俱英妙人目之爲雙璧未幾弟卒父永年終歲經營博遠遂棄儒而賈母宋多疾侍之至忘寢食後事繼母王亦如之卹困乏排爭競皆爲里中所重卒年六十六

又孔興傑字漢英以力田養親撫諸弟曲盡友愛母病瞽興傑左右承順母幾忘其苦爲人質直厚重不妄交遊不苟言笑宗人無不推服年八十三無疾而終妻倪亦以孝稱

朱潞字君彥祖垣孝廉方正先正有傳父錫國學生潞生而岐嶷時有神童之目比長美風儀多通經傳百家之言年十七補諸生朱氏故素豐潞生猶及其盛曁祖父以好施破其家布衣蔬食不改其樂至性過人娶妻王遣嫁甚厚潞謂曰吾聞人子不有私財於是以給家食妻亦化之後至斥服飾質釵珥不以爲怨兄弟四人易衣而出里黨稱之性矜嚴所交多一時俊異如孫星衍洪亮吉趙懷玉輩皆密友也會父遘重疾求交阯桂不得遑遽割脛肉和藥以進已而父竟不起方割時創甚傷筋數月不能行因諱言重腿疾後母覺之窮其情泣曰兒不知醫父所病咯血也冀以血肉愈之不幸無益因慟絕執喪哀毀逾禮遂以勞疾嘔血卒年甫二十九時父服尙未禫先是潞居喪時亮吉方北上惜其羸以詩贈之曰一心願汝作頑石我歸來

兮石不渺及訃至洪爲位哭於京師與白門嚴長明皆有贈朱孝子詩族孫茂袱字華輔事後母極承順父西安有腹疾日夜撫摩不解衣帶者數月瀕危議析產茂袱泣曰母老矣弟幼何遽出此後與季弟同居廿餘載無閒言華之縱字恆昭幼時隨父賈於秦郵郵有高寶湖在州治西北開廣一百五十餘里之縱偕父吉臣置貨廣陵買舟渡湖會有米商售貨歸載重貲羣盜謀夜劫之而誤及吉臣船吉臣年方壯饒膂力見盜至挺立船頭與格鬭被搏落水者數人有盜魁持巨梃擊中吉臣腦乃昏絕盜逸去榜人倉皇失措揚帆疾行比抵岸吉臣已氣絕之縱年甫十四聞父死躃踊哀號幾不願生旣殮赴州署具報州牧傅公有政聲每出之縱攔輿呼號簿鹵交格之之縱以頭搶地且泣且訴血淚俱下傅公爲之動容然盜無踪未就獲之縱

又呼號如前狀州牧患之乃齋宿城隍廟祈夢夢殿上有水一盂旁立喜鵲二傳恍然曰盂湖像也得非刦盜中有名雙喜者乎授意於役果獲雙喜父子於湖中一訊卽服梟示湖畔往來行人靡不頌州牧之神明而尤歎之綖之孝爲不可及云

胡有茂字盛生兄有萬歿萬見義行遺產甚厚會其子病危萬妻已爲子視木有茂厲聲曰嫂忍爾夫無後吾不忍吾兄無後延名醫許樹森診視以不治辭有茂叩頭涕泗不肯起許不得已書方去服之霍然性嚴毅婦人不著腰裙不敢過其門卒年八十九子本祉事父亦婉順同里以友名者趙東運字太樓家素豐昆弟五人已立券分析仍同居肩任其家事一兄客湖廣東運爲置田廬請之歸不許泣曰一父之子兄南弟北垂老不能聚首可若何其友愛發於至誠如此

石世嘉字從先甫六齡父母先後喪賴寡嫂撫之成立及長貌質而言戇願獨事嫂如母家事皆禀命而行嫂怒卽侍立聽責俟色霽始敢退與婣族讌有異味必懷以奉之終其身不改族孫泉爲作石孝子傳其略曰孝子孝於嫂也曷以子稱以嫂撫之如子故以子自居也又曰孝子之嫂節婦也節婦爲孝子也孝子無節婦則死死則孝子之父母血食斬也又曰嫂奉佛而因以放生也嫂多病而因以精醫也嫂樂善而因以醫活人也嫂愛其子而已不敢責也事嫂若此不謂之孝不得也云云

劉振源字秋巖邑諸生與弟振淮皆望重一鄉振淮見義行已析爨有年矣既復合居終其身無閒言知江甯府劉甫霖贈以旣翕堂匾額里人榮之歿之日劉公復表其墓時以孝友名者有郭世仁田克勤張金和王繼鑰世仁字端四繼從父爲嗣已而所

後父卒庶母有遺腹未生欲以身殉世仁泣請曰母孕若男兒偕奉母若女兒獨事母不使母飢寒也未幾果生男世仁撫之以恩既長良田美宅悉以歸之而已取惡者卒年六十六克勤字翰臣諸生篤於義妻張富家女知大體克勤兄某以奢侈蕩其產克勤夫婦無怨言張並貸於母家助夫經營業以復振兄某衣食皆資之死復爲撫其孤金和字介夫亦諸生父春堂字夢柳善畫方技有傳金和事父甚謹會天寒父欲御裘則爲其兄某竊典乃早爲贖歸轉置他籠以獻父後微聞之欲爲其兄弟析產金和曰兒不願弟有餘而兄不足也乃止繼鑰字品南繼母不慈事之愈篤愛異母弟如同出咸豐中避亂於外雖遠遊負販風雨必歸恐親失所也其婉順尤非人所能及又居雍陞事母孝母病癱瘓臥起扶持十五年不懈

李鵬年邑之細民也居揚州與弟鵬高鵬萬皆事母孝母每當夏秋間輒患痢七八十日鵬年晝夜抱負上下侍沐浴梳洗滌垢穢積年無厭倦鵬高在城中爲需次者廚役日必再歸以新美食遺母鵬萬爲倚虹園園丁灑掃亭閣分遊觀酬値市甘旨必厭母意兄弟三人皆未娶有婺婖重貲欲以嫁鵬萬鵬萬曰彼來能爲我善事母乎若不能是得妻而失母也不可有姊適殷姓而寡鵬年迎與同爨未幾鵬年鵬高相繼歿鵬萬以照料園事侍奉或不時遂上鋪舁轎用力爲養然贍給未減伯仲在日也鵬萬嗜酒醉則與人詬誶唯事母至謹及疾篤乃告其姊有錢三十千以半治發送留半備老母身後事語畢而瞑母是時年八十有七矣

孔昭樋字國楨少孤事節母王至孝母好葉子戲日邀二三鄰

嫗與母博先厚給鄰嫗金使故負以博母歡夜則爲母講小說家言至漏永弗倦昭槤爲人操鹽筴於淮時與往來者皆兩淮巨商或有事造訪昭槤侍母左右不暫離必僕者耳語尙未敢遽白母迨母微覺之始遣去時年六十餘矣及母卒哀毀骨立逢忌日必涕泗交頤性復喜施予咸豐閒邑遭大亂親知往依者昭槤悉量才而授之事不能者貸以錢米全活甚夥援例捐理問銜卒年七十有九子憲焜字松亭諸生能率父教

楊際校字訓昌幼失怙孝事母溺器必親滌之已而娶妻李亦賢明母色慍夫婦輒長跪請罪雖祁寒深夜必俟母色解而後起會際校奉母命糴米姑蘇舟覆被溺援起絕而復甦惟呼母母而已俄卒時年二十九柩歸其母每夜聞床頭泣聲如是者二年聞者悲之子鰲諸生張延理唐孝子常涓之後光緒閒與

父德新出販茶至鎮江舟覆同被溺旁舟初救延理甫仰面大呼曰盍舍我而救父舟子馳救之父獲免回救延理已無及矣後父談及之淚未嘗不涔涔下也

楊明修母成氏名門女治家嚴而有法子六人咸以孝聞而明修居其長孝亦最著咸豐丙辰六月母病更醫者累矣皆無效明修乃沐浴更衣於夜闌人靜時刲股和藥以進雖其妻不知也當是時江南大亂闔境騷動各謀遷徙母促之行曰汝弟細弱汝不能以有用之身與我併命也明修聞命嗚嗚而泣會病稍瘥以籃輿載母行十月增劇卒於途既葬欲廬墓終制父阻之不果次年明修亦卒年僅三十楊仁發字敬修父志義病劇仁發禱於神斷一指以和藥病立痊仁發同里以孝著者又有

韓昌華韓尚惠羅光垣光垣字德新邑庠生居母喪慟哭弗止

未匝月遂以毁卒
笪貞信父廣錦有子三貞信其次也性孝友誠慤服田外兼習賈恂恂粥粥犯而不校甫成童父即亡貞信事母張加摯咸豐閒賊蹂躪句容張遇賊不屈備受磤烙幾無完膚奄息垂斃賊去貞信尋至哀號負母以趨飢軀尫羸負逃萬山中日伏夜行渡江僑居返哺按摩頃刻不離側者幾周歲母傷始痊復得妻孥兄弟於離亂中骨肉團聚同治甲子賊平返里以色養終其天年貞信乃隨叔廣鈺負販至淮陽叔病貞信侍湯藥於逆旅至數十日始愈人咸稱貞信奉母不委諸弟事叔不委其子處流離顛沛中不改常度純孝尤不可及云
楊啟葆字春華少孤棄舉子業服賈揚州之興化縣歲時必歸攜錢帛甘旨奉節母母性嚴事之謹以孝聞咸豐六年避亂徙

家興化業漸裕凡里黨之脫難來就者必經紀而資遣之寇平邑中貸牛種立書院修文廟暨卹嫠育嬰義田義塾給衣施槥諸義舉咸竭力佽助宗祠毁圮材重建不誣誘族人家乘續修又贊成之又醵金繕構京師江甯郡館以待公車之士創江甯公所於滬上以厝客死旅櫬其積而能施如此居恆課子弟嚴有法延師必以厚幣購書不吝重直尤好岐黃家言先後校刊普濟良方達生篇福幼篇秘本喉科紫珍集傷寒論集註行世光緒紀元辭舉孝廉方正制科不應事蹟載興化縣志流寓中

張長康字永嘉父錦堂早卒家貧甚時仲弟長福年九歲季弟甫六齡母黃抗志撫孤昕夕以絞棉爲生苦節垂二十年語在節孝傳康年十一姑丈某攜之如皐習賈以勤愼見悅居停無何挈兩弟習業於如之豐利場又挈從弟長清於外手足辛苦

努力友愛肫摯道光戊戌遂啟肆雉皋坊郭閒家道日以充裕康與二弟輪歸侍養飲食服御先意承志凡金錢什物賫歸藏之母室不奉命諸婦不敢取一介溫凊定省一遵家禮暇則集諸外母偕母爲葉子戲有可以博母歡者無微不至會七十誕辰開筵讌會鋪設華麗珍錯雜陳珮環珠翠擁侍左右康率家人舞蹈上壽鄉黨嘖嘖稱羨尋以病卒於蘇州長福字履成候選從九品生有至性兒時至親故家得一錢必購菸歸笑而納諸母懷母或不豫即長跪引罪不命之起不敢起伯季之相繼歿也諸孤尚有在襁褓者撫如已出自恨少孤不能卒讀延名宿課諸子姪俾得成名咸豐丙辰句城陷攜眷寓如當是時兵凶歲歉穀價翔貴而世友姻族避亂相依者以數十百計咸賴舉火鄉閭借貸趾錯於門福內外撫輯心力交瘁未幾得咯血

疾逾年卒初福獨力措柱家政已十稔交遊覘其憂勤微諷曰君齒衰諸郎幼弱獨不稍加意乎福正色曰吾苟營私何面目見兄弟於九泉吾不負死者豈虞生者失所乎終其身無私積同懷之情死生一致嗚呼難矣長春字熙如慷慨尙義每屆歲暮散給米券修文廟葺宗祠邺嫠育嬰治橋平道惜字放生諸善舉慂慂懇懇爲之至天性孝友亦視二兄無愧色云

陳朝柱性戇直粵匪之亂賊獲其兄朝宗將殺之朝柱曰願舍兄殺吾賊叱曰汝不畏死耶遂置其兄而縛朝柱於柱以鍋鐵實火槍當胸撲之暈絕復蘇賊舍去後鍋鐵陷於胸血時涔涔流久之鐵亦隨之出因愈年五十餘始生一子曰國寶宗人天明識大體見義勇爲屢被賊刼去不三日輒逸出曰吾大清民願歸命於淸決不死賊手奉母撫弟能孝能讓建祖祠修家譜

族有爭產者將涉訟天明出已產分潤之訟立罷生平完人夫婦者四晚年遇逼節事猶力疾爲人伸理感德者酬以金堅拒不受

鍾啟宇字輔之邑諸生父年三爲人光明磊落善解紛拯人之危耗已財弗恤光緒閒索逋鎮江負者某倉猝無以償其黨之狡黠者計圖年三賚先使其父飲酖而故與年三口角遂誣以推跌致命下獄啟宇聞耗憤極即奔鎮江鳴冤鎮江知府福通心知其屈然以某黨强梗置不爲理啟宇匍匐堂下隨訴隨泣辭不少屈觀者皆爲動容福通心重之卒無可如何既而請以身代亦不許啟宇遂不離左右體貌素豐至是形骸骨立年三素强直雖身被桎梏而意氣自若促啟宇歸啟宇不忍後復上控裹糧奔馳備嘗艱苦上司稔知其狀時福通卒於任接篆某

公廉明有幹事遂得白啟宇平居恂恂一書生及理父冤奮不顧身鄉里稱孝兄弟間極友愛終啟宇之身未嘗析爨歿年三十八士林惜之

戴禮有禮元同懷兄弟早喪父母郤雙瞽禮有禮元承歡罔懈母無聊則輪負之出共鄰嫗閒話以爲樂家貧無力聘娶鄰村某慕禮有懿行欲贅爲壻禮有日得妻而失母不祥且以定省事委弟一人恐無以厭母意也婉卻之而禮元嘗爲母親滌溺器略無勌色咸豐間遭粵逆亂兄弟倉猝間置什物不顧惟以小車扶載母輦之出避忍飢者數矣終不令母失所後母七十餘以天年終同治五年冬鄰人不戒於火蔓延十餘戶惟禮有禮元所居茅屋三間獨存

韓文儀同弟文禮幼皆操賤役弱冠喪父哀痛迫切觀者莫不

慼傷比壯母血微氣衰起居須人文儀文禮遂各棄所業歸務農以便定省平居傭工將母凡母所飲食者皆先意承志備陳於前有疾跪父神主前默禱日則輪侍夜則兩人衣不解帶問所需而謹進之必疾瘳而後即安年冬憂母畏寒兄弟同寢夾母臥於中閒資以暖氣至春溫乃否如是者二十餘年母年九十餘乃卒

王淮之佚其名以字行嗣母生母皆早寡同懷弟一妹一粵逆之亂挈家屬避居如臯以販布供兩親之養及弟妹長爲之經營婚嫁淮之則鰥處未幾妹寡弟又死遺子一淮之恐益母痛迎妹合居不使失所數年閒心力交瘁返里後兩母得終天年營葬畢淮之旋歿時弟之子已壯授室矣王有聚勤於力田與兄有餘早分析有餘不事生產衣食皆坐資有聚無德色有餘

有子已長復代爲完娶人謂有聚爾兄逸甚爾何太自苦有聚曰兄年長不堪作勞吾代其勞宜也無何有聚之子又殤有勸之納妾者有聚不肯曰姪猶子也至是復與合居終其身

朱克峻母早歿父太學生步瀛咸豐閒兩遭兵火居民十室九空道殣相望步瀛破產以衞桑梓賊惡之遍體被敲扑亂定創作癱臥牀榻十餘載家屢空克峻仰事撫育能博親歡爲里中童子師雖風雪必歸定省夜則一燈熒熒不離左右至漏下三鼓始退凡父所需羅致無少缺衣物之質殆盡冬無棉夏無帷無幾微怨色十數年如一日嘗以筐貸米於外舅外舅曰汝父坐食欲無厭致汝一貧至此愚哉孝也克峻聞之遽挾筐反走終身不復詣其門貌寢而癯粥粥若無所能然每入市賣屨見者必肅然起敬其屨人爭買之有子三勤儉長厚能色養克峻

化之也光緒二十二年准　旌

續纂句容縣志卷八終

　邑人張餘堂分纂

人物　仕績

吾句容茅峯聳峙淮水長流地肺鍾靈實生賢喆故前明之世魏科連掇珂里喧闐通衢之間四坊屹立（曹義天官冢宰王暐地官司徒湯鼐殿中執法李春芳狀元宰相）猗歟盛已　昭代隆興名賢蔚起王仍齋之名在湖湘（王自新督學湖廣時弊絶風清）筧江上之功宣屏翰（鄭成功內竄筧重光扼守鎮江城賜令額）文章風節冠冕東南非僅閭里之榮亦邦家之光也乾嘉以來科目稍稍衰矣然赤山重臺諫之寄（王圻）原益其擅比部之才（馬兆增）即降而出身異途爲縣令佐貳者猶知廉潔自愛效力偏隅可謂無忝厥職矣咸豐中寇勢鴟張一二有守土之責者方且力籌勝算抗守孤城（東春瑞之守牛城）至若事不可爲從容就義祁門之節何減睢陽（唐治）鳴呼烈哉類而

敘之重官方而昭來許胥於是乎在志仕績

王畹字滋田號復齋曾祖自新湖廣學政祖輅汧陽縣知縣父緗青浦訓導均見前志鄉賢初畹生輅夢虎拂其袖知爲偉器由貢生銓授雲南府同知司水利鹺務前政多廢弛竈丁逋鹽數萬石畹爲籌畫羨餘積逋一清黑龍潭歲久積淤濫溢爲患畹親勘督濬復河故道開田數百畝民建生祠祀之署廣南府知府苗匪陸順達等率眾搶掠負固碉樓將議勦滅畹曰此懷中赤子也何遽爲此乃單騎入山寨告諭如家人順達感泣乞撫尋以勘定川粵滇黔等省疆界事竣擢刑部廣東司員外郎平反疑獄得情矜恤京師咸稱善人甘陝用兵奉　命查辦軍需陞刑部安徽司郎中　高宗御極由京察一等　特授福建興化府知府請　訓日　賞緞綾等物因乞便道省親抵任後以

治民莫先教士興正音書院捐膏火督諸生課闔郡稱治旋丁艱回籍服闋補直隸宣化府知府復蒙　溫諭　賜貂皮香珠絲錠以寵其行口外扎薩爾地方產材木爲宣府美利舊無部照納稅進關奸者負緣給照商民苦之畹剴切申詳仍舊例商集如歸郡秋糧二十餘萬石他郡改鑄鐵斛石溢米二升畹曰民不堪也其仍之便隨調順德府知府復內調刑部河南司員外郎陞安徽司郎中未幾告歸囊橐蕭然一夕有紅球自頂落閱數日遂卒

駱殿邦字宜萬號梅村父曰俞字容齋以孝友聞（曰俞事見前志）殿邦由恩貢補江西撫州府糧捕通判抵任後冤獄多平反會臨川令某以漕糧爲運丁所持勢張甚殿邦即時詣憲轅白其狀治如法督糧道蔣公日光亟賞之曰使辦公如駱通判者運丁安

敢諱乎同縣陳某隸撫州運船籍往來應役幾破其家立脫之是時瀘溪石斛嶺有殺人而逸者邑令沈元煉鑄階去一時難其人督撫咸謂非駱君不能了此事因兼攝瀘溪縣篆至則齋宿城隍廟恍惚中見一人面黃微髭跪神前心竊疑之一夕聞空中似有言石斛嶺逸犯今匿某所者即命役踪跡之其人果若暗中所見者一訊而服羣驚爲神殿邦持已清白才調裕如部下事皆整飭井井而尤以敎化爲急釐書院嚴課校刊昭武試卷以厲諸生未幾傅涵傅大成楊彦州等均相繼登甲科會丁毋憂歸江西人爲立去思碑服將闋又遭父喪遂不復出家居慷慨好施體先人志徹腴田百畝歸諸祠以永祭祀立義學以訓子姪其他興作救荒諸善舉靡不踴躍爲倡鄉邦賴之都統官保與有舊好乾隆十一年奉　命旋部迂道詣殿邦晤於

味書樓勸之出山謝之曰殿邦夙抱微志凡有益民事者知無不爲上報　朝廷今老矣愧報稱無期惟願公坦步　天衢以黼黻休明蒼生之福也官公歎息而去

倪鑛字武定由鴻臚寺序班出爲四川郫縣知縣轉補河南陝縣知縣均有治績民立生祠以祀並歌之曰倪青天聽訟不取暮夜錢又曰倪青天賦稅不迫常矜憐凡十六章文俚不悉錄後三任直隸南皮縣知縣卒於官

倪銓字天一少負奇氣以保舉出官太原府興縣知縣前任允留積滯一月內悉行豁理判決如流在任月餘清廉剛正擢任岢嵐州知州未赴卒

倪錦字漢倬父啟盛貢生端厚識大體錦由國學生歷任陝西甘泉華亭等縣知縣所至絕干謁杜苞苴政清人和德化翔洽

署中之費惟薪水取諸境內度支不足則遣使至家告乏啟盛無吝色並勉之曰好爲之勿憂不給汝用也語諸季曰彼非往贏宦囊者彼清苦而我不給勢必貪貪以敗名奚取焉錦在署喜吟咏校其尤者得數百篇命曰婁東寓草諸門人爲之付梓還里時遠近窺其捆載疑有宦貲及解裝則所鐫詩版也因笑語人曰宦歸無長物贏得一囊詩

王原圻字赤山由一統志館校修議敘授四川建始縣知縣甫蒞任興利除弊不畏强禦岳宮保鍾琪亟賞之會大將軍年羹堯經略七省氣燄張甚原圻以書勉之人竊爲之危原圻泊如也後年敗籍其家得原圻書　憲皇帝諭廷臣曰使某聽此人言亦可保君臣交泰之雅矣以此名譽騰起時已由建始內陞員外郎任戶部廣西司郎中未一載青海用兵晉監察御

史查辦軍需與堂兄晥同日拜　命都人榮之尋因事被逮大學士尹繼善力救得落職歸乾隆十六年　高宗南巡給還監察御史原職異數也家居二十年孜孜好善原圻善詩古文詞工書法兼畫蘭然不輕爲人作弟原泗字京涵由方略館議敘歷任直隸三河定興清苑等縣知縣以地方被災不待命擅發倉穀格於例罷歸李宮保又介賞其膽識保復原職司州牧縣尹又十數年歿於任

王原洙字阜濱由國學生考授湖南武陵縣縣丞尋委署武陵縣知縣邑有索郎堰者地處洞庭西南隅北澧州南龍陽三屬毗連屢遭淹沒歲賦維艱原洙詳請改爲漁賦三縣之累頓釋定例縣境隄歸丞佐勘辦按畝歲修折價原洙曰此大事敢蒙蔽塞責乎躬親督辦力求堅固雍正乙卯大水惟所築隄無恙

時號爲王鐵隄民立生祠祀之㮊桿洲爲洞庭避險處築者議取石於桃源原洙獨曰辰沅二郡魚梁等岩舟行被害水涸石可取鑿石則舟無虞運石則工易辦是一舉而兩利也上憲從之民受其賜未幾丁艱歸服闋復補武陵縣丞歷署桃源永宣安福安化益陽等縣知縣卓有循聲後題補華容縣知縣署岳州知州屬縣巴陵有湖港與湘陰爭界原洙至委曲勸諭訟端永息乾隆十六年由華容告歸服官廿有四載未營一産家居儉約暇日爲子弟講禮讓勗詩書卒年八十四

孔毓文字肩吾乾隆癸酉舉於鄉甲戌成進士累官吏部郎中主湖南庚辰科鄉試所拔皆一時名宿得人稱盛洊升浙江按察使獄多平反內遷太僕寺少卿子傳雋恩貢生捐授兵馬司指揮改州判分發四川補羅泉州判傳雋子繼鈞官寶山訓導

殉難忠義有傳毓文弟毓昌任河南靈寶典史清廉自矢毓昌子傳勳乾隆乙卯舉人官陝西同官縣知縣有吏才案無留牘家人吏胥不敢夤緣爲奸在任數年不名一錢大吏將以卓異補升尋卒

李晉垿字西林長倩四世孫乾隆甲午舉人充四庫全書館繕籤得八品京職改授亳州學正與諸生談經藝外誨以德行多方引掖勤懇不勸在亳二十六年遷徐州府教授潔已愛士與在亳同尋致仕晉垿性孝友以田宅讓諸昆在官得薄俸悉散給族戚入祀亳州名宦祠子佳言字謹之能詩工楷書弱冠遊京師董文恭公招入第奏書尺牘半出其手乾隆壬子補繕御製詩凡二十七冊數日而畢　賜屯絹油扇香囊等物嘉慶元年從至熱河恭繕　太上皇帝聖製古文計字六千有

奇時方炎暑晨受　命日未昃進呈　睿廟異之　賜大紗二端五年考充方略館謄錄授福建浦城丞會逆匪朱毛俚滋事閩浙總督汪志伊耳其名檄令巡緝佳言晝夜於役不辭勞瘁境賴以安大吏方欲薦擢俄丁艱歸著有眞想齋詩稾

欒培字書田號藝林乾隆戊子舉八丁未大挑知縣以母老請改教職選授桃源縣教諭歷署阜甯沭陽贑榆等縣教諭所至勤於教士赴任桃源時値邑被水災上台檄辦賑務培悉心竭力民被其澤制軍某深器之謂留心民社方欲薦擢以終養乞歸培著述甚夥兵燹後僅存四書大全若干卷子在鎔在鑲孫予霖皆諸生能世其學

魏紹濂字季泉父子嶠孝友有傳紹濂舉乾隆丙午順天鄉試庚戌成進士累官山東黃縣蘭山知縣升兗州府知府加道銜

有政聲卒於官
戴宏度字象謙生而穎異髫齡失恃事繼母以孝聞由保舉官贛州通判署袁州府知府勸耕織興學校均水利建橋梁剔弊除奸政聲卓著後攝督糧道篆位望益隆江西之民刻石頌德去官之日焚香執酒泣送之
孔傳薪字伯曼一字雪樵乾隆己酉選拔貢生充正白旗教習授安徽太平縣教諭升任湖北武昌縣知縣歷官直隸行唐任邱等縣知縣任行唐五年聽訟如神案無積滯民懷其德調任邱時士民羅拜道左有泣下者尋爲忌者中傷解組歸傳薪學問淹博精楷法善繪事尤工蘭竹名重都門性嗜金石遇佳者雖典衣必購所居斑駁陸離皆古物也後卒於其子江陵任所著有行唐紀政夢松居士詩稾弟傳荃子繼廉繼賡傳荃字振

谷精漢隸年十六補諸生嘉慶壬申隨兄入都考取內閣供事選授湖北崇陽縣丞改授山東清平縣丞居官廉潔自持盡革陋規年五十二卒於任繼廉字箾卿性寬厚寡言精六壬算數由國學生逢　臨雍大典以聖裔　恩賞州吏目援例爲縣丞分發湖北歷署公安監利等縣縣丞調江陵武穴主簿時值夏漲潭子湖隄將決繼廉露立風雨中力集民夫搶築完固咸豐三年武昌戒嚴襄理軍需局籌措有方會鍾祥縣屬獅子口溢修費甚鉅大吏以繼廉善勾稽檄往勘估賊至城陷竟以是免難保升知縣加知州銜署通山縣知縣以兵後請緩征免茶貢均允行尋以事降級調辦荊州河防擢通判因疾乞歸卒年七十有二繼賡字香谷以聖裔逢道光元年　臨雍大典　恩賞州吏目分發江西歷任鳳岡姑堂等處巡檢升補弋陽縣丞代

理縣篆所至勤於吏事以廉能稱傳荃子繼志字心莽以未入流分發貴州歷任獨山廣順鎮甯各州吏目松桃廳經歷四十八溪主簿遷大塘州判均廉潔有政聲咸豐四年權大塘州篆履任後即以息訟愛民爲務會仁懷縣楊隆喜竄擾州城急請兵防禦而賊已逼近內關城中兵僅十八人民不滿百致不能守時長子廣幹已遇害繼志欲以身殉次子廣植泣諫曰大人徒死無益旋逸出糾集鄉團五百人夜襲賊賊潰去城遂收復尋乞休廣植擢成都府司獄仕至華陽典史繼廉子廣業字勛丞由諸生投效湖北軍營於鵝公頸奏捷案內　賞給六品頂戴援例捐通判分發四川代理綏定府知府重慶府江北廳同知署石砫直隸同知以先後克復都勻興義等城出力　賞戴花翎以本班即補並加運同銜光緒六年補授夔州府通判廣

業外和內剛所至謝絶苞苴人不敢干以私尋代理夔州府知府卒之日囊無餘財士民醵金爲歸其喪廣楷字綏丞官至湖北江陵縣典史

朱楏字士橿號星堂少負才略客遊京師一時當道如柏玉亭相國韓桂舲大司寇張蘭渚中丞趙充泉觀察深相契合嘉慶十四年援例捐布政司經歷分發粤東蒞省時爲制府百菊溪宮保招致幕下聲譽日隆尋屬辦平海善後事宜楏晝夜辛勤建安撫之策設防禦之謀悉合機宜以制府疏薦歷署廣州糧捕永甯通判陽江縣事所至有聲後借補按察司經歷卒於官

馬兆增字益其父某爲刑書多陰騭兆增沈靜寡言制舉文春容大雅舉嘉慶己卯鄉試道光壬辰成進士擢刑部員外郎洊升郎中考取軍機章京　國朝自設軍機章京一職綦重爲

皇帝近臣　綸綍多出其手兆增熟於掌故好謀能斷刑部
會議時遇難決事皆曰俟馬益其來其爲堂官推重如此旋京
察一等　記名以府道用已　簡放贛州府知府未赴卒朝士
無不惋惜從弟兆科寄籍大興由監生出任山西平遥縣知縣
頗著政績在官餘俸悉分給族黨之貧者後卒於任
唐治字魯泉其先五世皆諸生父兆蕙名下士四十無子買妾
至見淚痕詢得其情亟送還不索值遂泯置妾念越二年生治
治讀書過目成誦年十二補諸生旋食餼中道光乙酉舉人性
嚴正力整鄉俗雖婦孺見之輒畏敬讀史至忠義大節則變色
竦立甲辰大挑知縣籤分安徽嘗署桐城知縣值歲大水治先
期請帑勸捐誓於神不沾一錢亦不假手胥吏延縣中公正士
主之按口賑施民得實惠而鬚髮一月盡白明年復大水治益

拮据賑濟當是時江南北被水州縣以百計惟桐城鮮流殍之民方東樹桐城名儒也窮老家居前知縣史丙榮疾其直以事誣之欲致之獄不得則多方毀於大吏以窘之治下車卽白其冤以師禮事焉庚戌補授祁門甫蒞任卽創義倉積穀數千石以備水旱修故東山書院延東樹爲諸生師嚴緝盜賊獄訟稀少咸豐三年賊踞江甯大吏置安慶不顧改省置廬州治上書力陳利害且請寓書浙撫欲保浙先衛徽甯當屯兵於池州之貴池石埭二縣不報徽州素以富名賊久覬覦之而祁門無兵依山爲城甚卑陋所募鄉勇不過百且無以給其食安慶陷祁門危如累卵署中幕友星散治朝粥暮飯公私蝟集隻身經理集練鄉勇百人防堵大洪嶺刊詩十二章諭民讀者感泣四年正月賊自櫸根嶺犯祁門治率鄉兵守半日城陷被執勸之降

不可凌虐之亦不屈乃復以禮遇之終不食賊告以黟縣知縣
卒民進金事治發怒戟手大罵遂被害投尸於河逾旬城復綱
得其尸面如生祁民爭獻棺以殮事聞　贈知府銜建專祠子
之植　予雲騎尉世職祁門將陷之夕治燃燭作書寄伯母大
略言祁門失守一心效死將來葬於先父母墓下碑書名削官
削先考以證厥罪子孫仍世讀書講孝弟崇節儉睦族卹鄰
國課早完祖墳常到並召其姪之桓謂之曰吾有官帑千金寄
鄉民某家汝速去寇平後獻之太守後之桓謹如治命
東春瑞字閬仙道光己酉選拔貢生就職州判分發山東歷署
甯海濟甯州州同主講牟平書院嗣以親老請改近省署潁州
府經歷實授泗州州判駐半城任事十年大吏嘉其勤愼廉明
舉卓異以格於例不果咸豐八年捻氛急春瑞日夜巡防以守

要隘必資火器乃令其子請於某都司營假礮六尊相地布置賊不敢犯光緒五年乞歸卒於溧水著有桐蔭軒詩草

笪佐堯字衢臣咸豐元年　恩科舉人三年與族人笪熙倡辦團練七年以收復句容功保舉知縣揀發貴州歷署平遠知州清鎮知縣在任潔已愛民百廢具舉時稱循吏

章安福字稚仙天資奇慧爲文工敏兼通刑名之學少從江甯蔡琳遊琳深器之嘗曰傳我衣鉢者其稚仙乎咸豐閒幕遊於外亂定返里補諸生旋食餼充辛酉科拔貢生學使鮑源深激賞之　朝考不遇留滯京師鮑督學直隸延校試卷尋考取教習知縣簽分廣東光緒四年到省己卯調廉差署定安縣知縣視事浹旬前任積案一清民大驚服安福爲江南名士大吏皆優禮相待莅任兩閱月卒同官惜之醵金爲歸其喪

張桐字彬文性豪邁粵逆之亂會左文襄督師東下桐贊其副將某幕由保舉分發浙江以府照磨用抵省後任勞盡職尤精律學同僚屢以疑難大獄諮訪桐輒片言立決當軸皆刮目相待光緒初法人肇釁定海浙江戒嚴甯波當浙之門戶定海距甯一水朝發夕至桐奉檄總辦團練城中官紳半挈眷他遷桐整軍經武不爲動旋幸中法訂盟各休兵革上憲以桐善治守備不負委任保五品銜候補知縣十七年奉道委彈壓衢州亂民戮力從公不辭況瘁以積勞成疾卒於差次

戴儒珍字幼安同治閒以貲爲山西定襄縣知縣調夏縣知縣再調榮河有政聲旋以辦防出力保運同銜並以知府在任補用後調署陵川縣知縣尋卒

李宗泌字方鄰以祖受祺殉難襲雲騎尉世職弱冠遊京師考

取供事簽分實錄館安貧持正不趨公門居京三十年始需次補長蘆鹽知事旋調滄州鹽大使復任後卒於官宗泌居官廉介子幼貧無歸貲

續纂句容縣志卷九上一終

續纂句容縣志卷九上二　邑人張餘堂分纂

人物　儒行

崑山顧氏炎武提倡經學　國朝儒林傳以之弁首自是東南大儒繼起者不下數十家美矣備矣句容僻處一隅不乏樸學之士載稽前志甄錄已詳乾嘉之際流風未沫道光中葉卓人奮起經生擇精語博卒能增光　國史配享治城金陵治城有顧亭林祠稽古之報可謂榮已此外復得四家安亭名儒位望通顯其三人則隱經修業聲影闇然兵火之餘遺書且盡類而次之亦闡幽之意也續儒行

王康佐字安亭一字厚齋曾祖懌官洱海兵備道有政聲祖超宗父鯤皆諸生康佐生有異禀幼沈靜簡默讀書日記千百言十歲能文長益肆力於學晨夕無閒六經語孟以閩洛爲梯航

爲文去膚存液絜淨精微雍正壬子領鄉薦試南宮不遇乾隆初中明通榜或勸稍通融可博微祿養親不應壬戌成進士選庶常鄂西林相國激賞之甲子　高宗親幸翰林院蒙
恩賜宮紬宮紗錦箋普茶是年充北闈同考官得人稱盛乙丑散館授檢討請假省親丙寅丁父艱服闋起復充三禮館纂修官甫一歲復請假南旋當事延掌雉水書院初至諸生視若無奇久之乃覺淵微灝博莫能涯量尋復薦主講晉陽書院課諸生先德行而後文藝三晉之士僉謂明道再來及歸里諸生追送百里外有泣下者戊寅北上補原官充三通館纂修官己卯以病乞歸自此優游林下以著書自娛壬午疾作猶手不釋卷爲兩子講析經義故人子弟及諸門人問疾者析疑辨難諄復不勌明年卒年六十四康佐端謹純篤風度凝遠處暗室不忘

恭敬事無大小一以至誠朋友至講學外無戲言婚喪祭祀一
準家禮讀書一字不肯放寬深惡時下講章徒事枝葉惟於程
朱之書湛精玩索直探聖賢奥窔嘗訓二子曰吾生平無他長
惟讀書不敢粗心耳經史詮註語皆精審著有求是齋文集
張晨字右明號遠復少業農兼經商一日過大成門曰我身不
可入此門耶遂棄賈嗜學爲名諸生尙氣節廣交遊初居百丈
下圩因水患歲警乃連絡鄉民講修築法至今下圩獨堅者晨
之力居多嘗欲興修水利謂秦淮不疏句容之水患必不能除
於是揣摩山川形勢條陳利弊力請於大府而說不行退而歎
曰此河不疏他年必被水患如　國課民命何遂遷居山陽村
晚年研究理學嘗曰理者數與命之綱也人循天理是握二者
之綱矣綱舉而目隨之是以聖學在致知又曰由致知造聖域

是一條大快活路又曰致良知自有箇現成規矩又曰致良知則天理見人欲退有克治工夫在又曰易云君子以作事謀始能謀始則訟端絶矣水在火上既濟君子以思患而預防之猶家之牙不若童牛之牿也又曰尊德性五句當日謂是平列看中間而字如挑擔一般今看來不是平列要重上三字是尊德性方能道問學致廣大方能盡精微極高明方能道中庸若平列看便說不去即下二句知新即在温故中崇禮即在敦厚中非温故自爲温故而知新別有工夫也非敦厚自爲敦厚而崇禮別有路徑也又曰大學如保赤子心誠求之雖不中不遠矣即此可見格物致知是一事未有學養子而后嫁者也又見知行合一無先後不可以分矣又曰理學即心學也今之儒者外心而求理釋者舍理而求心又曰求己勿他求乃自强之本又

曰從朱子門戶走過走陽明路頭不覺豁然又曰獨中有覺覺從何來指覺爲知知又何來名曰良知是爲眞性聖凡無二是必致知致知曰學非學乎聖乃學吾心又曰心者氣之靈性者理之實氣能載理心能妙性知理氣之分而不分則如心與氣是二是一是一是二又曰衰颯景象卽在盛滿中發育生機卽在零落內故智者之慮必雜於利害天下事不可料塞翁失馬固有意外之變也君子則常提得此心惺惺不墮入盛滿坎裏去不墮入零落坎裏去又曰知幾工夫在致良知云云識者以爲名言著有壬戌雜著一卷

陳立字卓人號默齋父輔縣學生績學樂善立五歲入家塾讀書過目成誦由附生中道光甲午科舉人辛丑成進士改庶吉士散館授刑部主事洊升江西司郎中記名御史尋　簡放雲

南曲靖府知府時咸豐十年七月也請　訓時　顯皇帝
有爲人清愼之褒且勉以好好做去因道途阻梗不克之任流
轉東歸至河南又值捻氛甚熾乃迂道山西布政使鄭敦謹延
主講介休綿山書院指授諸生文法孜孜不倦並於每課添試
經解詩賦各題細加評隲諸生奉手受敎獲益者多立顧而樂
之惟以宦途偃蹇飄泊旅食每有鄉關之志自題楹柱曰是出
非出是處非處有官無官有家無家殆慨乎其言之矣迄同治
三年東南奠定乃議挈眷南旋諸生醵金爲贐力卻之臨行之
日設筵祖道衣冠而跽拜者百餘人既兩江總督曾公國藩籌
辦江甯府屬善後事宜以立鄉望素孚諭辦勸農局務七年浙
江巡撫李瀚章延司刑案八年十月以疾由浙回里至半途增
劇卒於鎭江舟次時年六十有一後學使黃公體芳以立學行

著述奏入　國史儒林傳並請從祀江甯府學顧炎武祠立先後受事皆刑名以人命至重處以詳慎於喪服變除宗法滑異多能折衷協於禮律少隨父客揚州從江都梅植之受詩古文辭得其義法江都凌曙儀徵劉文淇授公羊春秋許氏說文鄭氏禮立兼通之而於公羊用力尤深成公羊義疏七十六卷其書上溯何鄭博採唐以前公羊古誼及　國朝諸儒之說擇精語詳因宋何鄭之義旁及漢儒說經師法謂莫備於白虎通義先爲疏證以條舉舊聞暢隱扶微爲主而不事辨駁成白虎通義疏證十二卷別著爾雅舊注二卷說文諧生孳生述三卷句溪雜著五卷續編一卷其論古韻分十九部本顧江段孔四家析其分溯其合孳究於聲之通轉以釋說文諧聲之字論者謂視姚氏文田聲系尤密寶應劉恭冕志立墓云君學爲通人位

爲大夫而起居節儉同於寒素語言謙樸疑於不文忘賢與勢於君今見之論者以爲知言

田志蓮字少敦號沁香晚號隱香本生父立信志蓮其第五子嗣堂叔立元字幹廷事父母盡禮兄歿善撫其女既寡又贍之其姊夫劉某賈數千里外不能歸撫甥劉法乾成立俾尋其父由是劉得稱爲孝子志蓮幼聰慧弱冠爲學使姚文田所識拔補博士弟子員旋食餼歲科試輒冠其曹道光十一年辛卯秋闈佹得復失十七年丁酉選拔見奪於有力者志蓮學識淹通尤竺風義與友人駱道南爲指腹婚友死不食言教其子崇禧崇祺俾有成立性至孝孩提時觸母怒令跪牀下母假寐跪如前母曰何不起曰未有命母掖之懷曰兒何馴至是耶迨後父立元年逾九十母楊氏年八十有五朝夕侍寢膳雖盥漱溲溺

躬侍之時志蓮年五十餘矣咸豐元年舉孝廉方正三年避亂
江北同治三年縣城克復歸辦善後悉心籌畫明年秋積勞病
歿時年六十有四妻郭氏殉咸豐十年之難貞烈有傳志蓮著
讀書條辨被燬其餘燼存自箸年譜中云禮喪服爲人後者爲
其父母降予謂所後之父母在或不在子已服過三年者則降
自無容異若所後之父母不在已久而爲之子者未及服則仍
當爲其父母服齊衰三年此義前人未及又四子書自當以新
安注爲宗然亦有可商者如子游問孝註云與養犬馬何異予
案禮云父母之所愛亦愛之父母之所敬亦敬之至於犬馬皆
然自是此章註腳子曰今之孝者言外明有一古之孝者在古
之孝者何敬而已矣予謂是謂能養至皆能有養句當作一氣
讀言人子能養卽至父母之犬馬亦養之如此可謂極養之事

矣然祇是今之孝非古之孝也知養不知敬何別於今之孝者乎又子欲無言章註云開示子貢之切惜乎其終不喻也予案此章神理正是子貢聞性道後默喻聖心處子曰無言子貢不曰子如無言而曰子如不言明示諸弟子子之無言非不言也如是不言則小子誠何述焉子曰天何言哉而無言之義昭然雖諸弟子亦會而通之矣莊子而奚來爲軹註皆不明案車輻之耑貫轂者爲轉轂末之小穿容轉者爲軹據此則軹字亦湊合之義也蓋許由言而子奉堯之敎被服仁義明言是非正與我之道相柄鑿矣奚爲折軸來求軹於我乎左思蜀都賦百果甲宅異色同榮註宅卽拆也易曰百果草木皆甲拆愚謂太沖此語雖或本之於易亦未可知然改拆爲宅字新而意亦別認宅爲拆失太沖之意矣毛詩大田云旣方且皁鄭箋曰方房也

謂孚甲始生而未合時也疏曰謂米外之房米生之中若人之房舍也孚者米外之粟皮甲者以在米外若鎧甲也特以解此賦則甲者孚郭在外其鎧甲之義乎宅者含胎其中其房舍之義乎史記孟子列傳不書其生卒歲月予嘗觀孟氏譜云孟子周定王三十七年四月二日生卽今二月二日赧王二十六年正月十五日卒卽今之十一月十五日壽八十四又按譜云孟仲子名睪孟子之子也四十五代孫甯嘗見一書於嶧山道人曰公孫子內有仲子問一篇乃知仲子實孟子之子嘗從學於公孫丑者朱子註從趙氏以仲子爲孟子從昆弟與譜不同又嘗仿淵明體作已矣道人茶癡子兩傳自述生平並所著綠滿窗詩鈔皆灑落有致云

楊驤字龍友邑諸生早年卽有意著述品端學粹動止有常擘

究經學尤長於春秋兼通天文算法工詩古文詞著述十餘種
詳藝文志

續纂句容縣志卷九上二終

邑人張餘堂分纂

人物

文學

三吳爲文物之邦句容金陵附庸其風氣爲較近前明之世科第蟬聯洎乎國朝亮工發解於南國（朱獻醇順治甲午解元）菊人聯句於燕臺（張芳有燕臺聯句集）懋功著書於古觀（宣顗成南華經解於青元觀）他若乘菴邀國士之知（張廷超與高澹張自超號江南二超公卿交章薦之）芷林有通人之譽（李東樓博通經史文名籍甚）皆其佼佼者也乾嘉以來亦稍稍衰矣然王駱裴俞之族家門鼎盛累葉縹緗靡不饜飫詩書沈酣典籍咸豐中軍事方殷戎馬在郊絃誦不輟二三名流猶復角逐文壇流連詩社（駱崇禧曹政修輩）誠所謂造次於是顛沛於是惟一故精豈不然歟夫鄙弄月吟風之習小儒每歎高文騰熏香摘豔之才經生不嫌博物流風未艾著錄宜詳作續文

學志

李鱓字宗楊號復堂文定六世孫康熙辛卯舉人壬辰聖祖仁皇帝南巡鱓獻詩行在欽取入南書房行走年少才長兼工繪事特旨交常熟蔣相國廷錫教習供奉內廷數載恩賚稠叠尋選山東臨淄縣知縣調滕縣政尚清簡士民懷之以歲荒請賑忤大吏罷歸築浮漚館嘯詠以終鱓博學能文詩尤超逸書具顏筋柳骨世僅傳其善畫云從姪培源字道園號蕙畝乾隆甲戌歲貢生任霍山縣訓導工書力追顏平原嘗言作字須讀書數日落筆方無俗氣僑居興化與鄭進士燮齊名燮推爲三百年來楷書第一鐵筆亦精妙曾應當事聘纂修江南通志生平學贍才優能任艱鉅仕終廣文人以未竟其用爲惜文辭書翰至今爭寶藏之

胡永建字秀衍與兄承組剛先皆有文名人稱胡氏三鳳康熙庚子領鄉薦試禮部不利截取知縣時兩兄繼亡諸姪幼弱永建不忍遠出撫育而教誨之性沖淡布衣疏食左右圖書日與二三族老講明敦睦之義時論高之族叔其韜字子六一字邁千能文章議論宏博出入經史百家時與往還者多以科第通顯惟其韜久困諸生人無不代爲扼腕而其韜處之泊如也居家講推讓一族化之著有邁千詩集今佚與永建同時負文名者有趙文洲汪朝勳文洲乾隆丙辰　恩科舉人朝勳耆古力學制舉文雄渾匹敵熊劉弟子著錄者甚衆舉乾隆辛酉鄉試

周維城字孟高邑廩生父楨康熙壬辰進士由內閣中書改授湖南通德縣知縣再遷綏甯見前志綏甯漢苗雜處任最繁劇案如山疊維城隨侍代襄幕事內外清肅莫敢干以私楨嘗曰成

我志者維城也平居吶吶如不能言及論事無不切中文章典雅詩擅六朝人之長處族黨閒恭而有禮如寒素然人以是益賢之同時以詩文名者葛廷堅字確齋天才敏捷名流競推許之乾隆庚午舉於鄉挑取知縣以不耐繁劇改歸教職尋卒又戎尙謙字去盈庚午歲貢生文不徒作嘗爲李義尙母耿氏譔節孝行義尙字質菴諸生少孤世父元士敎之元士卒義尙一慟幾絕如喪所生蓋亦篤行士云

李元芳字瑤圃嗜學工文兼通醫術以優貢生舉乾隆壬午鄉試選授蕪湖縣訓導常以培植士類爲務所得廉俸悉贍諸生之貧者蕪湖士人皆恨得李先生晚後以不肯媚上官告歸時先後以敎職著名者李景堂癸酉領鄉薦工詩古文詞官巢縣敎諭尋需補知縣未赴任卒孔毓桂字馨山大學士貞運之後

由歲貢選奉賢縣訓導課士有法子傳慶另有傳又毓桂從弟毓琮壬子恩貢生學問賅博官正白旗教習景堂同榜舉人沈之宗早負文譽性高潔赴禮闈不遇卽杜門著述以終

樊明徵字聖模一字軫亭歲貢生父長樋長樋有兄早歲爲普德寺僧通文翰著經頌隨筆世所稱懷遠大師者也明徵以是僑居金陵得與諸名士相唱酬時錢塘袁枚罷官隱小倉山主持風雅得明徵詩深加賞異其爲學博而能精恥爲空言炫世於古人禮樂車服皆考覈而制其器有受教者則舉器以示之故聞者易明乾隆己巳知縣曹襲先聘修本邑縣志鄉邦文獻實倚賴之所著書四十餘種其知名者均詳藝文志

張嗣翰字爲憲總角失怙恃叔天培撫之成立天培弟天程試用通判選授廣西雙威寨巡檢歿任所嗣翰時年十七數千里

扶櫬同籍少嗜學刻意經史尤長吟詠同邑沈丹懷湯豸之駱臨吉皆嗣翰詩友也嘗賦菊分韻得佛手黃有天花散後歸來晚扶起東籬醉倒人之句一時傳誦殆遍生平淡於榮利而力行善舉邑之育嬰堂久廢乾隆十三年與王道復捐復之（道復見前志）董其事數十年全活嬰孩無算年八十餘以諸生終於家著有就正稿四卷丹懷豸之俱歲貢生有文名臨吉字石雲諸生工詩詞研心金石之學篆隸俱蒼老閒作小畫自娛年九十猶能鐵筆作圖章著金石辨是編六卷弟鼎吉字凝五亦工書善畫臨吉子欽昭諸生昭子正慶孝友有傳嗣翰族孫勳字書亭邑廩生幼穎悟博覽羣籍遊裴印川之門既壯肄業鍾山書院爲涇川朱宮贊珔所激賞困棘闈不售卽薄游徐海閒賣文爲生咸豐季年客死沭陽長廉字希憲爲田志蓮高足（志蓮見儒行）戮

力劬學縣試五冠童子軍年二十一補諸生逾年丁父艱以毀卒

駱存智字縝齋號介亭弱冠博涉經史制舉文溯源歸胡下迄方儲諸名手得其髓而不襲其貌別出之以安和淵雅之音與堂弟存翥肆業鍾山書院見器於制府尹繼善及楊文叔周石帆兩院長一時二駱之名振白下返里後授經於紅薇閣弟子著錄者甚眾存智十困鄉闈既以明經授灊山縣訓導乾隆己酉年八十乃領鄉魁庚戌赴禮部試　欽賜翰林院檢討銜時論榮之

駱存翥字文山制藝華贍有風骨詩古文亦吐棄一切獨標名雋乾隆丙子舉於鄉一赴禮闈未售即杜門侍養存翥幼孤不願以功名之事違母遠出其天性純篤如此與存翥同科者沈

貽孫字二酉早負文名丙戌成進士授山東館陶縣知縣有政聲貽孫高足駱榮曾字錦涵廩生嗜學工文貽孫嘗語人曰焉有能文如駱生而不顯名當世者乎尋以攻苦致疾卒

王駒字民表號訒齋自言幼苦質魯讀書人一已百人十己千一旦豁然盡通諸經與同里吳太史觀最友善乾隆乙酉舉於鄉聞金壇王氏文律深細徒步往遊出入於牆東己山之門由是學愈精粹七試禮闈不遇遂屏跡家居沈酣羣籍一時大吏爭相欽仰走書幣延主講席無虛日四方執經問字者不遠數百里而至辛亥入都謁選以知縣用逾年卒吳觀博學好古能爲古文詞爲諸生即名聞輦轂庚寅領鄉薦後官翰林院檢討旅卒山東子祖新見孝友

王運昴字晴洲邑諸生爲人外簡曠而內行修飭嫉流俗儇薄

之習遇機巧人輒走避之有潔癖室無纖塵几榻位置一一精雅性嗜茗嘗曰酒助人昏不若茗盪滌腸胃能消癥結也庭前藝蘭種竹徘徊其閒翛然作塵外想聞佳山水輒往遊窮幽攬勝別有會心詩秀逸可傳著有舒嘯軒詩草同鄉俞懷祖序行之時以雅潔自好者錢士澄字秋潭乾隆己卯舉人所居擅林泉之勝與名流結詩社唱酬其中以爲樂詩得中唐人神味尤工駢體文

石週名錩字宣寬號粱村太學生三歲喪父賴節母朱針指撫養母通四子書一燈課讀手績而口授之週之學得於母教爲多年十一始就鄉塾過目成誦以家貧故率以半日讀午後釆薪一肩供一日饔餔時仍往塾中讀師以爲逃塾恆加扑責週不自言恐傷母心也後師竊瞰得其狀大異之週書法酷肖米

南宮所書有城隍廟及涉壩亭二額筆力冠絕一時工詩文著
有蓮心堂文集一卷緊心堂詩集一卷晚號伴廬老人其重陽
晚步詩有螯爪饞醺籬畔酒雁聲催贖典中裘之句爲隨園先
生稱賞稍後以書名者尙世績字古畦天分高妙於古人法帖
一臨摹便神似乞書者踵門無虛日同里周懋鯤見所書匾額
駭曰可畏可畏後來者居上矣其推服如此懋鯤字佩豐號西
橋早歲補諸生譽重一時書法妙兼衆體人得其片紙爭寶之
張道正邑諸生父效齡以選貢授同安縣知縣有惠政工詩賦
有雁字梅花近月吟諸集　聖祖仁皇帝南巡時年八十
一接　駕於麒麟門　優旨慰勞稱以好精神年九十七卒見前
志道正幼承家學於流俗所務泊如也比長詩文翰墨卓然名
家乾隆十六年　高宗純皇帝南巡道正進呈　聖

駕南巡頌蒙　恩欽賜荷包一對元寶二箇二十二年
聖駕再巡江浙進呈迎　鑾曲三十章學臣彙置二等　詔試
士子於鍾山　行宮夜半奉　特旨二等之張道正一體　召
試並與　天廚之宴　聖恩優渥前試未有士類榮之以
貢生終同時尚昌廬廩生二十二年上　南巡萬言頌
俞穆祖字夢蘭優行增生性孝友弟早死完全弟婦許氏節幼
讀書穎悟長益肆力於六經而最深毛詩注疏一一成誦更參
諸家之說著經解二卷纖悉詳備他如公穀史漢無不研究以
故爲文雄渾精悍時輩憚之家世講求禮法穆祖守父兄遺訓
謹飭自持子弟不率教者重懲之曰先人家法稍貸則弛杜漸
防微不可苟也歲饑出穀平糶冬給貧民衣棉族黨告急無弗
應鄉魏姓夫婦繼亡給棺爲殮並育其遺孤成立生平片紙不

入公門足跡不履城市者數十年其操守如此時長於經學者譚孔訓字心得號味吾諸生鄉闈不售課徒自給為文主闡發名理著有易經解又王倪字實涵府學生少師何義門得經義正傳詩歌古文亦工敏宿學者不能逮也

俞懷祖字月嵋嗜古力學弱冠補諸生旋食餼乾隆乙酉貢成均戊子領鄉薦兩上公車報罷幡然謝歸生平以天爵自尊不屑干進當世益以此重之安徽巡撫曹公延為西賓後節制兩江復遣其子造門請謁請假茅山道院從之受業試禮部復以次截取知縣懷祖雅不願近簿書錢穀改教職歷任興化蕭縣太平教諭以實學課士所至有聲著有臏餘稿行世文不名一格要皆菑畬經訓柳子厚所云不苟為炳炳烺烺者懷祖有焉兄輝祖字坦由諸生性剛介不阿時好刻苦為文章精制藝金

壇王汝驤稱其文在章陳之間手訂金正希三集稿晚年沈酣左國史漢駸駸入古乾隆甲子鄉試同考官袁枚力薦其卷與主司爭之過激因見擯士林惜之

俞宗洛字步伊六歲就傅即穎悟絕人自塾歸王母夜篝燈紡績則偎其側誦聲琅琅書聲與機聲相閒也聞者驚異之年十八補諸生名譽騰起當時哲匠如蔡寅斗沈德潛皆折行輩與交兩君操選政襄校事悉以委之五十後絕意進取築別墅於西湖日奉父遊宴其中或與諸名流爲文酒之會著有經濟待問錄若干卷又輯古文蔚今文蔚兩種子秉樞字掌衡諸生局度靜雅屏居一室左圖右史衣冠言動望而知爲眞讀書人年八旬同堂四世雍雍如也時有以鄉飲賓舉者笑謝之曰無頎望而盜虛聲吾不敢也人服其高尚

趙一韓字西翰積學砥行不爲境累饘粥不繼吟哦之聲自若也補諸生後益奮志經濟不務爲悦世之文嘗語生徒曰讀書將以致用也時文雕蟲小技耳何裨實用哉守其道不變坐是窮困以終同時胡新法字蕉園歲貢生博極羣書爲文不落恒徑秋闈不遇遂隱居蕉園一意著述成蕉園寶若干卷子大幹庠生張存拙字心濂附貢生淡於進取設塾家廟講先儒孝弟之說以勵族所著曰無之集今佚又孫鸝字炳章諸生品行高潔弟子趙模舉於鄉來謁時勉之曰水滿則溢月盈則昃願君毋意氣自雄其爲教謹嚴如此

駱燮字則菴性沖淡以奔競名利爲恥少有嗜書癖嘗授經於京江左氏主人藏書甚富有樓五楹咸充積燮課餘輒披覽恆竟夕不寐或假寐及寤時卷猶在手其學業勤瘁如此爲文貫

穿經史淺識者莫能窺其樊也乾隆庚辰　恩科入闈始爲瑰麗之作及觀同號皆鉅篇乃以三草投諸火別爲高古簡淡之文是科遂獲售一赴禮闈不復北上邑令林延爲西賓簿書錢穀彛視之殊厭薄遽歸而陶情於詩酒著作甚富不留遺稿蓋視天地間無一物爲我有者宗人松崖邑庠生亦灑灑有出世姿能琴工書詩境蕭疏淡遠入韋柳一派又駱埜字璞巖縣令周應宿稱其書法有絶人之姿善飲酒襟懷瀟灑自奉甚約而施與不少吝

王本涵字伯淵邑諸生丰骨稜稜見者敬憚幼侍父讀卽喜探古文家門徑七赴棘闈不售遂屏棄帖括文徜徉山水閒以自娱年近五十日書功過格已十載謂行此則勝氣漸平欲念漸釋與其弟本澄言之他人不及知也子三季從懋字聖功幼聰

慧本涵最鍾愛之曰此王氏佳子弟也乾隆壬子舉於鄉本澄字景清能文尙義乙卯與修　文廟尊經閣以諸生終

駱琚字徵懷號藍谷博覽能文年十五見賞於督學鄭魚門試輒高等屢躓鄉闈已擬捐行人司司正會鄭公復視學江左乃以琚文行薦於朝　廷試一等授內閣中書一充會試同考官丰骨巖峻在京邸絕不投刺千人公餘惟閉戶賦詩而已閱數年解組歸在官積祿悉以分潤宗黨蒔花種竹蕭然世外縣令林光照造訪初不納後知非俗吏遂以詩交琚詩境不求艱深

事以香山劍南爲宗情致纏綿尤篤風義善視其師劉某至老弗衰劉卒復爲之營葬厚卹其子著述詳藝文志同族駱元芳字芸坡光曾字雨帆正明字奉書皆諸生並以文章孝友稱尙徵進字竹如恩貢生文行兼美學使某贈以橋門沐澤額蕪

湖縣宰耳其名延校試卷所甲乙錙銖不爽列前茅者無不獲售年五十銓選教職未赴任卒從弟徵造字啟英諸生文名遠著以經術引掖後進本邑暨他郡一時納贄門下者甚夥金壇許經畬丹徒鄧嘉緝皆知名士徵造之高弟子也師範至今猶樂道之更以文藝餘閒精岐黃術里中延者無不至至亦無不應手效

朱鏞字雲鵠一字筠谷父垣孝廉方正自有傳垣兄墉康熙丁酉舉人官行人埱堳埥皆諸生並見前志朱氏自獻醇起家科第諸子束身古訓以經史道義相切劘彬彬稱盛鏞濡染家學弱冠負文望補邑弟子員善詩工鐫刻精篆籀八法手錄書等身屏居一室旁羅古器物盤盂刀劍金石彝鼎皆斑駁陸離鏞顧而樂之爲人嚬笑不苟有古誼與人交終始如一陽湖洪亮吉孫

星衍其契友也時與亮吉友善者又有王吉士王廷俞沈衣言駱三奇楊鳳翔及鏞姪潞皆名諸生潞孝友有傳

俞宗淇字棻園十歲能文遊邑庠旋食餼嘉慶丙辰貢成均居恆無書不讀名物之纖悉義理之精微老師宿儒所不解者質之宗淇無不原原本本得其指歸而去由是名益著執贄門牆者常濟濟也性至孝年六十事母許依依作孺子慕許患潰癰宗淇爲之吮膿洗滌皆親任之其接物不嚴而肅寓規諷於談笑中使人味其言而繹其義儕輩中爲所潛移默化者尤多宗淇著作多不傳惟散見於諸家族譜中多表彰人倫之言讀之猶令人氣厚

鄒近魯字凫陽歲貢生目短視幼裱書几案讀之鼻摩紙一過而書熟遂博通載籍尤工制舉文初客揚州肄業梅花書院院

長得其文奇之置前列一郡大譁旣傳誦其文則又大服近詹
貌古樸靑鞋布襪於儔人廣坐中不知其爲文士也晚年授經
里門無志進取手訂宗譜有義法同時以文知名者胡敬敷字
贊宸家貧劬學舉嘉慶辛酉拔萃科學使錢黼堂深器之明年
廷試不遇隱於廛市以終近詹族孫履祥廩生亦工制舉文
砥廉礪隅爲後學楷模家藏書甚富咸豐六年盡爲營弁某焚
燬履祥不勝悼惜遂抑鬱以終又鄒謨鄒錫堯皆諸生有學行
華之榮字蕙山以貢生選署如皋縣訓導諸生來謁者諄諄以
敦行力學相懋勉邑有兄弟不相洽互訟學署之榮委曲開導
動以至情至性其人感悟泣下訟立罷暇則偕名流尋冒徵君
襄水繪園故址遊徐司馬霽峯園林覽勝賦詩灑然自得有終
焉之志如皋士人亦愛之敬之惟恐瓜代遽及也著有潄芳樓

詩集其詩專主性靈而軍戍憫荒諸作尤淋漓感慨藹然仁者之言讀者至比之少陵石壕吏諸篇云

李巒原名謗言字尊嶽嘉慶四年歲貢生家世簪纓多藏書巒少好學雖嚴寒盛暑手不釋卷爲文恥務時趨屢躓場屋遂絶意進取益肆力於古書法遒勁詩亦清越著有淮南金石考弟德言字紹聞爲諸生有名早卒妻陳氏守志撫孤子元祺字奉周一字鳳洲甫十齡能體親心績學工詩讀書有異義必博證羣籍晰疑乃已咸豐初避兵興化年已七旬猶與諸名人日事讐校寇靖旋里閉戶著書賴二子館穀自給故舊饋遺卻不受著有佩文廣韻匯編以歲貢生終子依仁字伯士興仁字仲民巒子本祺中祺本祺子純仁中祺子懷仁皆諸生

李川字禹甸母趙氏爲邑孝廉趙模女知書川幼承母訓攻苦

不輟而天資英敏年十三補諸生未冠即食餼文名藉甚試棘闈輒不售川慨然曰此固命也遂研心醫術村居授徒修脯所入則儲爲贍藥之資同里宣茂林字樹齋家世業農茂林幼奇慧力請於父曰兒不願耕願讀父曲從之由是銳志於學甫弱冠游邑庠制舉文如天馬行空不受羈絡屢困名場以教授鄉里終川同族元鼎字占鼇國棟字樑臣皆名諸生元鼎工詩得西崑體

駱重恆字子占號芷餘父燕詒兄重晉重鼎皆名諸生重恆幼穎悟弱冠補縣學生爲文敏速科歲十五試九冠其曹學使辛從益尤賞異之嘗面語之曰吾久耳生名顧何猶鬱鬱居此既又曰眞好秀才劍氣珠光不終沒也生勉之名既重從遊者日廣修脯未嘗計厚薄貧者反佽助之嘗慨慕古人講論之風謂

足以恢宏道德蓄養經綸然獨不喜魏晉閒人及明東林諸君子每知縣至必造訪之一報謁即退無私語也與同邑王瀚爲道義交談笑竟日雖極歡無戲謔語亦不及他人長短貌端嚴衣冠樸素不輕出戶庭每日定省外卽趨書塾與諸生講習父兄偶至起立垂手俟去數十步始就坐著有愛吾廬詩集瀚字儁江亦諸生重恆子道腴才質亮特命從其高弟田志蓮學尋補縣學生族子懋修見忠義傳懋功及同邑王澄皆從重恆學爲名諸生澄字秋潭不苟取與訓徒嚴肅有古人風

駱岐字是西天資樸誠甫弱冠補諸生博覽羣籍文得先正法性廉介耄而好學年七十九猶能於燈下作蠅頭小楷著有讀史管見錄子掄元字體仁年十二卽見賞於學使湯文端公金釗擢以冠軍鄉闈六薦不售意豁如也性至孝臨財尤慎鄉人

某與弟爭萬金產聞掄元與楊令鳳翽最善奉百金爲壽託爲關說拒不納翌晨固請已託故遠避矣楊以是益重之掄元子四惟仲氏家駒爲最著家駒字子和廩生幼事父母以孝聞粤逆之亂家產蕩盡獨能處之怡然絃誦不輟弟天駒歿遺子二俱幼撫育憐愛過於所生一旦炊煙不繼泣然曰吾妻子可餒奈何使姪輩受飢乎貸於鄰以食之性廉正董地方公事二十年人無閒言

楊一蒼字明周太學生幼聰悟讀書昕夕不倦祖母死一蒼年甫十一哀號之餘更多方慰解其父時人有江夏黃香之譽以祖父多疾研究岐黃之學遂工醫里人有延者雖昏夜無弗應給人資不受券約性淡泊不樂仕進慕曾南豐之文心摹而手追之以其醇厚近道也愛藏書所著有讀書鑑四卷遺厚錄二

卷書傳古文百七十一篇嘗謂其子曰大學以修身爲本書云愼厥身修思永汝其勉之子二長驥儒行有傳次驥諸生能詩工醫有金陵詠古詩三十首膾炙人口

王艮雯字瘦山幼讀書過目成誦年未冠五經四子書瞭如指掌於漆園南華尤有心悟居常咿唔不絕口時方尙六朝豔體雯獨鎔經鑄史捃摭史漢以控駕齊梁上道光乙酉科領鄉薦明年赴春官不售旋丁外艱客維揚借授徒自給辛卯欲北上親友以窘於貧斧尼之雯奮然曰試固貧不試豈遂富耶裹糧走京師五載不歸館侍讀某公家乙未　廷試二等授南陵教職未赴任卒年才三十有二

王頤字芝軒邑諸生父熉工文章有時譽頤爲人豪放善飲酒不事生人產先世藏書甚富枕藉其中昕夕披覽詩兼衆體上

自漢魏六朝下逮李杜高岑元白旁及宋元有明靡不得其流派性之所近無日不飲飲輒醉醉後詩興益勃發不可遏手舞足蹈幾不知天地間復有何事可樂遇戚里中有慶事賓朋滿座頤至絕不作寒暄語惟强之談詩人無不掩口笑而頤若弗知也者其風趣如此然以不善治生故家日落遂爲童子句讀師晚年兩遭亂離境益困其侘傺無聊之慨一發之於詩所著有芝軒集

王嗣焜字燕南邑廩生博涉經史天性純厚嘗館於蘇夜課讀父母唯其疾之憂題文弟子某誦聲不中節教之循聲而讀時花影垂地明月在天一庭無譁萬籟俱寂嗣焜孝思激發頓挫抑揚音節酸楚不覺聲淚俱下於是先生泣弟子亦泣詰旦遽買舟歸省與昆季友愛無間言堂上膳羞藥餌之資皆身任之

不以累諸弟也以是爲經師垂二十年畧無私財年四十八卒

子家麟字玉書諸生能以文學世其家

宋基堂字厚菴邑諸生性高簡廉隅自持家無儋石儲而書聲

琅琅甚自得也爲文工敏嘗以竹筒置詩文題於中每晨拈其

一而出購薪米比返卽成與邑人陳善同見賞於周系英學使

陳善字繼之廩生能文工詩品極嚴重後進仰如山斗子烜幼

嗜學甫冠食上舍惜年未三十歿時學行端粹者潘旭字寅初

純謹不踰繩墨尤愼臨財朱孝磐性矜愼不苟取與事親以孝

聞黃毓淸潔自守子森好學能文朱煥品行端方爲士林師表

沈寶善持躬謹飭文有經術氣士林推重旭子金恩廩生金恩

子同制義雄視一時屢薦不售以恩貢生終著有芸香館集

王振修字梅生道光辛卯科順天舉人善屬文不爲流俗所可

屢試不售性孤介不理於口故遇益嗇而不屑不潔泊如也戊戌居京師謂人曰若薄一飦粥以養親贍家人獲免凍餒足矣進取非所計也榜發復黜歸里門而其父先逝振修撫棺擗踊痛不欲生妻龔氏夙賢且孝家屢空振修未歸私貸鄰嫗以供薪水冀其歸而償如是者三年比振修返蓬梗之餘身無長物龔既不欲以俗累重其憂而又赧於責者卽自縊振修廉知之痛悔欲絕無何母又逝遂以抑鬱終邑人陳立有哀辭曰翳兮王君淑厥躬覯茲百罹胡不庸君之先葉累厥德洵後必昌惟君特有集惟鵬乃身丁桐轉逆旅蒿宮營殃慶餘兮曰弗爽信歟否歟天胡罔

張慶闈字秀升號公軒道光辛巳科副貢生性沈潛博極羣書有手輯易知文範經義纂要詩林集腋十數卷子二長鈞字運

衡增廣生事親孝繼母趙病侍湯藥汚穢之具皆自滌之制藝與張曉樓爲近家居訓子課徒不求進取弟子知名者甚夥會歲試同學某冀得首選求其文許白金五十兩長釣曰日有負夜得寢焉用此爲卻之其方正如此長鑑字涵江道光甲辰恩科舉人精熟左國行文有渾灝流轉之氣書法挺秀得褚河南遺意自謂用力三十年子彭字小涵附貢生亦以善書名

石泉字紫巖一字子厓邑廩生學識淹雅留心風敎曾偕邑人采訪節孝得彙旌甚夥又以道光閒疊經水災赤山湖爲水利大宗積久淤塞非疏濬不能紓民患輯赤山湖志四卷泉於藝無不工詩法唐人山水得雲林大意善篆隸赤山戛玉泉三字其手書也家甚貧而骨秀神清蕭然不爲境累所居近甲山山之顛有如椀如盎如盤如甕者大小十六泉水味極美暇時招

名流觴詠其中嘗有句云中泠第一毘陵二忘卻家山十六泉其逸趣可想矣江甯端木侍讀埰狷介慎許可獨與泉爲神交咸豐三年聞省垣失陷謂家人曰桑梓之禍從此始矣自是憂憤成疾三月卒於家同時以風雅名者周源字逵九工詩詞善奕尤長於書朱璞隱廛市而好讀史其坐卧處四圍皆書籍也阮文達亟賞之倪艮珍字席儒廉靜寡欲年二十餘妻亡不取治家有法精詩善奕著有弈餘集

朱紘字儒範邑諸生博極羣書務講根抵之學於天文易說尤有心悟制藝不落時蹊遇後進必詳詢所治何經並箋註家姓氏空疏者恆走避之家近空青武岐極泉石之勝暇日登山臨水或周視田野以自娛而形貌古樸絕類村氓見者不知其學問淵邃也丹徒曹某有時譽館朱氏之祠耳紘名欲見之不可

得一日避雨檐下破笠敝衣僕以告曹即肅衣冠延至館縱談竟夕曹大驚服自以爲弗及家饒於貲藏書頗富皆毀於兵燹子孫亦無有世其學者

孫守勳字銘常諸生父世泰博雅人也著有霞山集守勳於書無所不讀尤留心本邑掌故遇忠孝節烈可泣可歌事隨筆記之久之成帙詩工古近體然不輕作堪輿醫學皆精四方以書幣相延者無虛日意所不樂雖千金不一顧建北極閣於盧君觀以振東陽文風時人爲之語曰地理真東陽孫其聲望可想矣著有映雪堂集金陵待徵錄多採之

凌慶綸字佩言工文章軀幹奇偉學使祁雋藻極賞之曰淩某詩文內秀不類其人性戇直以中酒忤學師張履脫諸生籍張長鑑之北上也謁祁公於京師甫坐定即詢慶綸近狀長鑑以

實告祁大驚異曰爲我寄語張君勿踐踏名下士慶綸既鬱鬱不得志用課徒自給張孝友王大猷其高弟子也孝友以諸生殉難另有傳大猷字升之廪生工制藝慶綸子長琎字範之道光己酉科副舉人詩賦華贍長於講解時以制舉文稱於世者

袁廣治貢生年貌不逾中人而文章豪縱凌轢一切以屢困名場抑鬱以卒

王煥奎字紫侯少失父母依從兄成立奮志讀書補諸生爲文樸實說理不貌爲彪炳之觀其課徒必本己所致力曲折層累之數以詔示故出其門下者尚存先民矩矱植品端方有以色誘者奎正色拒之平生無過舉年七十猶好善不倦云子嘉貞字景張恩貢生性渾樸喜排難解棼襄辦地方公舉勤慎小心會選用教諭未及履任而卒

駱崇禧字鴻祉號雨香父道南字希言爲諸生有名崇禧生而穎異腹笥便便弱冠補縣學生旋遷中舍嗣以蹭蹬棘闈遂屏棄帖括專肆力於有韻之言下筆排奡縱橫苦心烹鍊卓然名家邑侯王檢心激賞之咸豐三年髮逆南竄以辦團練功保加同知銜既賊氛甚熾中閒走蘇常客豫章擾攘烽煙道路梗塞鄉關之念一發之於詩至是境愈窮詩亦愈工同治甲子省城克復曾文正駐節安慶崇禧由江右歸道過皖江上通籌六策文正深加賞異擬留參機務崇禧以桑梓新復眷屬無耗辭歸歸則室人無恙會猶子文龍又自賊中逸出骨月重聚殆天幸也明年計復謁文正於金陵適舊友楊廉訪子穆延爲西賓不果初省垣之失陷也白下諸名流雲集句容如姚兆頣魏賡元傅遇昌及邗江唐錫科池陽徐士怡同邑曹政修輩文壇爭勝

旗鼓相當而羣推崇禧爲盟長雖軍書旁午一時文酒之會稱極盛焉卒年五十九著有雨香館詩草七卷刪存四卷弟崇祺字永之亦諸生

曹政修字敬可一字梅生幼聰穎博覽羣籍年十四補諸生家豐而處約嘗自嘲云破我慳囊只有書稍長喜攻詩咸豐癸丑髮逆陷省垣白下諸名宿流寓於句容者政修與之把盞聯吟殆無虛日丙辰城陷挈眷與駱崇禧同寓吳門薄暮二人醉倚虎邱石上論詩洽意則鼓掌狂笑見者以爲癲逾年返里庚申城又陷政修避賊居茅峯下賊游騎猝至配徐氏駡賊不屈死最烈另有傳政修既免旋渡江寓鹽城之豐湖凡所歷之艱難悲憤悉洩諸詩而詩益工同治紀元政修歿年才二十七身後僅遺弱女著有梅生詩稿一卷

紀叢筠字竹伍邑諸生舉止嫻雅能詩工醫性篤孝侍母疾目不交睫者數月與兄叢桂極友愛咸豐癸丑二月粤賊踞金陵連陷鎭江邑人笪熙倡辦團練於茅莊時叢筠在座義氣激發援筆爲啟其略曰國有常刑王法無不伸之理人思自奮匹夫有必報之讐又曰方今欽承　巽命占協師貞釋　北闕宵旰之憂用殄蠢類解南國倒懸之困無犯秋毫定能滅此朝食迅奏膚功云云著有蔬香齋詩稿一卷瘟病辨四卷叢桂字小山庠生亦工詩時擅詩名者又有袁雋華字峻山諸生著有綠蔭山房稿里人趙清浦擬梓之未果而卒清浦亦諸生

王洪嘉字金章美風儀議論英偉天資敏捷經史一過輒了了尤精小學說文爾雅等書莫不抉拾靡遺文章華贍每一藝出爭傳誦之洪嘉既數困名場又值粤逆之變遷徙飄泊其抑鬱

無聊之思多見於詩歌有詢及時事者卽瞠目不語未幾以諸生終於家同時精小學者楊乃霖字雨田廩貢生僑居如皋品行端粹學問淵雅所著爾雅餘義足補郝懿行所未備其他著述甚夥皆未成書而卒

向兆山字仰止邑廩生父德明諸生能文工醫著有迎恩記兆山家貧而學邃授句讀江甯肄業惜陰書院汪助教士鐸深賞之尤嗜金石力無以致則數數裹糧走亂山中捫葛剔蘚求之荒崖斷壁若墟墓間泐蝕所餘有字畫可辨識者輒手搨焉於茅山得顏額疊玉二大字於攝山得江總明徵君殘碑字皆出以餉所好同輩詫以爲奇以是恆衣敝履穿面目黎黑望之癯如也能繪事所譔箸稱之

姚琳字子珍增貢生父景揚績學士也琳幼口吃刻苦爲學遂

通諸經尤長於左傳善屬文家固貧會髮逆之亂境益困斷炊者數矣僞官某稔其才欲浼作書記力辭不就語人曰甯餓死肯從賊取富貴耶蕭清後授徒里門稍能自給顧壹意獎借孤寒修脯無所計以是爲經師垂三十年自奉甚約而家無餘財江甯府知府李廷簫耳其名譔聯句贈之推爲士林師表琳之爲人性情平易而風格端凝胸境坦夷而言語遲鈍晚年多病猶復資帖括糊饘粥自署齋聯云多藏藥物難醫老賤賣文章莫補貧紀實也卒年五十七

田上庠字書樓邑廩生志蓮子性孝友能文章筆氣淸剛雋上爲流輩推重咸豐間被賊擄不污僞職流離瑣尾中賦七律三十章音節悲壯入杜陵野老之室亂定上書薦而弗售未幾丁外艱以毀卒弟上士亦劬學敦品與上庠相繼歿

張源字竹亭號滌川歲貢生性聰穎善記誦數千言走筆立就皆曉暢可觀家貧饘粥不繼高誦秦漢人文字琅琅達於戶外爲人誠愨無城府衣履闒𩐋邊幅不修雖市井負販引共晨夕視富貴人亦了不異尤喜任事成敗毀譽置度外其言與行與文皆坦率胸臆動輒見賺於人退無幾微怨悔晚年偃蹇家居竟以貧死從弟鴻字兆周優廩生幼讀後漢書慕陳實黃憲之爲人以激厲薄俗爲已任遇故舊之急縮衣食周之無吝色又研心宋儒性理之學課徒外惟閉戶危坐而已

秦雨霖字時若幼孤家貧六齡入泰州某寺爲僧師甚愛之使就外傅讀資極慧不數年偏誦諸經兼習帖括之學居無何師卒走歸里門遂返儒服應童子試學使黃體芳激賞之目爲句容翹楚雨霖既補諸生貧益甚爲句讀師自給性冷峭非其義

一介不取詩工近體中多幽怨之音讀之如嫠婦夜啼其友某得其詩歎曰雨霖其不久乎未幾卒年四十二

續纂句容縣志卷九中一終

續纂句容縣志卷九中二　　邑人張　瀛分纂

人物 武功

吾句容羣山環繞雄奇挺特閒出將才有明巫征虜之鎮遼東紀僖順之守宣府（巫凱宣德時以總兵佩征虜將軍印紀廣景泰時守宣府有功卒封溧陽伯諡僖順均見前志）羌寇寒心邊民安堵尙矣　國朝承平起家卒舉偏裨奉檄猶奏奇功（如凌餘雙王應洽輩）迨咸豐閒兵弄潢池一二鄉邦英傑結團起義戮力從戎　銳攻堅迭膺　懋賞罔羅戰績用續武勛若夫蹈義死綏一瞑弗覩另載忠義茲不復贅

凌餘雙字翼鵬乾隆癸卯科武舉歷任瓜滁江六等營千總陞江甯城守右營守備初任浦口營時宿州有賊匪滋擾餘雙奉提率衆往勦咸就擒焉凱旋行賞盛蒙獎勵而餘雙顧處之若素也嘉慶十二年六合大荒知縣杜念典禁糴有商米數十艘

泊河下飢民登舟擊之舟傾米覆幾斷河流商訴諸邑令令隨往視飢民相聚殊無忌憚城內外喧聲震沸餘雙急赴河下曉諭拊循其眾始定翌日擇其尤桀驁者責懲示眾隨勸商減價賑恤民賴以安至今猶歌誦其德不衰御下寬而有禮惟教子獨嚴四子相繼登科渭濱其兄也友于彌篤以己官爲兄請封壽七十有六精神猶矍鑠論者以武備而兼文德云子慶元慶華慶鼇慶桂慶桂見忠義傳慶元字體乾嘉慶庚午科武解元初任江甯督標左營千總洊陞守備歷任金山營守備以督修海塘功保加都司銜擢署本營游擊慶元射藝絕精植刀於百步外矢五發疊穿刀環而止慶華字祝三與慶元同科武舉歷仕至靖江營守備慶鼇字冠山中嘉慶丙子武舉初署江蘇全省塘務洊署靖江平望福山千總陞署本營都司歷任金山守

備罷官歸里優游泉石值咸豐間寇亂十年城陷被戕於神符

邨見忠義表

王應洽性孝嘗割股療親疾奇偉有勇略從和碩安親王征虜

積功至岳州守備屢奉檄勦賊親冒矢石所在削平疏請　敘

功擢淮安都閫

鄭長青嘉慶丙子武舉初授高資把總膽略過人在任捕盜屢

立奇功歷任靖江瓜洲江陰守備擢高資都司道光丁酉歿於

營署子天颭以武生投效任高資額外牌灣外委陞高資把總

以捕鹽梟功遷上海千總署太湖守備補瓜洲守備

陶茂森字威雄廣西賓州人以祖籍江蘇後改歸句容籍咸豐

元年投效隸廣西提督向榮部領提標仁勇勦捕洪逆次年賊

竄湖南等處跟踪追勦至湖北轉戰江南拔補雲南順雲協右

營外委歷年克復諸城疊經　欽差大臣向榮江甯將軍巴棟阿兩江總督怡良廣西提督馮子材京口副都統魁玉均以謀勇兼優勤勞卓著洊由守備　奏保拔補至廣東羅定協副將續於十一年四月奉　旨補授陜西延綏鎮總兵同治四年莅任八年丁艱回籍光緒五年閩浙總督何福建巡撫李　奏調改歸福建補用咸豐三年之剿賊江甯也茂森偕參將張國樑進營七甕橋四年七月賊由洪武門突出數千我軍縱擊斬馘數百賊竄回旋於朝陽太平二門分左右來撲茂森奮勇首先陷陣諸軍乘之賊大亂俘戮三千餘獲僞丞相譚應桂九月隨副將張國樑進逼雨花臺迤東賊營賊抵死堅守屢攻不克茂森陣傷左足猶裹創力戰直擣雨花臺連破賊卡六重焚燒木柵剗賊壘二毀礮臺一七年五月收復句容總統張國樑率

茂森追賊於湯水與總統前後夾擊殺黃衣賊酋一名紅巾悍賊數名斬級千餘六月茂森駐軍湯水助民團設卡於大小赤堰即古翻車峴及拖石岡諸隘難民依之者衆賊不敢犯九月捻逆賴汶洸擁賊數萬由河北圖援鎮江茂森擊走之十一月鎮江敗賊囘竄茂森急出攔截民團繼之擒斬無算十年正月初九日張總統督茂森等進薄浦口沿堤賊壘九洑洲出悍賊來援諸軍分頭痛擊賊首尾不相顧茂森鼓勇先登其平賊壘八卡十餘斬首千餘初十日遂合兵攻九洑洲老巢縱火焚其穴死者數千計其在延綏鎮也同治六年四月綏德州囘匪吃緊僅帶標兵數百前往防勦大小數十戰親冒矢石受傷多處囘逆卒平其調福建也以茂森常歷煙瘴之鄉水土能服檄委統領臺灣各營安撫民番茂森給番農器牛種敎以耕耘書籍筆札

教以誦習其不率教者繩之以法渡臺數載開誠布公恩威并濟卒之日番民數百哭於營次至今猶設位祀之弟茂鸞茂鳳均廣西提標千總咸豐閒賊酋陳永秀黃金亮糾眾圍攻桂林茂鸞奉檄赴甘棠渡堵剿賊眾兵單失利陣亡茂鳳被圍奮力殺出帶傷病歿

笪熙字庶咸御史笪重光裔少讀書未遇以監生捐布政司理問衙性廉直秣陵鎮質庫延主管鑰咸豐三年粵寇陷金陵僞諭商民納稅熙獨抗議結團以拒俄賊目十數騎至某典索洋銀（賊呼花邊）司事以首飾進賊大怒叱呶拍刀以脅熙領數十人摑其門門者曰賊逼辱我執事公毋入熙詭曰吾諗賊特來緩頰門遂闢熙自忖賊恃洋械若入必受創俟其門而殲之令門者報外有人賊出連刃其三餘倉皇匿熙入盡撈殺之有壯士橫

刀至歎曰惜吾獨後不獲快吾意由是熙殺賊之名播傳遠近金陵賊聞之欲居秣陵熙募貲製器械籌守備適向公榮統師至駐軍湻化鎮熙投營獻策輸軍械三千向公賞異委辦秣陵關天印山方山即兩處團練帶丁助勦未幾賊竄高資距熙里一舍熙辭返與族舉人笪佐堯同里諸生張孝友施廷瓚輩練丁捍衛六年賊氛甚熾江甯知府鄭濟美稔熙有勇略飭知縣趙廷銘諭熙總辦九十六邨團練入城防堵五月向營潰大軍退守丹陽賊衆猛撲熙奮力抵禦不克城遂陷賊蹂躪東鄉熙截擊十數次陣亡勇丁三百餘名勢不敵遂於七月詣丹陽大營乞師總統張國樑令營官王義章爲前鋒率師三千助勦總統親督大軍繼至八月十九日甫抵唐岡鋪熙連日在虎耳山勦賊賊稍挫至是英逆挾僞丞相三賊十餘萬蜂擁東下熙軍於

虎耳山側被圍數重正危急時王義章馳至張兩翼以蹙之勢如風雨熙與夾擊遂潰圍出賊死咋不退總統督諸將張玉良戴文英馮子材馬金達等三十餘營分投痛勦賊始敗遁追至太平莊自是熙每戰必與凡大營築壘挖濠皆熙集團丁以應俾總統全力專注而大營始能再立兩江總督怡良特奏　嘉獎七年收復縣城以功敘補從九品　賞戴藍翎十年城陷民團盡潰熙詣揚州謁常鎮通海道喬松年委帶長江水師小龍礮船巡防泰州一帶同治二年鎮江知府師榮光委熙募勇五百名以資防禦熙散六百金濟焦山難民三年江甯肅清熙稟制府曾公國藩給銀三千賑本邑難民歷保至四品花翎候選同知熙團練時延湖北朱飛熊金陵汪汝桂族人筤于貴教團丁拔勇坐作進退之法捐項支絀則出家財以濟傾篋倒囷無

吝色能詩善奕尤精青烏之術所至爭迎不以富貴介念及卒不名一錢笪廣鉁字堅遠監生教諭張履嘗稱其慤直襄熙辦團有功議叙八品笪名城亦以襄團勞候選縣丞

蔡永清字兆元武生爲人彊直遇事能斷鄉里賴之二十里內無訟事道光季年水災辦賑民得其實咸豐三年粵匪由武昌陷金陵縣境戒嚴而永清父子遂殫心軍務邑北爲甯鎮往來孔道提督余萬清駐軍下戍之城門岡以遏賊鋒兼保治北門戶永清所居近營又素有義聲以故軍裝糧臺均置其家軍中增壘濬濠諸役咸賴永清派丁以應子慶華亦武生長軀偉貌舉止端厚隨永清詣營年甫弱冠余萬清一見即器之目爲好後生既而江南軍平高山廟賊余軍移駐京峴山慶華隨佐戎募且有膽識七年克復瓜鎮保永清父子六品軍功後叙修長

濠績加五品職銜先是向公榮築長圍於孝陵衛以困賊和春繼修之至十年大營潰句容徧地皆賊姦民王應龍爲僞監軍肆行無忌睚眦必報復尤切齒於蔡氏父子一日慶華由京峴山歸飲友人曹峻宅忽有自門隙窺者慶華心動急推杯踰垣走俄頃人聲喧沸應龍已率衆圍曹氏宅矣慶華夜逃山中獲免賊平後官軍釘應龍於縣城門死寸磔其屍時人快之同治五年兩江總督李鴻章檄查無主之田歸官永清父子稟於大憲曰從逆王應龍恃賊僞符荼毒桑梓雖天網不漏小醜伏誅而戴公山下有田一區允宜籍沒用垂世戒大憲許之將其田沒入江甯昭忠祠復清後丈量田畝爲當務之急慶華督理其事而民不擾江甯布政使李宗羲嘉其能贈以好義急公額初永清之辦公也趙廷銘獎以德隆望重額論者謂可與其父媲

美云

董永勝同治元年在上海投軍當江南提標營礮勇打仗奮勇四月曾提督給賞六品軍功二年二月隨上海軍解常昭之圍三月克太倉四月克崑山新陽楊舍汛五月剿江陰無錫界先後七案有功江蘇巡撫李鴻章拔補把總七月復隨上海軍毀太湖賊營逼蘇城并攻江陰復楓涇鎮及嘉善之西塘鎮十月克蘇州城外賊壘及滸墅虎邱遂克蘇州省城十一月克浙江平湖乍浦海鹽嘉善平望張涇匯各城鎮歷次血戰解圍出力李公鴻章奏准奉

上諭着免補千總以守備儘先補用並

賞戴藍翎欽此三年正月隨統領鼎字全軍山東按察使潘鼎新克復宜興荆溪二月克復溧陽解江陰常熟圍三月剿楊舍等沿江賊壘並剿金壇竄賊四月攻克常州五月收復浙江

長興疊次血戰有功署兩江總督李公鴻章奏准奉　上諭着免補都司以游擊儘先補用　賞換花翎欽此七月由蘇軍分帶礮船援浙江克復湖州並克晟舍及泗安賊壘遂抵皖克廣德州四年三月赴閩助剿力攻漳州漳浦等城克之李公鴻章奏准奉　上諭以參將儘先補用並　賞加副將銜欽此

丞勝忠義奮發精悍絶倫大小百餘戰輒肉薄先登不避礮彈故能破堅披銳所向有功

王有才同治初元投鎮江軍隸提督馮子材部以守鎮江及克丹陽等城功洊保至游擊復隸督標新軍統領提督易致中部

光緒中管帶新軍後營駐防縣城緝梟捕盜頗著能聲

施貞文字炳如白兔鎮人咸豐三年由廩生襄辦團練七年克復縣城兩江總督何桂清江蘇巡撫趙德轍奏　准以縣丞選

用同治九年考充咸豐乙卯恩貢改捐教諭未選授卒貞文當
練丁時年少氣盛指揮民夫濬濠築壘未嘗稍誤爲向張二公
所賞識同治四年因事蹉跌開復後遂就平實年七十追論投
筆從軍倥偬戎馬閒尙覺英氣勃勃

朱立斌仁信鄉人咸豐十年由武生投楚軍右營充當哨長轉
戰有功統領秦鎭軍歷保至儘先守備同治五年署丞綏營都
司未幾告歸居鄉二十餘年卒立斌性伉爽通文翰博覽羣籍
兼諳星相醫卜之學而堪輿尤精晚年授童子句讀伊唔於竹
窗茆舍中恂恂粥粥見者疑其爲郿學究云

王乾仁瑯琊鄉人咸豐十一年由武童投効楚軍同治元年隨
攻浙江髮逆由開化轉戰而前疊獲勝仗先後克復遂安援剿
江山肅淸衢郡督辦軍務浙江巡撫左公宗棠賞給六品軍功

二年克復金華湯溪龍游蘭谿及肅清浙東各郡縣大小數十戰均異常出力閩浙總督左公宗棠彙保免升把總外委以千總儘先補用三年克復武康德清石門孝豐安吉湖州各城首先登城殺斃悍賊多名生擒一名奪旗數手左公彙案保奏奉

上諭著以守備儘先補用並賞戴藍翎四年克復漳州龍岩永定南靖平和漳浦雲霄詔安各府廳州縣城池並攻拔賊壘擊退悍賊截剿竄賊肅清全閩每戰必先手刃悍賊甚夥其奪獲戰馬三匹僞印一顆　欽差大臣調補陝甘爵督左公宗棠彙保奏　上諭以都司儘先補用五年克復廣東鎮平縣及嘉應塔子嶴大捷殲除首逆收復州城截剿髮逆全股蕩平尤爲出力首先衝鋒先後共刃悍賊數十名生擒賊目一名奪獲黃旗四手馬一匹彙保奏　上諭以遊擊儘先補用六

年隨同攻剿陝甘回逆七年克復綏德州鄜州馬欄鎮雲岩鎮城池攻克橋扶峪三不通各處賊巢收復寶雞縣城擊退悍賊截剿竄匪肅清腹地尤爲出力擒斬悍回甚多奪戰馬二匹西安將軍庫公陝西撫院劉公彙保以參將儘先補用八年攻克老崖窖髮逆巢穴擒斬首逆袁大魁截剿將台普罗窜回攻拔董志塬回逆老巢戰功尤著奪獲戰馬軍械無數左劉庫三公保奏奉
上諭以副將留陝西儘先補用並賞換花翎拔補恪靖馬隊哨官在甘肅慶陽府一帶攻剿回逆九年因歷年身受鱗傷時發時愈請假回籍休養光緒元年仍赴甘肅大營當差五年因舊傷遍發乞假在肅州醫治遽以傷痕潰裂溘然而逝藁葬肅州城外江南義塚是年左文襄公節制兩江准乾仁嗣子稟報
恩卹如例乾仁之告病還里也欲歸標休養降補

微官長依先人廬墓而囊橐垂罄無力賁緣竟以違例見屏乾仁奮袂而去鬱鬱不得志舊創迸裂卒於營次半生勛業沈泯無聞悲夫

戴耀龍字見田句容縣戴莊人幼育於陳氏籍隸上元遂冒陳姓原名明龍咸豐七年投効江南大營隸甘肅巴里坤總兵張鎮軍麾下充長勝礮營隊目十年正月攻克九洑洲賊壘和大臣賞給六品軍功是年二月調援浙江三月攻克浙省巡撫王公保奏賞戴藍翎八月調攻嚴州首先破卡廣西提督張幫辦賞給五品頂戴十月攻克嚴州府城浙撫王公拔補外委旋因就醫滬上投上海軍同治元年正月蘇撫薛公委帶礮艇三月署撫李公於克復柘林奉賢青浦等處案內咨保把總儘先補用十二月常鎮道潘公調赴銘軍於克復蘇州及江陰無錫並

浙江之平湖乍浦等城案内出力蘇爵撫李公奏准以守備拔補四年五月航海抵直調赴山東濟甯截剿捻逆獲勝並李爵督查明克復宜荆溧陽嘉常等城出力保奏以遊擊留兩江儘先補用賞換花翎五年四月山東按察使潘公委帶鼎軍親兵隨營剿賊李爵督查明蘇軍分援浙皖閩三省疊克湖州長興等城出力保以參將儘先補用六年蕩平任逆股匪湖廣爵督李公保以副將儘先補用山東布政使潘公委帶左翼右營殲斃張總遇逆首李爵相保奏　賞給捍勇巴圖魯名號又查歷在皖鄂豫東蘇五省轉戰出力以總兵記名簡放並賞給正二品封典又查剿平西捻水陸馬步各軍及後路異常出力者賞給正一品封典加提督銜十一年李公督直隸復調津差遣委令幫帶樂字營親兵馬小隊光緒十一年又札委管帶樂字

馬隊左營又奏請復歸戴姓改名耀龍十七年在直隸河間府
防營積勞病故蔭一子以通判選用餘　恩卹如例

續纂句容縣志卷九中二終

續纂句容縣志卷九下一

邑人張　瀛分纂

人物耆年附壽婦

昔有爲保章氏之言者謂萓弧老人見於牛女故江左多壽考又有道家者流謂句曲山產芝朮服食導引能益人壽斯二說皆不足信吾邑山高水深民生其閒儉約敦素往往得壽若夫裘馬歌鐘民物富麗尙侈悅華其質柔脆求其凝厚祉而垂永齡者百不一遘焉乾嘉全盛之時龎眉皓首娛笑於光天化日中者所在多有紅羊刼後二三遺老策杖歸來衣冠古樸仰爲靈光古人尙齒引年明其不易得耳彼祈斗鍊汞以致之者固不足稱也謹遠徵家乘近采輿論得高年足述者若而人以壽婦附之作續耆年志

周天馭崇德鄉人孝友性成父沒事母盡道友于最篤成立諸

弟各爲完娶季弟早逝撫姪如己出乾隆戊寅年八十孫曾秀出四世同堂邑令賁頂帶粟帛以賚王觀察嘉會爲序以壽焉
周在邦崇德鄉人生質純美凡所作爲動與道合事親孝下氣怡顔甘旨不計値起居不憚勞生盡其養没盡其禮有伯兄原珮推誠事之及原珮卒敎育兄子一如己子以逮成立而心始慰見義尤勇爲鄉族中有不卒敎者常勸勉之有窘不能自給者常賙濟之有煢獨無以自全者愈惻然心痛如病切於身刻思調劑之而後快其行誼足稱類如此孫曾林立四世同堂壽逾八旬屢膺粟帛
朱兆葵字赤中年八十有六與兄兆葵友愛怡怡邑令陸鈞贈額曰介爾景福
李昌佺仁信鄉人乾隆乙巳年八十六五世同堂布政使王詳

請 旌額昇平人瑞並 准給銀緞有差長子府學增生溶長孫附生燮鼎長曾孫世楨長元孫守成

周履卿字子容五渚坊人家富而好施捨乾隆戊午本邑大饑履卿不待勸諭輸米百石後設粥廠於里左就食者謂有翁可不虞凶歉又二十三年間修建道路廟宇凡諸善行幾無不與邑侯趙公重其賢申聞各憲舉鄉飲賓賜冠帶以榮之卒年九十一

周憲珀字錦舒性耿直無少依回好施與見有投水者傾囊相贍未嘗輕以告人素善辨穀嘗入市見堆穀者一一辨之言某穀出於某處絲毫不爽卒年九十有七

劉士成字子蘭堰北村人爲人勤謹樂善雅好詩書亦能貨殖治家有道子孫五世同堂享壽八十有九里人裴鑑作贊美之

黃其順孝子子讓見前志孝友裔與子中道均以端厚稱俱享大年

徐來時字名臣居家時里族有相爭者趨就質來時爲條陳曲直莫不首俯心折里無爭訟者數十年邑令暨學博舉鄉飲贈媲美南州之額時年七十有六

胡尚敬字敬宇立法敎家令範嚴肅年七十有五屢舉鄉飲始就席曰吾德不稱恐貽樽俎羞其謙讓恆類於斯

包啟榮字桂發年八十有五解釋紛爭周卹窮阨里黨稱之時聞仁嗜學博古精於岐黃以術濟人咸感其惠卒年八十

朱顯璨字光裕壽九十精神矍鑠操履端方

姚國聞字朝珍通德鄉人砥行立名享年八十孫觀察星衍題贈杖悅齊輝額孫鋐拔貢生按國聞與妻某氏八十雙壽

朱淮字映清歲貢生品端學粹善誘循循敎諭張履稱爲老友

年八十有六道光十六年與斐太史鑑董修學宫
胡文茂字奉橋性孝友出作入息渾噩天真含哺鼓腹知識俱泯隱居浮山之麓年九十餘猶强健如故後以無疾終
許繼洪年九十有六卒
胡錞善内養年八十有八素性剛直舉止端重里黨敬畏凡有非義不敢令錞知之子治生事親孝友于兄弟終身無閒年八十餘足跡未嘗入城市逍遥林麓閒有漢陰丈人抱甕遺風
高麗川坊郭人誠實無妄年八十餘卒
陳道瑑瑯琊鄉人剛直尚義年八十有六卒
薛復義字宜之鳳壇鄉人少習拳勇粤匪之亂嘗以徒手連斃四賊賊無敢近有與復義同師受僞職者父子裹黄巾騎駿馬蹂躪鄉里見者皆膽慴復義輒謾駡謂恃賊符以虐衆必無後

其人果絶嗣晚年心氣和平尤廉於財承平以來爲族中建祠宇置義田修宗譜皆井井有條毫無侵染喜與士人遊有叩其技者笑不答年七十猶步履如飛妻謝氏與之齊眉至八十三而歿時元孫已十餘歲矣

張士馳坊郭人長軀偉貌亢直不阿習楮業於汴亂定歸來年已八十餘矣子祚壽性樸而孝馳驅千百里扶掖衰年竟無恙兩髩皤然作孺子慕士馳顧而樂之年近九旬卒

陳在興鎮靜寡言笑喜讀書不求躁進設館於本村一時慕名來學者踵趾相接在興諄諄訓誨終其身無倦意歿之日唁者紛至既葬輓歌載道卒年九十有三

高長松字鶴年謹言愼行年八十有六卒

王聞仕瑯琊鄉人勤愼端恪咸豐六年兵亂年饑聞仕振穀散

財一方咸沾其惠卒年八十有七子孫繩繩且賢孝焉
文彬如孝義鄉人諸生居身廉潔不事阿諛年八十二卒
丁以聚通德鄉人三赴童軍兩舉鄉飲急公好義至老不倦年九十同里監生萬繼英剛直不阿人所敬憚卒年八十有七
王恆元東陽人性鯁直貌奇古人有過輒面斥之貧至懸釜不妄取人一錢光緒戊子壬辰歲饑恆元詣縣求撫所領賑欵必逐戶散給無絲毫侵濫鄉閒事無鉅細必推恆元能任雖數十里不辭勞行冰天雪窖中如坦途年八十卒無後鄉人思之猶唏噓不置云
楊宜祿孝義鄉人樸厚温和年八十一卒
糜宏猷來蘇鄉人一生古直不染時趨年八十三卒
譚世沅仁信鄉人好義急公重建家廟卒年八十

陳同瑞秉性忠直勤儉務農粤冠牧平重建宗祠整頓規模悉以輯睦安業冀同族盡爲良民光緒間壽八十知縣張沇清題額清端式化以奬

笪立厚忠誠儉樸年八十二卒

房思和思德均孝義鄉人排難解紛忮求俱泯年俱八十卒

盧恆德字正興鳳壇鄉人樂善好施歿年八十四

田上國坊郭人循謹無過年八十卒

壽婦　附

太學生許光國趙妻氏承仙鄉人生順治己丑年十月至乾隆庚午年壽百有二歲奉　旨給帑建坊　欽賜貞壽之門

楊行遠妻戴氏年二十守節享年一百有二歲

監生許煌妻趙氏道光四年壽百歲知縣秦頤齡爲之建坊

監生孫瀛妻佝氏賢德夙著年九十餘卒

楊秉衡母某氏年九十三卒

李廷均母張氏年九十二卒

許厚臻母某氏年九十一卒

譚世沅妻戴氏謹守婦道人無閒言年九十三卒

續纂句容縣志卷九下一終

續纂句容縣志卷九下二

邑人張餘堂分纂

人物　技藝

技藝雖小道其大者游心於萬物之表叶陰陽之微通造化之機非區區炫世俗牟財利已也今之所錄藝或不逮古人然皆忠允明慎不爲誣妄夢柳以下則性躭風雅譽擅丹青寥寥數子足備一格矣志技藝

戴欽榮字貞白諸生志趣超邁好山水遊慕賴布衣之爲人以青烏術名於世

戴一輔字相之少業儒應試不利喟然歎曰瑣瑣事章句非丈夫所爲改習醫遂通素問難經諸書一人酷暑得寒症已死一日惟胸前微熱一輔至曰是可治也以薑敷其腹然後進藥竟愈其他奇驗多類此

尙德生幼習醫術比長博極羣書於六經之傳變六脈之根源辨之最精性狷介自好不逐逐於爲利雖嚴寒盛暑有延者無不徒步從之所診視鮮有敗誤其先世有慕塘建之華玉者皆以醫鳴德生世其家學也

尙永燦字麗中少習經史嘗挾貲遊蘇杭間得異人傳遂精於瘍醫借以利人將製刀圭齋戒沐浴去村七里許有虬山晨興率僕入荷藥鑱躋其巔至午夜時披月露走雲煙至曉丹成而歸投之輒效家素饒裕凡貴重之品不惜重價籠置案頭有貧病者潛與之不使知以致家日落弗悔也見解超拔不泥方書或勸其著書傳世永燦笑曰醫者意也思慮精則得之吾意所解口不能宣也古之上醫病與藥值惟用一二藥攻之今人以情度病多其物以幸有功術亦疏矣脈之妙處不可傳虛著方

劑何益以故燦歿而其術不傳焉

周子謙幼好學博極羣書初受毛詩時讀至公劉篇相其陰陽觀其流泉句輒三復不置因悟古昔聖賢於山川之形陰陽之理留心如此於是日取河圖洛書洪範五行討論而貫通之而堪輿之學遂精絕一時又周履瑆字南溪性聰穎精於青烏卜筮之術著有輿地指南

糜道要字君衡醫學得異人傳授雖奇症無不應手效爲人孝友任䘏遇事能直言里閭閒數十年無爭訟邑令聞其行舉鄉飲賓

王運濟字方舟精岐黃痘科得俞天池眞傳時有青出於藍之譽

俞之堃字之彝邑增生習堪輿之術自云得楊公秘訣著有地

理裁僞一書力闢俗師之說

俞之琇字美充工痘科凡小兒一經診視無不奇中多所全活

卒享大年族姪秉桂字蟾香亦精幼科嬰兒有疾延之即至不

索値

王紹濬諸生工醫善書嘗言少時夢至金龍大王神前令出其

手視之後遂習岐黃術或即其兆乎紹濬立方不泥古法純以

神行四方延者無虛日同時李維善精於牛痘

楊正紀字恆春精鍼灸法得金陵陶春田祕傳活人無算有巨

室子患肚癰羣醫束手經正紀治立效適有老者過正紀觀其

色欲爲鍼治老者曰吾無疾鍼何爲堅不肯至夜而疾發乃唇

疔也痛不可忍延正紀一鍼即愈時有小神仙之目惜年未三

十而卒

唐兆麟諸生深通易理善卜筮有問輒相應如響錢塘袁枚耳其名屏騶從造門高談三日贈以詩并隨園全集而去方公維甸亦就問未來事言無不中

倪信頎字光裕精醫理著有湯頭歌輯要子懷屋字濟川亦以醫名懷屋子德揚字杏圃仰承家學其道大光邑令許道身稱爲良醫贈額曰如飲上池遂舉任訓科著有杏林集驗保赤新編兩種德揚性仁孝粵寇之難母被擄設計入賊巢穴潛負而出遇貧者醫藥不受值子三人皆世其業有聲仲氏安朱義行有傳

張延琥精於婦科凡産後難症數百里外必詣延琥求藥無不奇效故戴村婦科延琥後至今猶知名

許修震字秉剛少習典業暇則好覽外科書並製膏丹給貧寒

稍稍有驗遂工醫傳子正芳正芝道益精所製丹藥有神效正芳子起龍正芝子起鳳皆知名迄今已傳五世高陽橋許氏瘍科遂爲邑中顓家云

楊學春精倉公術有問之者曰子之醫何以若是其神效也應之曰予豈有異術哉不過多讀書明理耳夫呼吸存亡之變埒於行師轉瞬補救之功同於澍雨雖有懸河之口驚筵之句不若卒讀章以揆方叶神化以通微之爲得也歷代名醫著作如林漢有七家唐尤倍之得六十四家宋益以一百九十有七兼之近代無慮充棟然理陰贊陽之精而六氣之外不詳天元玉冊之密而拘方之詞多泥大約用之當則濟世之航不當則殃民之刃神而明之存乎其人其持論如此

張德型字康平醫理明澈通素難諸書又杜啟周同弟啟明皆

以醫名壹意活人不計其利
笪于貴六合雷公達入之高徒也精拳勇矯捷絶倫能於雉堞上行走如飛嘗以兩指掐錢若干箇以繩貫其中用兩人儘力負之而錢不爲散觀者歎絶咸豐閒勦賊陣亡
王延興幼嗜精子平善文王課求占者踵相接鄰有鬼物作祟者延興甫占課即知緣起且示以禳法言多奇中以是遠近知名號爲瞽目神仙
張宗海家世業醫於傷寒一症尤得秘傳與眞州劉節和齊名及病瞽求治者猶趾錯於門甫切脈即於其人之病源鑿鑿言之無不符合少跌宕不事生產晚就平實頗留心地方善舉年七十餘卒
劉節和儀徵人精於醫年二十餘渡江南來懸壺於陳家店人

和無知者時邵陽魏源在陸制軍幕府患疾羣醫辭不能治節和後至書方用白蘿蔔汁作引服之疾若失由是名大噪後從錢家村垂四十年遠近奔赴全活甚眾節和治疾長於攻痰謂百病皆緣痰起症之變皆痰爲之南方人多患溼痰經節和治無不奏效孟河名醫馬徵士培之得其方遇吾鄉之求醫者謂之曰諸君何遠行劉節和今之妙手也年八十餘白髮童顏見者疑其爲人中仙云同時汪子符丹徒人僑寓下蜀鎭醫理深細尤精婦科謂婦人未有不生育者皆治之失其宜耳性孤不輕授徒流傳之方人多寶之

張春堂字夢柳善畫山水工淡墨能詩人亦風雅粵寇陷金陵春堂避亂安豐題所畫有髣髴金陵靈谷寺更無人打夕陽鐘之句名流激賞之

陶璞字筱園少避兵湖南善畫人物性孤峭喜飲醉後濡毫生氣勃勃從十指間出偶不洽意雖啗重金不得一紙所如不合浪遊湖湘間尋卒漢臯

陳沅字捷三性風雅喜音律尤長於畫山水有一筆一洞壑一轉一絶境之趣嘗畫尋丈大幅皴染烘襯半月始成水木明瑟中氣勢蓬勃不喜用乾筆枯燥假託名家惜鬱鬱不得志竟貧死

續纂句容縣志卷九下二終

續纂句容縣志卷十　　邑人張餘堂分纂

人物　義行

吾句容山水阻深民生其閒多崇尚古誼故前明賑粟有多至二千石者迄今驅車而過邨落於碎瓦頹垣中猶見曩時旌額豈不以闓澤所流難於磨滅耶　國朝乾嘉之際民物康阜閭里之士以義自遂者更僕難數北山開賑謳思弗忘其尤表表者也駱廷瑛咸豐中兩遭兵火隨在醵金助餉投袂從戎其功高死事者別見武功忠義餘孽既除財殫力竭然卅餘年來地方善舉次第規復民氣之醕不與時爲變遷東京風俗於斯再見於虖美已茲條舉其事實著於篇至若事有相類牽連得書則明史之遺意也續義行志而義舉附之

駱廷瑛字次由號慎庵附貢生議敘知州父豹文康熙壬子武

舉廷瑛豐於貲見義勇爲乾隆戊午邑大饑奉縣諭設粥廠祝廟閱三月止是歲免佃戸租穀千二百二十石越辛酉復饑廷瑛自出貲賑濟兩月前後活人無算丁巳鋪頭橋圮於水獨建之置義田百二十六畝以贍族之貧者他如建龍虎橋修文昌閣戊辰辛未偏災平糶樂輸壬申捐上元縣學田五十七畝皆能獨見其大子二雲摩太學生永泰大理寺寺丞雲摩子應隆行人司司正應隆子球琳琛琳皆諸生並以樂善世其家

華德元字素庵讀書尙義以古人自期七歲出就外傅聰慧過人父母極鍾愛之初受業於孔勵堂年十七應院試學使者蒲坂崔公得其文歎爲奇才首拔之自是每試輒冠其曹時魏孝廉健庵教授棲霞山中父復令往從遊德元賦秉兼人更經名宿指授學益進顧豐於才而屈於遇鄉闈屢薦不售竟以明經

終中年授經里門學者翕然宗之德元盡心啟迪多所成就家本寒素然見義勇爲脩脯所入率耗於施與先是仁和陸公宰句容有政聲以兌糧見逼上官縊於龍潭倉舍無子有一弟不能自存依茅山道士以居德元邀同人爲分宅取婦且時時經紀其家未幾生子循吏得延一線越十年邑侯恆山楊公尤廉潔愛民視事僅八十日以謁上台病歿吳門宦囊如洗德元復斂金歸其喪時論高之

朱端祖字我範邑庠生幼勤誦讀其王父懼其過勞也笑謂曰專一業皆可成名何必盡在章句因棄舉業悉心家事課耕促織平生信果無所欺晚年舉鄉飲賓春秋祠祭不以老耄不前邑北有石山距所居三里許環山峭壁旁有巨石矗起嵌空蟠亘大可數十抱趾下小僅如拳千年危峙不仆居民奇之間有

以事禱者輒應遠近相聞士人醵金建廟羣議必欲端祖主其事卒擘畫經營廟祀屹立時端祖年八十有三尙爲鄉邦倚重如此

朱方杜字洪齋嗣父第來爲全椒學博方杜隨署讀書銳意攻苦弱冠補諸生性嚴毅自奉甚約然遇所識窮乏必勉周之所居界丹徒句容兩地疑事多踵門就決方杜一一排解秉以至公無私之心劑以愷悌和柔之氣人人飽意去邑吏多侵牟而漕弊特甚畏方杜威皆帖然歲饑籌辦賑務無漏澤無侵漁邑人稱允始朱氏之先士章(字竹山)捐義田於顏庵獻醑(字鶴湄)勒禁石於園墓覬覦衆矣方杜首籲當事懲其罪俾義祭不至湮沒祖墓無敢侵犯竊發者私比之一木撐天云

裴于東字韻和號養拙于宣弟也(宣見先正)內和外剛遇事能斷性

尤慷慨縣學修尊經閣捐資董役不辭勞瘁乾隆乙未歲祲偕族賙饑洎乙巳大歉仍出重資勸募徧贍村黨執友朱慧昌死臺灣之難慰贈其二子甚厚有姊適倪數月而寡迎歸養之伯兄芾棠屬纊時接脣布氣冀得復生雖已遘病不恤也子暢以諸生援例爲同知暢從兄珏字雋騂性孝友兄球早歿珏撫姪鈐暨鑑另有傳如己生迨鈐受室珏哭告兄靈曰鈐受室鑑入學則又哭告曰鑑入學居恆尤好施與著有醫粹二卷玠字景福號祉亭生三月而孤母周撫之成立及省試聞母病急歸次日而母卒自是不復應試嘉慶十九年大祲與從子鑑於天王寺倡議捐輸就局董其事復謀於族中醵資部署給米賑飢鄰近數十村無餓殍族女爲許氏養媳姑遇之虐玠收養於家及笄備匳送歸母舅周聿修暮年貧窘玠惻然曰舅母黨也困至此

母心傷矣迎養終其身又與族人續修家乘十月而告成工篆書好古器喜交賓客築醉墨樓以爲讌會之所年六十有八卒子鏞字聚堂鏞從弟錡鋮皆諸生有文名

張祖善字姓湖高祖士騶曾祖樫（均見前志）祖凱父嶸皆諸生祖善性端重盛暑不袒裼乾隆壬子副貢年四十事親如兒時道光元年有司將以孝廉方正舉力辭不就晚年境愈困歲歉恆以瓜代飯澹然安之卒無子以從子澍堂嗣祖善從弟春元一名天籛字紹彭嶸弟坤一之子也性和易篤厚舉嘉慶甲子武鄉試凡遇救荒捐賑修治橋道事必身爲倡之天籛從弟天銘字敬修幼穎異家素貧乾隆五十年大荒事撫無缺有餘以濟親族人咸稱之子雋堂字璞巖歲貢生澍堂字雨春歲貢生平生謙謹屛外事絕校計雋堂子士衡諸生定樾國子生殉咸豐十

年之難
孔允盛字天生爲人胸無城府慈惠好施親族告貸者無不各遂其欲以去坐是窮困弗悔也子興貴有父風族弟允鼒字舉臣家素封而孜孜好善邑令宋楚望舉鄉飲賓贈額曰仁德兼優子五人各授以藝其季興吾字開基廩膳生弱冠卽有文譽性嚴毅言笑不苟以數奇屢困棘闈時論惜之允魁字益宇慷慨慕義於西關外倡建關帝廟六楹並捐田若干畝以奉香火廟燬於兵燹興善字餘慶操行端潔里黨有爭競剖析明允遠近無不敬憚又興仁字全性興壽字鶴年興茂字永隆並以敦行著聞
孔興祜字雲礽號厚堂幼岐嶷羣兒或聚戲興祜獨端坐不動父老奇之比長事親孝處昆季雍睦無閒言性慷慨鄉黨有貧

乏者周卹不惜貲財子毓愷字爾才渾厚質樸亦以孝聞愷子傳榮字耕雲邑諸生性鯁直不爲利誘光緒壬午孔氏彙纂家乘偕族人廣浩廣餘往方山一帶諮訪源流不惜勞瘁宗人興岫字啟鳳篤實恭儉當時目爲盛德君子岫弟興㞧字啟麟諸生興仁字聖卿周濟窮乏如恐不及興家篤於風義戚鄙緩急咸倚賴之興魯字景參寬仁敦厚又毓彩毓斌傳儒繼銘皆好施與

孔興禮字天秩邑諸生爲人孝友寬仁動必以正痛二親蚤逝未能侍養每一念及輒涔涔淚下邑西鄉張姓已聘而貧不能娶婦家將議婚別姓興禮廉得其情助以貲俾娶婦歸後其人子女成行家亦漸裕乃以菱芰芋苗等物鳴忱相率羅拜於前曰非公玉成無以至此興禮笑納之嘗言一介之士存心利物

於世必有所濟古人之言豈欺我哉故無論親疏遠近凡有求者必思勉慰其情而後卽安里人頌盛德焉子毓璋字鍾蘭號奉宸性至孝每晨必趨侍母陶側問所需而敬進之旣補諸生館從兄毓文家四年得家書以子好嬉戲辭歸敎之乾隆五十年大饑石米五千緡毓璋鬻産贍及族屬數家無凍餒嘗以片語脫人於危終身無德色平生酷嗜蘭蕙手植數十本芬芳滿室朝夕玩弄吳中士大夫喜畜蟋蟀毓璋亦顧而樂之曰余老諸生也睹此覺少年臨文之概猶勃勃從指閒出想見晚年之逸興矣子傳薪另有傳

尚永瑗字景蘧諸生每歲暮出貲濟親族不使人知乾隆二十一年大荒襄辦賑務數十村無流殍永瑗從父昌遴字枚臣諸生生子永瑞五月而卒永瑞字天錫少孤母周苦節撫之年十

一補縣學生性倜儻鄉里曲直一言而決著有寄園集虯巖集又同族宏轍字文遠親老不忍出遊嘗於道拾遺金還之兄早卒擇己子之賢者嗣之昌祚字介繁喜施與嘗重修宗祠永瑗姪祚滋字樹旃乾隆五十年大荒祚滋曰今茲無禾來春可無麥乎於是貸鄉人以麥種復倡義賑自食糜粥而以貲財分給飢者瑗子祚涑字若水生平無玷行著有青玕集歷溪瑣語西村晚霞集祚涑諸弟祚臻字也耘性豪邁交無貴賤遇困者必援之善丹青嘉慶中屢入總河幕祚圯字履之爲寶應汪氏司會計汪以業敗而逃祚圯爲支持獲數萬鏹悉歸之汪氏又祚奎亦以忠誠名祚滋子徵儼字望之諸生有才名總督麟書入覲令偕其子入茅山讀書比反則儼已死爲之惋然厚恤其家著有讀史劄記祚奎孫世謦諸生才氣瀟灑出羣書畫琴奕皆

通其旨

王成才字永康事母以孝聞族人漢卿貧死妻將攜子他適成才治屋使居且贍養之卒全其節某年客遊漢江聞鄰舟呼號甚慘才令舟人疾往援救有獲免者出金贈之使歸嘗捐資修建萬壽橋行旅感誦趙永正字乾初好施予捐金獨建蘆亭村大橋亦以孝聞華廷彩字雲衢邑諸生乾隆乙巳秋邑大饑鬻產典衣以卹宗族丙午春大疫施藥餌捨棺殯殮家以日貧弗悔也劉錦字西彩孝友好施乾隆乙未乙巳邑皆大荒錦捐資卹本族有窮民來告者雖鬻田必應之

陳槤字光甫鄰有張姓欠賦不勝追比將鬻妻以償槤爲代償之乾隆辛丑捐金二百修綠楊橋乙巳歲祲槤出家資濟族之貧乏者復捐金二百設廠賑粥戊申又荒槤又捐金四百散給

窮民朱葆川字銘西邑有新昌橋爲上元溧水兩邑通衢又爲
白米圩及百丈圩數萬畝之保障乾隆癸未橋圮葆川捐金倡
議修建之趙有光字允裕乙巳之饑設粥於家以待餓人越半
載乃止丁未王門橋圮有光獨力建之所費不貲笪彝笪琦乙
未歲饑彝捐貲賑濟乙亥戊子又饑琦頻捐賑鄉里兩義之
趙應惟字宏明兒時舉動即異父母愛憐過於諸子飲食衣服
厚給之應惟曰諸兄勞苦兒獨坐享不忍由是愈得父母歡應
惟存心慈惠見人之難惻然不安族中被火災者十數家資糧
俱成灰燼又無力措置應惟贈以財俾各得其所年饑里閈中
有負欠官租者應惟出金代償邑西懸蠹橋爲省會要衝歲久
傾圮又捐資獨建至今稱便應惟甘澹泊灑灑有出世姿知江
甯府杜公旌其廬曰貞白餘徽子林字仲繁增廣生生而潁慧

父歿甫十歲擗踊呼號寢處不離喪側宗黨咸以爲奇明年兄死母益寡歡讀書之暇卽依戀慈闈慰解誠摯學宮傾頹教諭某欲修葺而艱於費林與同學俞古御共任兩廡又獨修敬一亭歲饑邑侯設廠賑粥人衆官米不敷林開倉捐米以補之遠近皆懷其恩嘗念無產之家雖年豐不免飢餒每屆除夕甲乙其貧乏之命諸子計口贈糧歲以爲常

周英字天秀邑業碾者向有驢差之擾英捐資代役請除其弊知縣某許之立碑示禁至今賴之朱奉璋業醫善接骨家小康凡參茸珠珀藥品之珍者極力營致遇患者相其所需不少吝或以金酬之無一受者袁甯鎬字聲遠喜施濟邑多山易旱甯鎬逢歉歲出資賑給陳嘉珽字楚珩喜周濟貧乏之善解棼同時有劉琳者邑博雅士也行端正凡邑令下車必延琳講約於虬

山之龍源觀翀每推嘉珽而翀佐之嘉珽好聚銅鏡分年代先後加以辨證編爲三帙翀爲之序嘉珽子克經有父風戴舜樂嘗捐穀賑饑宋公楚望旌其門羅國安字嘉祿國學生留心地方善舉乾隆庚寅　翠華南巡國安應役有功當事者保舉五品頂戴

周德宣字日三康熙壬辰進士楨裔孫也（楨見前志政治）初句容溧水溧陽三邑陋例相沿每逢大比供謄録之役輒派鄉民爲批首胥役需索往往傾家即有感憤不平者亦僅付之扼腕德宣甫弱冠時攻舉業適値科場輪充是役遂投筆歎曰大丈夫不能除一方之害安用毛錐作章句儒耶因毀家具陳當事幸觀察王公據情力白於中丞岳公爲之勒石永禁而謄録批首之害遂革三邑父老至今頌之

王康偉字雄萬號雋亭太學生質性純謹事生父母克盡孝與昆季處怡怡然日友愛無間言嗣父廷芳早逝家事賴康偉綜理而持躬樸素嘗訓其後嗣曰節一日珍羞之費爲饘粥可以濟數十人之飢節一身羅綺之需爲布帛可以禦數十人之寒故康偉處世大抵廉於己而厚於人族黨匱乏者必加意周恤之乾隆乙未協族人重修祠宇相度無間寒暑積勞成疾卒年七十八子醴泉善承父志爲人蘊藉沖和人多樂與之遊

王康績字亮采邑諸生幼從邑名進士沈貽孫遊講貫極精覈賦性高簡於科第泊如也先是父曉齋有陰德捐金救荒普惠桑梓康績繼其志值歲饑兩次出資助賑事無巨細一準先人矩矱悉協乎理之至當與情之至安而後已子塏字殖庭天性純篤幼補博士弟子讀書敦行外無他嗜好嘉慶甲戌歲大祲

首捐重金偕邑紳籌賑濟之方多所全活邑西郊舊有三臺閣建自前明金學使蘭爲興起人文之兆傾圮百餘年矣塏毅然興復四出募捐督成巨舉由是登甲榜入詞館者有人爲數十年來所僅見弟階字步庭亦諸生讀書通大義不屑屑於章句嘗捐貲重建華陽書院文風爲之一振

王履升字夷白生而穎異能文工書早入邑庠尋省墓黔中復就試貴筑補博士弟子旋以婚歸里娶繆氏生子一無何母金以先人坵墓在黔留仲兄侍左右促之歸黔履升之再至黔也黔人重其學行多從之遊晚年掌教習安書院以經明行修課士一時郡中以科第顯者多出門下尤喜造就寒士貴筑錢某少孤貧讀書未竟其志履升異之勸理舊業貴筑崇令感其誼亦月給錢米贍其家後錢領鄉薦補授河南偃師縣履升自爲

時藝高古不諧俗以歲貢終著述詳藝文志
王周南字詩正別號修竹由太學生捐職同知母倪氏夢大士撫笲而生有異稟好讀書所居之宅饒水竹乃築室於西偏榜曰修竹樓積書三萬餘卷館宇明潔林木幽邃蕭然其中晨夕披玩手録書等身旁及青烏日家者言無不洞悉源委工詩有安鈍吟稿中年喪偶即獨居治家有法子弟雖燕見無惰容吟誦外雅好賓客四方知名士過句容者多喜與之遊如孫觀察星衍洪編修亮吉皆當代碩儒常主其家往來最密暇時與邑之老儒宿學談道德論文章考究古今之得失後進之士仰如山斗然處鄉黨間謙恭和順了不異人好善樂施慷慨不吝乾隆乙未乙巳大饑捐資賑濟乙卯倡修尊經閣及明倫堂每歲杪陰計貧乏之士厚贈之親族賴以婚喪者不勝指屈王氏舊

有宗祠歲久頽圮周南出貲數千金爲改建規模宏整煥然一新又加置市房以永祭享費不下數百金族人至今賴之時比范文正之義莊云

王以樸王以楠王以樞皆名諸生以樸字質可攻書史能文章每試輒冠其曹十赴秋闈不售鬱鬱不得志年四十五卒以楠字覺堂端凝厚重守身如玉尤喜培植人材終日下帷講解問字者戶外屨常滿邑之青衿大半入室弟子也以樞字拱辰性純謹以名節自勵凡邑中利民之舉如賙饑荒修橋梁治街道皆與其兄以楠踴躍爲之乾隆乙卯王周南捐修尊經閣以樞與焉痛伯氏能文早逝無志科名日尋天倫之樂卒年八十餘知肥城縣常州丁履恆爲立三先生傳

駱宣猷字青子圖呈之兄圖呈見前志少鄙章句不適於用棄儒業

綜理家務斟酌損益井井有條雖家道豐盈而辛勤儉樸如寒
素居心仁恕待親戚宗黨極爲恩惠族戚至立義碑以誌之他
如葺學宮賑荒歲施衣施櫬懿行不可枚舉與圖呈稱二難焉
從弟思健字乾初幼孤事母以孝聞性侃直人有過輒面斥之
乾隆壬申大饑思健挺身白於令設法賑濟鄉黨被惠以宗譜
歷久未修深憂之曰子姓繁衍支派日紛不彙輯成冊何以垂
後因令弟聖箴董其役而一切經費皆思健籌備年七十有六
猶强健異常
駱登瀛字洲士號蓮圃父鳴騶康熙丁卯舉人登瀛美風儀弱
冠補邑弟子員試必高等學使者咸以國士目之鄉闈不售乃
援例入貢絶意進取日侍父側講學孜孜不怠父訃偕入都必
送至淮上後歿哀毁幾滅性恐益母慟爲强進一溢米治家有

法晨起摒擋諸務午後焚香靜坐繙閱書史燭至呼酒數椀召子姪環侍與言所以保家之道懇懇至夜分不倦先是鳴騶性好施每值歲不稔周恤無餘力丙子秋大水蛟起院署紳士倉皇無策鳴騶毅然出重貲募救試士免漂沒者無算登瀛承父志亦豁達汎愛乾隆丁巳大饑首倡賑濟富室從之賴以全活者萬計卒年七十八

駱岱字友三號魯峰祖曰俞父殿邦（傳見仕績）三世不分財百口同爨內外無閒言有義門之風岱以嫡冢主家務尤寬厚常使人受福不知與人交輸寫肝膽休戚同之少勤學所與遊皆知名士每鄉會登科錄出見一故人姓名輒喜動眉宇或跂望不遂則徬徨太息者累日待師禮尤崇起居日用每先意而逆之歲終解館脯貲餽廩外別出錢數緡置行槖中師驚辭則曰此孺

子輩惓惓之意固當勿阻其委曲從厚類如此子佐隆字時英邑武生性孝友恂恂然類於儒者宗人敏字昜庭諸生勤於教讀嚴寒盛暑無惰容時人以爲難同時授徒有聲者王懋鼇字海山附貢生好造就孤寒貧而慧者修脯不計有無

駱長庚字曙堂一字星橋附貢生天姿卓犖少與陽湖洪亮吉及孫星衍友善故學務閎博居鄉孝友慈惠侍父臯亭疾衣不解帶者數旬後卒哀毀骨立惟歠薄糜與弟潤鈺怡怡白首乾隆戊午宗祠傾圮暨族弟壽山解囊修葺監工六閱月祠宇煥然一新乙未及乙巳歲饑偕同輩督理賑務設廠鄉城晝夜不倦乙卯與王周南裴于東等捐修尊經閣子四菊溪諸生守愚就職州尉潤鈺字蔗田諸生精堪輿術　文廟左舊有奎文閣祠爲踵修者以私見易神座西向而南潤鈺謂不利科名偕壽

山倡首捐修仍復舊制自是捷南闈登甲榜者有人論者謂有功於一邑壽山太學生所居古名鹽巷有劉明府廟今呼爲府君巷祀東晉劉超及前明天順間又祔祀賢令劉義廟久不修棟折榱崩壽山見之愀然曰凡有功德於民者則祀之是若不修何以勸後遂竭力募建規模較前宏廠嘉慶丁卯歲祲復捐金以恤災黎

駱錫堂字蘭庭一號芷坪邑諸生爲文稟經酌雅尤工詩賦以母汪體弱多病遂廢舉業專究心於醫乾隆丙午闔境疫癘大行求治者踵接錫堂不憚風雨寒暑奔走調劑日無甯晷貧者必周以藥餌之資並合辟瘟丹以應暮夜之求邑中賴以起死回生者不可勝計嘉慶甲戌旱且疫東平于稽山來爲邑令耳其名延入署診治之暇訪以救荒良策錫堂勸其急糶官米以

平市價旋詳請大府蠲賑查賑則逐戸驗名胥吏無侵漁之弊給賑則以銀易錢飢民免剋削之憂于用其言是歲災重於鄰邑而民沾實惠子四賜麒化麒以讀書世其家宗人正綸字金門廩生亦精於醫丙午之疫修合丸散施送族黨中無力婚喪者多所厚恤少遊金山遇松江人將鬻其子遽贈以金後十年父子同赴南闈迂道至邑詣謝此一事尤膾炙人口云從兄正組字方來太學生乾隆乙巳之饑嘗以錢米贈人

曹家惇字信厚號恂庵國學生天資頴異料事如神性長厚大父元士貸沈某銀五十兩歷二十年家惇忽請償沈固與元士厚又以其事之久而不復可憶也固卻之家惇曰不可使先人有逋負名卒償之以麟字仲昭諸生工古文詞以孝友稱晚年修宗譜有義法乾隆乙巳歲饑捐貲助賑宜洽字士和志量豁

達族修宗譜捐金以爲之倡宜渭字士清家素饒以好客中落然遇婣黨貧乏者猶施與不少吝選字爾謙諸生弱冠卽蜚聲黌序善解紛里有爭不能直相率質成於選出數語剖之無不冰釋

曹以約字理中號吉安邑諸生父家璽以孝友著聞以約氣宇端凝言笑不苟爲文卓有先正典型從遊者日衆束修所入用濟貧乏之意豁如也與弟以綸極友愛以綸亦事之惟謹時人目爲二難衣振字九章幼勤問學年四十始補博士弟子十赴鄉闈未售志卒不衰乾隆辛酉科　恩賜副舉人以裕字聖容於桂字芬五皆以諸生精岐黃術多隱德忠字藎臣與諸弟分析自擇其薄者及弟卒扶翼弟婦俾全名節撫孤姪如已出子政荀字敬先性温厚族中建議修祠政荀慷慨助貲並捐田四十

三畝爲祭祀之用其他如濟急扶危及邑中諸善舉無不樂輸恐後政寬字維五踐履篤實生平喜周人急而口不言惠

曹施喬字名修號松巖國學生幼孤貧長忽自奮挾計然術賈於吳中不數年致產千金性慷慨樂施爲族中設立義塾造就孤寒甚衆族姪政治字允安天資聰慧年十二應童子試輒冠其曹會丁父艱家務繁冗易儒而賈曹氏著跡大村城內向無祠宇政治倡捐五百金特建一祠用妥先靈於通字永達天資英發見祖業蕩然毅然有振起之志尋以居積致富益務寬大有王客倉猝誤兌百金已遠去同事欲掩取之通不許明年客至如數算還邑鍾姓者已聘因貧不能娶於通助以資並買舟送之歸里其樂成人美類如此

曹以泰字象昇性沈潛嘗云動不如靜行不如藏三辭鄉飲賓

不應宜祚字文祉邑廩生美儀容長身玉立父歿遺荒產數十畝宜祚獨輸國課不累諸弟事繼母以孝聞宜敭字明舉家㙈字珩如乾隆閒邑侯林光照重其品諭董育嬰堂事籌辦周至手訂章程後人踵行之施錦字日章諸生砥礪廉隅一鄉推服於德字福田太學生慷慨好施家璜字姜玉歲貢生敦品勵學之辛字重煥府學生家貧課徒某村其地育女者多溺死之辛撰韻文勸誡貧者並助金使留養之其風稍稍革辭館日父老醵金餞之有泣下者

曹於道字立修生七歲失怙越十年喪伯兄一門重任惟於道肩之事母氏能委曲承順性嚴重里中有不肖事相戒勿令於道知其爲人敬畏如此子庶藩字應蒼國學生少脫略不事生產家日落庶藩衣敝履穿走城市中傲睨自若有相者熟視其

貌謂某年當富且歷數其發跡狀庶藩以其戲已也去弗顧相者笑曰君毋然他日當思吾言後來果一一驗庶藩既富首捐金創修宗祠鳩工庀材親董其役宏壯爲一邑冠自維起於寒微體卹貧乏靡弗周至子步洲邑庠生孫承源字鏡潭性寬和不解機巧待族黨有恩兄子某因兵燹流落蘇郡使人尋歸給錢百千爲完娶愛之不異諸子及兄子懋遷崑山有起色或諷承源往就之承源曰家庭閒豈有市交乎昔日之事吾以慰伯兄於九泉也卒不介懷羣服其量

張文進字與三邑諸生唐孝子常洧裔也曾祖光谷父伊莪皆以孝友稱並見前志文進生有至性母病目不交睫者數月洗濯皆身任之嘗爲其祖母建節孝坊又捐金修儒學忠孝祠先世某公墓沒於樊姓文進詣官清理重立墓碣賴以不泯同族德超

字爾達持身端潔乾隆時兩與賓筵德貴扶危濟急不計己之有無一鄉稱善人德昌性慈惠值荒歲傾積儲以濟族黨里人稱爲澹遠先生孫餘睟然諾不苟有祖風德泰德韓德魁德杞德繼皆輕財好義見稱鄉里德誠精岐黃家言延者盈門擇其尤貧者先往或給以藥餌之資又捐重金修祠德溥性嚴正以禮法自持後生不修邊幅者往往迂道避之德芝渾樸有長者風

張美琦字魏公邑諸生天資豪邁才氣過人急人之困雖重金弗恤也邑令題與人爲善四字贈之子玉麟坦白無城府亦諸生宗人美康嗜學工文弱冠補縣學生家無儋石儲而書聲琅琅雖斷炊不以屑意子德儁字友仁寬厚有度美士字廷彥務敦實行外事不干其慮德昆字光照與諸弟分產推多取寡遇

善舉挺然身任未嘗以勞瘁辭子延祖字丙陽以廉隅自飭延信字書文局度開爽凡可以益人事知無不爲延斌字子開幼失怙恃賴兄成立終身謹事之居鄉解爭息忿感人以誠子餘琮字宗玉天性孝友延凝字正陽國學生言笑不茍延琢字器之事祖母以孝聞延綍字綸音胸懷灑落綜理族務稱平允延誌延維嘗捐金建祠延恪性至孝父病不離臥榻者兩月視同堂兄弟如同懷爲文力追先正爲名諸生餘箭餘梧餘璠皆庠生有文名餘連字易三夙敦古處邑令旌額曰望重鄉評張氏之行孚鄉望者又有仲璋啓鯤仲璋精醫術於歉歲嘗輸粟濟貧稍後起者有慶秀慶璽慶恭慶汾慶廷慶祥長亨長懷皆傑出者又慶華字藹春慶閭字兆充皆諸生聲騰庠序

張維字御六郡庠生父鵬見前志以孝友稱維精於治生族黨貧

乏者輒分潤之光旭字旦初能詩工畫得其斷縑零楮者珍若拱璧文元字太初習歧黃術事寡母二十餘年色養倍至雖刻苦起家於施捨不少吝乾生慷慨識大體與人交終始如一延桂倜儻不羈篤於親故子餘瓌邑庠生又錦字積成源字載安皆諸生內行醕備餘書性凝重伯兄早世教養諸姪不爲姑息之愛家庭整肅爲一時冠

周奉璋字乾初諸生閉戶力學人鮮知者乾隆初邑侯孫稔其才就訪利弊奉璋條陳數事孫稱善舉約正不應益高之宗人秀峰字東山秀升字小山秀士字軼凡皆以諸生敦尙名節王延鼇性喜施與鄉黨無力婚葬者靡不佽助施啟發字鼎臣嘗指囷周急有古俠士風又笪如理字榮甫笪如瑝字仁甫如理姪試楨遠族本泰皆於歲荒捐穀數次又朱朝敏字美文居茅

山之麓好與鄉人講求農桑之法豐年捐立義倉以備荒歉一境賴之同族正文字華生果敢任俠有爭競就質者據理分剖不避嫌怨遇貧困即傾囊以濟聲譽隆起一時縉紳先生樂道焉

紀文貴字海宇樸誠長厚犯而能容中年賈毘陵從之稱貸者不計利日緩急人所時有一重利便墮入市井惡習矣手置田宅從未乘人窘乏故賤其值每念人生創業艱難於新故乘除之會悵然不樂者久之時邑中行鄉飲之禮共推文貴爲大賓邑令已具銜延請力辭不赴人多其能讓紀氏之賢者若文時之老成全旺之孝友芳祥之伉直芳斌名遠之嫺雅揚信芳國之賙卹桑梓均可傳也

周夢蘭字畹英邑諸生幼聰慧讀書過目成誦工楷法有顏柳

骨幹敦品砥行不爲流俗所移憫風俗之漓作蘭譜記以表章節孝趙一紅字敬萱事孀母孝平居孶心易理深明吉凶消長之數儒者交重之名傾一時王黍炳字允文由國學生捐職州同嘗捐金收埋暴骨朱永金字榮生早失怙恃事繼母湯以孝聞雖寒素動喜揮霍見困急輒賙䘏之吳殿宇邑庠生王孝廉從懋稱其壯志凌雲爲近今奇士宗人吳蒼如吳中立同里杜如山刻志孝友勇於赴義皆諸生吳相乾精堪輿星命之學所得貲旋分潤宗黨或饔飧不給晏如也吳鏡涵吳希會和而能介鄉里雅重之

俞念祖字畹亭太學生父茂鯤多義行精於治痘有痘科集解六卷行於世茂鯤見前志念祖世其學險症賴以全活者無算晚年修輯宗譜徒步捜羅草創未就而卒弟發祖字劬久諸生多才

而篤於內行始茂鯤仿呂氏鄉約整頓風教發祖踵而行之鄉人得以安謐者數十年歲饑勸捐籌賑且請於官發常平粟平糶以舒民困手訂宗譜成父兄未竟之志復於公祠設文會給膏火以獎子弟之秀者乾隆間邑侯曹公修句容志發祖與焉承祖字梅村太學生亦以治痘名敬祖字繼文乾隆乙巳旱災與胞弟懷祖另有傳設歲濟會鄉鄰被德又修唐陵觀一新神像延祖銓祖孝友有傳皆茂鯤子也

俞選字其武邑庠生父茂龍歲貢生茂龍見前志有文名選天資英敏至性過人母倪即世甫弱齡哀毀儼如成人母故宦族其後舅老且病選饋肥脆參藥無虛日舅有幼孫延師督課俾得成立弟顯祖見前志文學躭書史著述盈牀疊架選爲刊其集行世其以選拔入都也客裝皆選部署顯祖從容就道而已前一夕父

扶病視行篋色喜甚已忽自悲時兩幼弟俱在側父指而泣曰汝輩有兄如此吾復何憂然汝兄憊矣乾隆戊午辛酉歲饑選前後捐穀若干石以活飢民知府張公高其義贈額曰蔀屋皆春從兄遴字帝臣候補州同鄉里告急者傾囊無德色歲饑出穀平糶與人交恭而有禮友朋稍踰邊幅輒畏其知其自飭可想也

俞士俊字錫章太學生父應禮孝友有傳士俊居父喪哀毁踰禮事母王能得其歡心兩弟相繼死撫諸姪不異所生他如收族邺鄰諸善行皆卓卓可述士俊不喜章句而酷嗜史學嘗語子弟曰六經四子理深詞奥汝輩急難湊泊唯史書所載興廢得失瞭如指掌讀之可以備參考而示勸懲持身處世莫切於此卒前兩月猶扶病取閱通鑑綱目一過俞九甯少習賈亦喜

閲歴代鑑略大義輒了了閒與人論古今引析甚悉雖文人不能難乾隆丙子舉鄉飲賓士倫字敦五士俊弟鄰因細故與族鬨族人拾石擊之幾斃士倫呼佃人舁至家佃有難色曰若勿怖即死我抵歸灌以藥踰時甦俟其瘡平而厚遣之鄰感其義不雠族人俊子廷獻字緒三附貢生沈静寡言族人介福客雲南久不反其子家音欲往尋顧家有老母妻子泣告廷獻曰奈何廷獻哀其志慨然身任其家事已而家音亦不反養生送死皆獻廷爲之部署邑侯林公贈額曰誼篤桑梓

王運銘字載西慷慨喜施族黨有告貸靡弗應即逋負多者亦不以介意嘗言人生貧富有定與其一文不捨而貧何如善用之而貧耶里有爭訟或歴久不解運銘爲之劈肌分理洞見臓結兩造無不心折以去運揚字眉士嘗捐穀賑饑無幾微邀福

之念臨終召諸子曰吾家幸尚温飽凡遇可以濟人事勿吝貧財貽羞錢虜吾含笑地下矣否則非吾子也運鎧字寶成性剛直負奇氣人有過或於廣坐中面斥之聲如洪鐘聞者畏服賈於蘇同鄉奉爲祭酒與諸弟久析產旣而弟貧鎧解衣推食不少吝

王泰廷字艮翰監貢生乾隆閒疊遇大災泰廷出穀平糶遠近賴以全活疾革猶遺命賑南北二鄉以其地災重也知江甯府謝鍠贈額曰任卹可風子運昱字曉昇附貢生有俠氣承父志出賑南北鄉又就家設廠全活甚衆總督尹文端贈額曰州黨蒙庥始歲饑里中無賴聚刼富戶米穀莫能誰何迨邑侯詣驗無賴羣據唐陵觀烏合鼓噪將爲拒捕計運昱至觀中剴切責以大義衆唯唯而散又王元鵾字子儀兄漢沖來賓早世遺孤

幼鵾撫之過於所生歲饑米騰貴出穀分給族衆復平糶鄉里食德者感焉邑侯高其義舉鄉飲賓臨終命子檢所貸不能償者悉焚其券子鋐字贊文邑諸生

王道揆字斯盛號郅堂邑諸生乾隆四十年歲大祲道揆竭力捐賑全活無算族孀告乏者典質應之用是貲產蕭然顧性素沖澹閉戶手一編課子讀書爲樂及子樞入邑庠將以教讀謀養揆誡之曰爲人師而曠廢其職神明不汝容也樞奉其教授徒有聲王鈺歲貢生少從俞月嵋張曉香遊韋布蕭然廉隅自持未嘗有所干謁然遇邑中諸善舉無不踴躍從事年七十狀貌如少時語人曰樗櫟以不材全其天年其謙沖可知矣王鏞字聲遠性孝友生平恥以機巧待人有與之爲難者夷然不較又王楠字映喬王開逖字旭昇皆太學生篤於風義

趙一起字乾甫天資長厚有餘輒通人緩急中年無子時有負一起者欲償不得願以女爲一起充下陳一起佯許之養之別室悉還其券乃爲擇壻厚其奩嫁如已女一起亦隨舉二子趙國彪字虎文温厚樂易年逾八十猶兢兢於自修舉鄉飲賓里中有貧而欲出其妻者彪聞之至其家問所需幾何如數持贈夫婦得完聚如初王新仕字學優亦捐金保全鬻妻者子知慎字徽五性誠篤如建祠續譜賑饑事皆捐貲不吝以子駒貴例封文林郎駒見文苑知本字茂生作義倉積穀以濟凶荒族人賴之又王卓軒性倜儻工計然術屢致千金旋手散之里中貧乏者無不各飽其欲以去或諷其豪嘅然曰天地生財當爲天地用之吾非守錢虜烏用是阿堵物爲者同時周鯤王國樑夏甯齋王子方子玉子麒並以善行著

趙熊字方乘增廣生童時讀書出語輒驚其長老爲文孤詣苦心不一字拾人唾餘數困於棘闈或勸俯就繩墨笑曰合乎古必戾於今但守吾故步力求無愧於古人已耳遇不遇命也性慷慨慕義有友人訪其廬值熊他出逡巡門外閽者走告熊遽歸揖友問寒暄友固有所求而來比相見語羞澀不能達熊會意入室移時持白鏹出如數予之且曰若不敷即以聞某當爲足下了此事友人感泣而去宗人趙一第趙時楠趙時相俱名諸生

楊一科字品元奉母孝甘旨不少缺訓子課農澹然自安性嚴毅人敬畏之薰其德而善良者農無失時賈無失業婦女無聚談視一族如一家然時睹風熾獨一科里中無呼盧博塞之習王邦字國勳里有爭訟必苦口勸止謂鼠牙雀角終致兩傷事

無大小只須平心靜氣則曲直見矣鄉里佩其訓數十年胥役不擾不識公庭爲何地嘗道遇鬻妻者邦惻然即與之金其人叩謝去子凝川舉鄉飲賓王可制字子巽邑諸生性耿介授徒自給家屢空晏如也曾路拾遺金候其人還之不道名姓里中有不檢事惟恐可制知有王彥方之風焉一科宗人士逵士迎士岳炳南正起皆孝友好施

倪大經字西谷祖文珪父國佐皆以孝友慈惠知名金沙史進士梧岡稱國佐爲茅州完人大經積學能文篤承先志乾隆四十年大旱竭力勸捐旬日得二千餘金量爲散給全活無算四十八年　翠華巡幸時紳士具請啟必遴德望兼重者縣以王周南駱應隆裴于東及大經四人與焉同族大德字舜生久芳字蘭生皆篤於收族之誼久芳子箕堯字象高待弟友愛分析

時以大宅讓弟自處其陋者柏士文字綸章國學生爲人慕義遇荒則賑見貧則周又徐知勤字仲文衞祖艮字善邦歲荒各倒廩穀百餘石以賑鄉里

趙璞字生州太學生父應恕謙退寬忍時號爲長者著燕貽編字字有禪日用璞天性豪邁有節概每除夕招族中不足者權其家口周䘏名曰小補歲以爲常今趙氏祠中尚存小補碑記又立義倉首捐穀三百石窮民往貸者令自註其名於倉簿歲終收其本其尤貧力不能償者璞自轉貸以足之使不至難繼初與弟珩俱以文章知名暮年功名不遂壹意禪悅時與浮山高僧相贈答別搆精舍數楹爲亭堂環以藩籬蒼松翠竹左右交映望之蔚然中置茶鐺酒鑪每春秋佳日輒憩息其中嘗自圖其小影曰漆燈仙棲

王艮字兼山增廣生讀書授徒慕胡安定之風危坐終日諸生頭容稍偏者呵斥必及痛時師病在速成謂後生不當束書高閣專攻時藝一時遊其門者皆知名之士爲人嚴介不苟邑令如宋公楚望李公棠朱公繡先後重其品地方善舉皆與焉王岐字希文邑庠生家世寒素帶經而鋤少憩卽展卷闇誦由是文名藉甚授徒極嚴終年兀坐皐比無曠誤值續修宗譜虧貲數十金岐卽以館穀所餘賠償之絕無怨色

經宜洪字禹方孝子章紳之孫章紳傳見孝友父時蕃蕃弟時芳一門孝友每述其父尋親事輒嗚咽流涕洪以冢孫侍章紳疾拭垢滌污累月無倦色撫弟遺孤恩勤備至歲饑倡首賑濟全活萬人邑侯林公贈額曰鄉評子惠從弟宜浩宜滄俱以敦行聞經世鐸字振儒太學生乾隆乙未歲饑請於父悉出倉庾糾同志

其爲賑濟經榮陞字康三亦章紳之裔性嗜學博聞强記生平不喜自見有益於人隱爲調護之經埈字羣瞻天性慈惠乾隆四十年旱災多所賙卹嘗集古格言爲長聯以戒後人年七十餘卒經志舉字慶臣亦好陰行其德嘗袖金出賑貧寒諸子前亦不齒及鄰與志舉有田產交者取求無厭甚且加以非禮或勸置之法志舉曰若非絕無廉恥所求逞於我者貧故耳卒不校其人愧服同里趙世芳字君泰郭永興字緒周俱以樂善名趙國玳字璓年太學生少嗜學爲文援筆立就父歿哀毀骨立事母加肫摯尋葬父棺於祖塋下族衆誣以欺祖搆訟三載幾起阡矣國玳伏墓號泣呼天搶地邑令鑒其誠孝乃止子翙字熊飛博覽工詩性亢直朋友有過多面諍之生平不喜佛老雅好賓客而自奉甚儉課二子皆成名子楷歲貢生模嘉慶戊辰

舉人孫珍字弁朝諸生殉粵匪難同里楊知庵幼頴敏自恨未及讀書特建家塾厚其修脯聘名宿以教諸弟柳橋鶴儕嘯秋後皆以諸生知名

趙士暄字錦堂習玉人藝極精客揚州一歲中叠經四喪經營歸葬撫孤孀各有部署乾隆九年揚州大疫士暄施材捨藥不遺餘力尤善擘畫事理談辨風發一座皆驚時稱其解紛排難踵武仲連息事甯人希踪劉寵其信義見重於人如此初士暄挾玉人術往來於噶爾噶楚克楚之閒咸稱趙老子云同里王世德字濟川幼頴異徧誦諸經尤工尺牘懋遷巢湖巢之名宿一時皆樂與之遊性開爽胸無城府面責人過退無後言作僞者相戒毋令世德知又士暄宗人趙家喜趙國會趙國森皆善著一鄉廷會父眞敦樸有古風善占候能於禽音之上下草色

之枯榮預卜一年之水旱其豳風之遺意歟
徐在禮字爾廣俞學博懷祖稱其侍一手足之力經營數百里
外以供二親之養其志爲可矜子凱字懋昭亦以孝聞叔爾敦
貧無嗣叔母臥疾三載凱親侍湯藥事如己母乾隆五十年大
饑邑侯林光照諭同裴于東襄辦賑濟凱舌敝唇焦竭力勸募
獲資甚多更即家設饘粥以濟同族晚年編醫集修橋梁好善
之心彌篤在禮從弟在寬字爾容少服賈泰州因定省多曠抉
計歸養乾隆丙子大饑邑侯以賑事屬在寬寬不辭勞瘁務以
實惠及人鄉里頌之寬子廷璽字殿章邑諸生又克英字世章
父茂森易簀時語英曰吾家世單傳今汝有子四譬叢生之木
培則可久自今以往汝當使人謂爾過於忠厚毋使人謂爾過
於浮澆甯人負汝汝不負人吾含笑入地矣克英泣誌之終身

弗敢忘時有胸如河海望重山斗之譽年八十餘眼見曾元以五世同堂蒙　旌

許茂昇僑居河南父病隨侍歸里至中途卒時茂昇年十六郎能護喪歸葬比長慷慨識大義河決攖繒口茂昇捐金七百兩建石橋二又修周家口虹橋費二千餘金皆己財陳州官紳聘管理頤壽院陳州養窮民之所頌聲翕然督撫據實請　旌建彰善坊

茂昇名居首年七十二卒一時窮民撫柩號泣送喪二十餘里

楊延貴太學生以服賈僑寓九江郡邑兩文廟及濂溪書院義塾諸善舉皆慷慨助貲復挑掩官山孤墳檢埋無主枯骨費不下數百金卒年八十二俞宜祥字吉紹客亳州最久時同鄉多旅歿不能歸者宜祥傷之倡捐購冢地數畝立簿籍編次成號登記故者姓名里居用以識別聞者義之又柏姓佚其名賈亳

州三十年顓行善舉晚年歸里送者數百人曰善人往矣初同鄉鄧廷楨之舅流落於亳柏嘗濟其困後廷楨貴爲之表揚柏惟自謝而已

王廷理字燮元府學生少穎異好讀書尤邃於易別號易庵行規言矩一準先哲宗風邑侯宋楚望夙重其品舉約正辭不就

王兆松字方中邑諸生天資倜儻不羣凡詩詞音律之學靡不淹通母病衣不解帶願以身代旣而不起兆松遂以毀卒病篤時猶以宗譜未竣爲念王國佐字希周亦諸生事祖母繼母以孝聞邑侯林公聞其行諭辦賑務國佐委曲周密務盡實惠柏傳歿後爲樂社司云王安字漢輝太學生端慤自好城市無其屨跡遇地方善舉竭心力爲之王恩字惠周性渾厚募修村西石橋行旅便之又王汝瀾字惟觀諸生操典業舊例取息過重

汝瀾曰貧人有急以物質錢朞月而增其母四之一亦已足矣忍復重之乎力破其例父暮年鰥居寡歡汝瀾聞孔氏之賢聘作父繼室母事之唯謹

朱芹字楚葵歲貢生資稟超越博學善文灑灑千言援筆立就甫弱冠即蜚聲藝苑性至孝大父年八旬餘卒芹猶執喪哀切歲貢例就教職有司高其節召頻仍芹慨然曰仕以榮親也親歿矣安忍舍墳墓博升斗遂固辭不應惟課徒自給歲以賣文餘資分潤宗黨駱孝廉彝稱其義命自安超然於世俗塵埃之外禮義閑其子孫忠厚化其鄉曲不以詞章相炫而以實行爲先蓋芹之實録云從兄兆葵字端望饒於資距其居三里西里莊置田數百畝遇有贖田欠價者兆葵悉還其劵許陸續償之謂貧人聚銀難待價足恐所存又散矣其加惠貧乏踰於常度

如此值歲祲目擊流離怃慨然發粟千斛贈之族有餘粟者感爲則傚飢民得生者不知凡幾一時忠厚之聲聞遐邇邑侯曹舉鄉飲賓

朱鏊字天寵一字步溪解元獻䣲孫（獻䣲見前志鄉賢）孝廉方正垣（另有傳）之子也幼穎異經書子史外博極羣書十歲能文器宇深沈翰林安亭王公者篤論君子也不妄許人目鏊曰牛醫兒吾所慕月旦諸賢猶遜一籌焉朱氏有子矣年十七補弟子員恂恂無喜色有賀之者則曰僕方懼玷辱宮牆何喜爲初獻䣲建祠古隍倡捐祭產至父垣城居閒隔難以釐治日漸彫零鏊手訂規模請諸當事鈐印給族以垂久遠迄今產保祭豐鏊之力也族之人猶稱道弗衰云歲饑民菜色邑侯就垣商賑濟鏊侍側指畫悉中機宜全活甚夥性至孝會居父喪哀毀踰禮未幾卒

年三十七
朱敬山廉而好施村西有石橋蘇甯孔道也傾圮日久行人怨嗟敬山獨力成之無難色凡地方剏建修治之舉有求必應或負欠中有力不能償者輒焚其券郡憲鍾耳其名題惠人可頌額以嘉之族姪梜修字圜橋性慈祥與物無忤由勤儉起家頻遭橫逆惟循分自守以修省爲禦侮策篤信感應篇及功過格故有陰行其德而人不知者生平無疾言遽色雖督率子弟亦婉曲導引令自繹槐修字世承生而頴敏讀書過目成誦以食指漸繁遂棄舉業自是順天時識地力節嗜欲不十數年家道有起色姪仲昭早世遺孤三家計中落一切葬祭皆槐修獨任之所遺薄產僅四畝於代爲種殖外每時時供其困乏臨歿囑諸子曰古稱姪爲猶子是姪卽子也孝弟爲五常之本根本立

則枝葉自榮庇焉而縱斧尋庸有濟乎吾委曲爲孤孀計也所費不貲爾等勿冀其償吾先世有鬻已田售簪珥脫昆季之難者吾願汝曹效之其用情篤厚類如此

朱道淵字靜深號紅坡邑諸生爲文提要鉤元務規先正無一切浮靡誇誕之習所讀經史古文頂批旁註皆硃筆細書切中理竅始道淵家貧無力出就傅伯兄厚栽早歲出嗣與道淵別戶居勸之讀曰塾中諸費吾身任之道淵意不自安以其田若干畝爲質厚栽知其性不苟取權受而藏焉比小試獲售乃出其券還之曰吾以爲賀也道淵感其意益自刻苦屢赴省闈不售自爲詩曰科名何足重無面見吾兄此語猶膾炙人口厚栽歿其子窘甚道淵計向所受値倍償之曰非報德也分宜爾也

宗人震字竹庵天資樸實少有大志讀書亹亹如注以父思九

遠出授經遂棄儒業理家務晨夕如常思九喜語人曰吾有震子家政裕如矣平居重然諾黜紛華談笑皆根經傳諸文人弗及也里有爭論輒詣震條分縷析爭者悉平遇所識窮乏則奔救恐後云

倪毓陵字陶友天性純篤塾師蔡某素淸儉深秋天凉毓陵微窺其寒卽解已所着新裘贈之其敬師如此子宏受字瞻洛乾隆丙辰　恩科舉人呂志科貢表誤作上元人爲文淵微高潔多見道語性篤孝每公車北上刻刻以堂上爲念後以二親年力就衰遂無志仕進宏受子士極字揆一優貢家貧好施夏月偶自館歸會族有病死無棺者士極曰天暑何堪無棺助金殮之叔瞻淇兄介眉早卒士極爲瞻淇妾俞介眉妻裴請　旌以光潛德子炘爾泰俱諸生炘字西池性慷慨族黨賴以舉火者十數家爾泰

爲文奇崛臨終詫曰天夢夢耶世汨汨耶仳倠擁檻娵奢斥矯虔肆駕夷由蹠耶遂卒炘子懷會字蘭琬增廣生於學無所不通而內行醕備不愧家風里黨嘖嘖羨之

許振字儒衡輕財尚俠乾隆乙未歲旱出粟賑饑子成字尊五乾隆乙巳嘉慶戊午歲歉凡捐穀數百石家本素封卒之日囊無餘財弟庚字夢白歲貢生少從鄉宿俞蓀園遊文譽騰起事母趙依依孺慕承歡不懈同族世瑞字應祥於諸弟閒極孔懷之愛仲弟歿世瑞扶翼弟婦俾完其節客於亳同鄉有病故不能葬者葬之不能歸者歸之且爲之經紀其家其尚義如此容字魯倉太學生好施與重然諾懋遷吳中遇孤寒者輒周濟之不使人知也

王雲驤邑諸生有文譽刻已爲義前莊有渠灌田若千畝已與

鄰戸共之會歲旱已田遲灌讓鄰先之以鄰戸急於已也或壞已田爲鄰田通水道其力不能灌者弁助以傭工費一時善名噪鄉里性篤孝父暮年夜不能寢必雞鳴始就枕雲驤侍立不倦不命之退不敢退也王凝惇有俠氣賈於瀨水有同人迫於家累負典銀甚鉅典東嚴追諸人無策凝惇曰無恐遂貸已宅而償之其他義行多類此張譽聞性豪邁鄰有許生者素儒祖塋爲勢家謀佔幾受誣枉親族皆坐視譽聞憤甚助貲使伸理事卒得白許感其義造門致謝譽聞已先期避去矣又許祫許和王開晉張麟產僅中人於歲荒皆捐貲助賑麟字尊一太學生乾隆二十年舉鄉飲賓

俞鏜字協範邑庠生輕財慕義有負數百金者鏜憐其貧檢券還之子宗淇傳見文苑俞之琮字象方乾隆丙子捐金助賑琮子家

桂字珠峰太學生天性肫摯母病侍湯藥罔懈者七年建三義閣於唐陵觀又於破塘堰添設茶亭行人便之邑侯林光照贈額曰義舉必先子秉勳字士立綽有父風秉勳族弟秉繡幼落拓不羈父老憂之以爲非保家子也及長痛自檢束造次必循禮法諸兄皆早歿寡嫂孤雛煢煢無告秉繡以一身搘拄其閒雖破產不令飢寒其卒也人有見其衣冠入土神祠云又之琮從弟之瑗字子蘧居鄉課徒以誤人子弟爲戒母疾之瑗侍房闥累月不懈族中事無大小剖決井然咸倚重之

孫家儀字爾度爲人不妄言笑排難解紛知無不爲爲無不力遠近敬畏之乾隆二十三年邑侯朱繡舉鄉飲賓贈以德隆望重額子瑞瑫字純玉事繼母孝家貧貿易謀養所入悉以寄母無私財子天洪字雨亭天性孝友父故甫弱齡兩弟未離乳哺

卽能措挂家政及兩弟歿撫諸姪成立弟婦節行皆賴以保全歲饑捐資助賑躬任勞瘁宗人瑞珩字楚珍長厚可風子天泰字景和太學生內行純篤天涿字范陽生兩歲而孤比長孝事其母內外無閒言性好施與遇族黨貧困者必曲爲周恤之濮字景祥以刻苦致温飽喜周人急多隱受其惠者

楊際仕字天章號暘谷性至孝事其父朝舉能以色養尤喜施與族黨中力不能婚葬者解囊助之務如其人之願而後已歲饑與弟章舉籌議備至活人無算乾隆十二年重修家廟先捐金爲族人倡饗堂寢室煥然一新年八十三卒病篤時猶以三事未了爲恨一家譜一義田一村西船橋語喃喃不能休欲命其子續成之朝舉從弟朝佑字公弼號嵩齊太學生輕財尚義遇稱貸不能償者卽焚其券死無以殮者與之棺乾隆戊午舉

鄉飲賓學使鄧鍾岳給額曰德徽鳩杖子際聘士肆邑庠生際烈際科際驤皆太學生

王肇謨字功浩爲人權奇倜儻乾隆乙未歲饑發粟賑濟至乙巳又饑乃即家煮糜設厰復命子興順計口授糧如償宿逋然同里吳聖墳於是年之饑鄉鄰告乏者或變產以賙稱貸以應有古俠士風成茂鎧王小翁周章惠皆乾隆閒義篤桑梓者孫大龍農人也好善若渴嘗獨力修鄰近孤塚每屆冬月即荷鍤向龍潭一帶修補大路糧車過龍潭者咸頌其惠又王德溥肇謨同族村東有北背橋久圮德溥捐金獨建王開士字器先家富有而好行其德每出遊必袖錢以濟貧者或笑之曰子產之輿可徧濟乎開士曰吾樂此不疲也

周讓字竹溪府志作性豁達重然諾乾隆五十五年縣吏作奸

以僞票徵糧南八鄉居民大譁後値稅期無輸者邑侯王公慕讓德望就謀之讓以大義諭衆衆欣然願輸王欲以匾褒之辭曰以濟賢父母之困而獲名余不願也嘉慶八年獨力建貞孝坊周禮字敬堂輕財好施乾隆二十一年歲大饑禮捐賑以襄公舉更爲食於路以待餓者四十年五十年之饑亦如之性至孝父紹岳卒未葬家人不戒於火廬舍盡燬禮以身蔽柩呼號不去而火竟熄

劉應煦字萬育性慷慨好義捐設鎭江救生局乾隆戊午捐賑壬戌又捐千金救荒同里士堯字宗唐太學生乙未歲饑捐米二百五十石給濟鄉鄰存活甚衆邑宰林光照動容稱歎謂其與荒政有補至乙巳江省又饑士堯子際鎬字愈豐繼述父志捐錢糴米周邺貧窮又

趙友芳字北溪精歧黃術性孝友母年八旬猶依依孺慕稍充裕悉以田產與弟秉忠外舅某年老無以自給周之數十年及歿爲營喪葬親族窮迫者推解不少吝子守國繼父業與弟存國並享耆年汪文端廷珍贈額曰德紹洛英孫凌雲禮賓皆以醫世其家届炎夏給貧民膏丹不取直北溪醫家專以舌胎辨症故診治多奇效趙氏皆得其秘傳云同族趙楚珩以耆德見重鄉邦乾隆十九年舉鄉飲賓

周綸字世掌邑諸生少事母孝母歿每撫殯思慕植立如偶人待兄甚謹命以事未嘗以難辭兄或怒則踧踖引過終無忤色爲人簡易不屑屑於文貌周旋與人接意所合雖田夫野老笑語甚歡不合雖達官貴人亦掉臂不顧凡賑荒修橋諸善舉必踴躍輸貲爲衆人先家蓄琴一張儲書萬卷顧盼自得愛讀陶

靖節詩謂其眞意似已暇則爲家人講小學娓娓不倦婦女藏獲皆就聽之尤耽山水所居近攝山地多幽巖淸沼長松怪石往往流連徙倚至忘昕夕云同族度字廷章亦諸生以任邮自負戚屬閒有不足者周急之不少吝邑侯重其年德舉鄉飮賓周之鼎字彝生性誠慤好讀書家本素封以疏於會計中落年三十餘措微貲客淮上久之囊罄遂落魄不得歸時吳郡運官吉姓者輓漕北上泊於淮奇之鼎貌與之言知非市井中人乃曰余子甫髫年欲以靑氈屈子於舟中可乎許之是夕張盛筵招女妓侑觴之鼎不悅曰某以吉翁知我故就之何至以卑卑相視也欲拂衣去吉引謝始留由是益重之無何吉令其子出羅之鼎偕焉夜遇盜貲被掠詰朝之鼎於豆囤中拾遺金五十兩詢於衆無主謂吉郎曰子失父本是天憐子以償其亡也衆

服其義

周克義字宜公丹陽某負販於外本虧囊罄羞澀不能歸日暮泣路隅克義廉其情助貲使回里不告姓名而退病篤時命家人檢舊劵焚之曰留之使子孫取怨鄰里周永言性慷慨有貧不能全其妻者遣嫁有日矣永言急往止之爲捐米十二石周憲舒字淇園客淮上時歲饑有鬻子者旣受値其主速之行父子抱持不忍捨憲舒代償其値遇死無殮貧不能葬者輒助以貲一時淮上有周善人之目憲滄字有龍宅西爲茅山大路敧側不平憲滄捐貲堤之萬瞻名章詡以字行性孝友舉止端重渾然不露圭角好施與邑有旱災縣令詣各鄉勸捐聞萬瞻已倡捐若干遂以南八鄉事委之是年饑不爲害

經朝元字允仁邑諸生性明敏幼從張藥齋遊聲噪庠序閒凡

經史子集手録成書閒有觸發洞中理要訓子姪輩極嚴鄉鄰或搆釁朝元以大義諭之卽解遇貧困失所者陰周䘏之而不居其名雍雲旂字明晤好善舉村居澤畔道阻於水雲旂捐貲堤以石茅峰十里長山行旅苦無憩息所特建甘露亭炎夏並施茶湯族人仁所繼珍皆輕財好義繼珍字仲山太學生僑寓河南上蔡晝服賈夜讀岐黃書遂工醫求治者無不應手效生平以睦婣任䘏爲己任濟人之困如恐不及然

楊朝綱字履宜僑寓如皋幼穎異於書無不讀雖隱廛市手不釋卷事親孝寢疾時茹齋禮斗衣不解帶者數月性好推解每歲除夕竊聽於里巷中有呻吟無以卒歲者投以金錢不令人知歲饑捐貲賑粥他如育嬰堂文昌閣橋梁道路諸善舉皆樂於助成宣文杜字勁蒼居家儉約而施與不少吝又欒寬裕字

有容太學生孝廉培之胞弟也居鄉振貧困睦婣族有善人之稱嘗出貲獨修百丈圩石涵俾數十年鮮水患後有子翼者尤慷慨嗜義有祖風子翼子繼順邑增生以孝友聞

華君實字克之爲人醕謹不苟賈吳中一日藏金於笥將以償客忽爲人盜去君實得其情置不問復鬻田以償諸負或勸之首報曰即贓犯無獲藉以緩客債亦無不可君實謝之曰彼非眞爲盜者飢寒所迫耳控官則勢必株連吾不忍且盜竊我我遂虧客負是我亦有盜心也烏乎可卒如數償之周有祥字瑞寰性廉介少賈高郵有鄰女奔之有祥不爲動女慚而去繼與李姓服賈久安溝一日李回里檢橐中六百餘金付有祥往盱眙糴貨中夜遇盜有祥匿於厠盜尋不得縱火焚屋有祥挾貲潛回李聞其被盜也大驚旣而大喜仍畀貲使販六安獲利甚

厚悉數歸李歿之日家無餘蓄王嗣承字繼裘嘗過正陽關遇盜已物刼掠一空惟友人託寄五十金尚在嗣承忍飢寒卒覓原主還之時呼爲窮鐵漢

趙守成字繼繩幼讀書茅山深自刻苦爲文務發明義理以屢困塲屋遂棄而習醫尤精於痘招延者雖遠必赴貧者助之藥全活甚眾性喜施與歲暮有告貸者一時無以應取衣十餘襲付之故人某貸於田室貧不能償守成鬻田代償之雖坐是屢空晏如也端木思有字玉甫早孤而家貧以義命自安一日過石澗旁拾白金一封中裹當票知爲貧民所遺席地俟之浹午見一人踉蹌而至云欠官租甚急質物皆假諸人今失去奈何思有審其符合遽還之失金者欲分半以酬不受問其名亦不告也周希伋字汝思劉繼琮字佩九葛全趙字連城皆不取遺

金者戴學魁字海聞客長沙出金完人夫婦於漢口以五十金贈孝子於溧水以數十金助逋稅者嘗言財爲天地閒公物若錮爲己私便非天地生物之心其曠達如此

戴欽坤字覲乾貌魁偉商於鄂以計然術起家慨然以濟困扶危爲己任周急而不責報賴以舉火者甚衆自吳至楚二千里識與不識皆以善人目之鄂撫張鄂藩徐心折其爲人待以上賓時出貲賑三楚饑曰聊以佐　聖人嘉惠元元之至意後江夏賊匪跳梁至相戒不入其門云朱古橋倜儻不羈客遊山東值登萊奇荒民無生色古橋惻然稟請魯撫捐貲賑饑不下數萬金魯撫上其事於　朝　賜以官固辭不受晚年優游林下不復出與鄉人講保圩法并規畫一鄉利弊嘗曰吾少時讀書猶記得程子有言君子居一鄉則造福一鄉也

樊允籛字壽徵號仙史幼讀書工詩古文詞試輒冠其曹同列者咸決其爲遠到才值父兄相繼歿見母氏內外經理不遑慨然曰奈何以家累貽親憂因摒擋庶務井井有條事母能先意承志先世有遺址將謀新堂構里中黠者紛紛尋釁允籛不與校曰是有覬覦心宜稍饜之與以資皆釋憾去會族中重建宗祠允籛倡議經始一切身任之祠中百廢具舉子六人景晟邑庠生工詩有文名華德振字振金附貢生性聰穎於五經四子書過目輒了了若有夙慧及長所與遊皆一時知名士居鄉通有無重然諾恂恂有古君子風焉周繼翰字聖奕别號柳崖性躭書貧不能購嘗從人借讀寒暑無少閒喜吟詩各體皆工平居閉門卻掃非其義一介不取類東漢獨行之士有柳崖雜著若干卷

胡惟親字在新父邦盛隱居浮山有陶許之風惟親少卽慷慨讀書未就乃與父老規畫一鄉利弊周岡村前有巨塘不能瀦水惟親設法築埂數十丈至今賴之又剏造宗祠與族之子弟講論拜獻之儀孜孜不倦從弟惟昌性介特不諧於俗而極好施與族兄某應吏選卒於官貸惟昌數百金一無所償有婣黨北上宿旅店爲假命案牽累惟昌費巨款解之亦不以介意又爲里中汰冗習革陋規鄉人深感其惠又惟選字公召少失怙恃境綦貧而仲兄頗自給惟選不少仰藉曰男兒當自强耳後以賈致富與族衆議建祠修譜捐助無所吝與人和易雖三尺童子樂就之卒享大年四世同堂惟貞事母孝待諸弟友愛輕財尚俠族黨賴以舉火者數家

胡梓內行純篤事母能以色養卵翼諸姪過於所生居鄉急人

之困至於再三毁券棄質弗恤也胡承宏父懷章疏財伎義晚
年貧甚承宏出爲賈曰吾辭墳墓棄妻子羈縻於外不能致富
非夫也既而橐滿歸兄弟行大半物故諸姪無所依恃承宏卽
以所得資置田數十畞以撫諸孤又出巨款爲先人償夙負索
其室僅足供饘粥而已胡剛先弱冠補諸生爲人方嚴羣小咸
憚之本鄉舊有糧役輪值年者往往賠累傾家剛先挺身訴於
官力陳其弊於是糧役之名始革里人至今頌之胡承貞於學
宫傾圮捐金修葺歲歉出穀賑饑遠近啣恩者甚衆胡承連幼
失怙年十四叔卽與析箸承連去而習賈無何貲大饒向所失
產盡贖回猶與叔公分之人稱其厚又呂秉之字畏三篤於內
行爲約正二十年以公直負時望
王紹京邑諸生生六齡失怙孀母敎之成立長而喜周人急嘗

偕張羽士玩燈聞河畔隱隱哭聲覓之有老嫗將投水紹京救之並卹其家友人魏凝源陷冤獄馳往營解輟已業三載弗卹也楊彦隆字伯珩少孤痛父早世事母極甘旨之奉處昆季分多就少嘗遊錢塘江颶風覆前舟彦隆出囊金急呼鄰舟救之獲免者十數人又買婢婢思母哭不止彦隆招鬻女者還之焚其劵贈麥數斛而去曰勿再割若愛也與族人正連創設施材局多年一鄉頌之彦隆之先有以樂善名者際遇字大昌僑居汉河鎮族弟斌昌家徒四壁每分潤之姪輩力難婚娶者助以貲歲饑倡首爲施粥糜全活甚夥

朱銓字嶽宗號羨山歲貢生少聰慧讀書有未安處必反覆推詳以求合古人之意兼通九章勾股算法作文灝瀚汪洋彷彿眉山父子與人交至誠惻怛時流露眉目閒里鄗中以大事就

商準情酌理片語之下翕然帖服句容陋例相沿每歲鹽引照漕糧認銷銓毅然請諸當事勒石永除厥弊時有啗以多金者銓正色曰不有四知耶其人慚退晚年僑寓吳門一時縉紳先生如潘太史榕皐譚中翰琴巖恆以詩酒相往來云從弟鋐字振宇諸生宅心仁厚處事非公正不發憤見親鄰無力婚葬者則盡心相助族有雀角爭積不能平鋐爲判其曲直皆心服求祲嘉慶十九年大饑哀鴻嗷嗷待斃惻然憂之倡議捐賑賴以生全者不可勝數丁丑蠹書舞弊私將甲戌　恩赦之米嚴追肥己悍吏來鄉叫囂隳突編戶苦之鋐忿然上控大憲始免追呼之擾邑父老嘖嘖稱之

朱茂[redacted]邑諸生幼讀書過目成誦爲文章規模先正不屑爲華誕語終歲健關沈淫典籍丁父艱作孺子泣者旬日平居好樸

質厥華膴曰欲洗時蹊先復古道又曰知足者不辱吾有東岡之圃可辦絲麻西澗之田足供饘粥所獲多矣因自號澹庵煮茗焚香杜門習靜閒寓情於花草無事則挈瓶灌漑雖一葉一枝不忍翦棄嘗自製齋聯云樽前尚論書中世枕上小遊畫裏山其志趣可想也弟容江亦諸生家饒於貲以慷慨樂施漸陵替厥後子六人孫八人亭亭玉立人以爲善門之報又茂蘭字佩裳太學生自奉薄而待人則厚嘉慶甲戌之饑慷慨好施全活甚眾顯㯹字殿輔居鄉醕謹以周急爲先有貧苦親鄰乞糴者或升或斗仍匿其錢於粟中而與之每歲暮必量貧乏之等級爲稱施之多寡孜孜然累歲不倦朱氏之賢者有沅修字醴泉醕修字粹直毓英字尉廷達有字豐亭達善字性培皆後起之秀也

朱綬字集生邑諸生年甫冠即受知於洪洞楊崑嶽宗師以孝友睦婣稱居鼎爵字蕙圃乾隆五十三年補縣學生端方耿介士林奉爲矜式與鼎爵同里後起者郤雲從亦諸生居家恂恂孝友宗人淇才字廷珍品重鄉閭又賀名家素封加厚族黨時其匱乏而周卹之夏雲從自奉約有餘輒用以濟人王朝甫諸生孝友敦品邱德書性嗜學以古道自持於人世所務泊如也高俊朝字旭貴宅心和厚以讀書自娛家屢空蕭然不爲境累韓天錫家貧好學因遭亂未博一矜爲鄉里解紛不避嫌怨咸服其公正衞南陽家世業農遇善舉無不竭力贊助南陽同里郗紹璠張餘洪陳明瑤陳遵科陳遵傳並以無玷行見稱陳遵章謹厚不欺粵匪之亂上元東流鎮鄒姓避其家寄銀若干兩尋賊氛撲至鄒倉猝徙去遵章用襪裹其銀暗置之塘底承平

後使子泗水出之原封還鄒鄒欲稍酬辭弗受年九十餘卒五
世同堂雍睦無閒言里人嘖嘖羨之
王開制字丹山弱齡喪父性誠孝逢祭祀則涕泗交頤以不及
養爲憾事諸兄曲盡弟道好施與期功賴以舉火者十數家子
潤字可亭太學生亦以孝聞父晚年得風痺疾潤躬侍湯藥晨
夕不離同族募置祠田郎倡捐白金二百兩王應滂字玉如喪
父時甫八齡哭泣呼號哀動行路兄早世撫養孀雛終始無倦
同邑陳某作賈江右與應滂一面識也忽暴疾旅歿應滂鬻棺
以殮親送歸里其重義如此王紹聰諸生中年棄舉業貿遷淮
上同鄉中有以客債羈身者傾囊助之聰之先有賓尙者庠生
廷桂業儒俱有隱德又徐明三字達儒然諾不欺居鄉收族睦
鄰意極懇摯宗人文忠字少陽樂善好施子得珍得序得順一

門孝友得順字秀和以祭產未豐於嘉慶八年捐錢三十六千刻意經營不數年度支漸裕一族賴之年八十餘卒國錦以母教成立行端方一鄉稱正人無異詞同里王士斌郃有金范興祥俱以好行其德著聞

戴宏義字遵五唐詩人叔倫之後世爲南鄉望族嘉慶十九年大饑江南北道殣相望時宏義賈重慶聞耗卽商之諸兄買米豆數百石載以快舟順流疾下散給族黨是年出資最鉅者居延訓字桂廷發粟千餘石賑濟議敘職員許遵瑞賑貧無資呼鄰里分折旁宅二十餘間以易升斗數日而盡王嘉貴權其村戶口分給米錢尙錫九家不甚豐先捐私財爲富室倡皆一時存心利物者

石倉字德保嘉慶丁丑歲荒聚鄉人謀之曰吾儕世居水鄉能

保廬舍而不爲餓殍者圩之力也今數十年隄不加修隙漏相屬又赤山後湖淤塞成田若山水暴至不其魚乎眾以歲饑力不能辦爲辭倉曰我當以工代賑耳於是丁壯日給百錢老弱饋食役三月而圩高且固矣閒一歲己卯麥初熟大雨浹旬茅巫諸山踞上游之水汪洋澎湃夾奔秦淮三日乃退鄉人造廬泥首者以千億計曰前年不死於餓今年不死於水皆公力也倉遜謝之族人世梅嘗捐粟千石救荒雍斌字舍章幼失怙事孀母孝居圩鄉遇水泛濫力爲區畫不辭勞不惜費親率壯夫晝夜巡隄俾億萬生靈囘生於呼吸之閒弟楚善工詩亦以孝聞

許起桐字舜琴太學生篤於親故喜施與嘉慶甲戌歲饑起桐捐貲於天王寺設廠賑濟僞言款募自蘇州嫌自居其名也蒲

溪橋圯與族弟起賓起龍姪萬鎰重建之又卽家創設積穀施材諸善舉當事高其誼給額曰敦睦可風王定華字慶三性鯁直晚年益樂善甲戌庚辰兩歉歲倡捐以賑貧乏日夜不遑從兄定鴻字鵠臣亦有善聲爲人謙抑沖和聞道人之短者則掩耳疾趨赧然如談己過父歿哀毀骨立幾不成禮人稱其孝俞駿陞字英培丁卯歲饑散穀以贍宗族待諸弟極友愛或諷其析箸陞正色曰吾自幼時與諸弟無貳今老矣顧析箸乎且析箸則用多用多則財匱譬一燈而數火膏不易竭乎且季弟幼吾撫之不忍背也

朱定周輕財好施道光十八年獨建行香村東之靈蹕橋費錢四百餘緡從村至橋修路二十餘丈費五十餘緡又倡建村東之諸樂庵經費不濟鬻田以足之同時蔣順義於白兎鎭西獨

建一涼亭行旅便之又鎮之二里許晏公廟順義助金改建費百餘緡王凝英喜周急道光閒遇貧死無以爲殮者給槥一具布一疋米錢稱是行之十餘年般橋頭舊路苦泥淖凝英欲堤之不果而卒子安淮字錦城承父志由村東上泥凹堤至傅家榨行路頌之時道光三十年也咸豐六年殉難

許世敦字實亭僑居河南少頴敏就童子塾三月能默寫大學章句無一字譌迫於貧改就賈以居積稍稍致富侍父疾衣不解帶者兩月時盛暑躬親滌拭不使一蠅集於牀席待弟妹友愛逾常族屬來依者悉提攜之佃戶負租者家人竊不平曰若收穫薄耳既而佃以負租小康家人又言之曰若誠辛苦以是酬其勞可耳生平恥以噢咻嫗煦博名有貸貧不能償者世敦多暗焚其券道光癸卯河決中牟手置產多付東流無憂色曰

以財遺子孫而不能教是禍之也漂之何傷子貞元中咸豐壬子河南榜第一聯捷成進士出官山西大同知縣

許艮寵性古樸中年致產千金用䘏窮困隨手盡凡乞貸無空歸者嘗捐銀五十兩修建宗祠爲族人倡許志遷字善甫自號樂田居士父枌儀度俊雅博涉書史名宿多樂與之遊志遷怡情畎畝數十年城市無其跡至賑䘏飢寒豁如也許大蘊字君用瀟灑不羈嘗獨修某寺前之大橋許光遠許邦相亦以敦行樂善推重鄉里又王定蕃字毓三懋遷於外父遘疾彌留之際定蕃突至舉家驚問曰吾心緒怔忡知必有故嘉慶甲戌大饑有鬻妻謀食者定蕃曉示大義貸以金俾完聚如初

劉振淮字夢錟太學生爲人剛正有膽識嘉道時北鄉趙氏豐於貲惟取信振淮凡地方公舉往說之無不應爲鄉里排難解

紛極嚴毅一言不合則面斥之人卒畏服道光壬寅英夷內訌由鎭江鼓輪艘西上抵下蜀鎭之河口人情汹汹意謂必上岸蹂躪振淮立至船從容喻以大義夷酋秋毫無犯而退其善處大事多此類也兄振源諸生自有傳同時王正月邑庠生性嚴正自其爲約正也市井無游民婦女不觀劇嘉慶甲戌歲饑與里人羅復仁捐資籌賑羅故饒於資有山數十畝貧民無業者使伐其樹以工代賑賴以全活者甚夥

姚景邰字克家邑諸生家素饒而好施與道光癸卯甲辰均水災景邰田多在圩鄉除不索租外遇貧寒之佃復周邺之顧莊邵純明者値歲饑無以爲活將鬻其妻或以聞於景邰立召純明詢狀即與米五石銀十兩令悔成約是年純明舉一子當水災之洊至也訓導成公奉委設賑局於倉頭某紳者恃才而黠

創爲大一小無之說居民畏其威無可奈何好事者編成都東堂劇本在局侵漁者靡不描畫盡態唯景郃律身清白無可議者子行淵字蘭泉太學生爲駱重恆高足試南省凡十三次道光甲午甲辰兩科薦卷行灝字一清二十八年辦水災賑務有功賞八品銜候補縣丞景郃族叔宏琳以公正推重閭里亦諸生又居正炳字松年世居山鄉二十八年出穀平糶知縣楊鳳翮給額以獎之

劉舜霆太學生貌魁偉多髭人以髯翁呼之性嚴重羣兒或聚戲父母不能禁者見舜霆至則逸去道光閒灝江之圩隄身窄小居民習於故常無留意者舜霆防患未然暇時忽集夫加築口講指畫某段至某段限加高數尺尅期告成其年淫雨閱月水勢暴長適漫及新隄而止至次年又加築亦如之他處苦水

災而北厰秋禾大熟里中演劇酬神爭以肩輿迎舜霆念其功也王維吉舜霆同里以爲圩者圍也當水退時議就外灘取土培闊而增高之鄰圩執不許維吉奮然曰圩不固則國課民命交困何以家爲力排衆說乃定議道光二十八九年江水泛漲吉圩得無恙吉所居名西大圩形如釜底多受鄰圩漫溢吉於四圍增築護隄其患稍止知江甯府李公耳其名欲旌以匾額吉力卻之曰吾儕築隄保圩皆分內事豈爲邀名計乎由是一鄉稱長者子八人其六玉臣有父風兵興後督修圩隄不辭勞瘁者若王德三蔣春華及上元魯政興輩皆有功桑梓者也

唐澍字仁雨歲貢生性渾樸不解機變與堂弟治極友愛治見政績治遠宦於外事其母如己母歲得修脯備供甘旨授徒務盡心力樂栽培寒士工詩著有石野山房稿未及梓而佚於兵燹子

之桐諸生清慎寡慾非分之財一介不取同治初年辦鄉閒善後事宜民獲其益之桐從弟之桓性廉潔隨侍從父治於祁門賊之攻祁門也治知事不可爲決計身殉囑之桓以官帑千金寄民家俟寇退交藩庫之桓卒體其志後辦鄉團因積勞成疾咯血卒之桐子慶謍亦諸生恂謹自守一稟先民矩矱家固貧飲酒賦詩怡然自得侍父疾寢食俱廢湯藥親治火燎其鬚而不覺尤喜表章善類諸生曹瑞死節深山無知者謍歷歷言之奇行始著語在忠義傳澍同時秦魏堂秦有朋秦賢志皆諸生秦御洪秦獻廷武生並以方正負時望

張元起字育發道光中饑捐設粥廠於西廟周在中字秀廷金陵下關初設救生局聞在中好義求助在中捐貲以成其事華禮存賈盱眙亦於其地設招信義渡至今賴之夏智朝諸生嘗

建橋梁義倉施家開捐金建王圩村之王家橋何鴻儀鴻文皆庠生及弟鴻儒俱好施與鴻儀負文名金陵士人咸推服之與邑中駱鴻禧潘同俱見文學號爲容山三傑鴻儒後殉難忠義有傳王南珍諸生嘗倡首捐置書院育嬰義倉諸善舉時人頌之朱朝敏字美文朱正文字華生俱好急人之急以是名孚鄉里

周廷發字南英嘗建橋梁修祠宇周貧乏不使人知平居慕陶靖節之爲人寫松雲圖以寓意周貞儉字尚樸道光閒洪澤湖水漲流民載道死亡枕藉貞儉爲立義塚以瘞之周桂林字晉文性誠樸凡鄉里有爭得其一言輒冰釋有善人之目楊怡安道光中修臨泉鄉船橋以便往來族弟兆楨亦好義二十九年水災兆楨密訪斷炊家贈以錢米又嘗刻普濟良方行世趙明瀜字溥源父玉書性渾厚兄弟四人終母之世不忍析居明瀜

尤好施僑居高郵之界首兵燹時南鄉鼎沸避地渡江者不絕於途凡過界首者明瀜輒贈以資親友族鄰倍給之即素不相識者亦飽以粥日費米數石存活者不可勝數族兄清源諸生性仁孝

駱重蓮字景頤號秋江諸生性肫誠好善以先世佳城未定遂輟舉業究心堪輿之學旣得地於章培花茂西謝諸山自曾祖碧山而下以次葬畢家道益隆隆起而好善之心益力道光甲辰族中修文昌閣與有勞焉迨乙酉鄉試容邑赴科者甚少重蓮慮之邀同人設卷費局津帖寒微獨倡首輸千金合外捐若千金存典生息又恐息微人衆約南鄉王錫藩共襄善舉鄉城分局於是賓興之費益充後廢於兵燹咸豐改元邑教諭欲舉孝廉方正重蓮固辭懼盛名之難副也癸丑粵匪竄省城凡團

練保衛及軍需不給者皆重蓮身任其事每屆歲暮陰計親族貧乏者卹之婚喪不給者助之丙辰句容陷憂憤成疾卒時年六十有七姪惟清字河光冬日風雪中輒集族人施粥以濟孤貧又閭行隘巷中察斷炊者助以米子崇鑑諸生又駱壽祺與郭世俊友善亂後共捐金掩埋枯骨世俊字秀升

鍾俊雄世爲治北下蜀鎮望族先世有與槐者登前明進士第宦於浙政聲頗著據鍾氏家譜郡邑志科貢表皆失載俊雄寬仁有度同鎮業菸舖者其子夙游蕩不檢偶失銀一錠主人疑爲子盜出拷索無完膚不得將縊殺之俊雄適至舖僞言倉猝付用未還白遽代償之後無意中檢得原銀主人愧謝或詰其故俊雄曰吾引過代償其失小使彼父子相殘其失大也又新年鮮衣出謁客突撞擔糞者污其衣幾徧俊雄略視其人不加呵斥而退擔糞者

後三日忽暴亡人服其知幾子四皆以懋遷起家次延灝字光裕太學生性靜逸平居坐臥一小樓煮茗焚香無市井習氣同治十三年光緒元年於歲暮散給米券計費二百餘石鄉民感頌弗衰次年三詳見子啟宇傳

葛亮楷字晉書幼劬讀研濂洛理甫冠補諸生旋遷中舍性至孝母食指患疔負痛繞室走亮楷尾其後母泣亦泣忍飢至夜闌令妻乳母母弗許再三請母怒不悅長跪哀求云乳養血止痛乞少進母色霽命擠汁飲之痛減越宿復飲患漸瘥咸豐丙辰句城陷奉母避南鄉之丁家村倉猝間未輿母櫬出重資濳令人并嫂櫬移出城至則已爲人刼其一而母櫬猶存亟取之母適以無疾終人以爲孝感云庚申城復陷亮楷在潤西遇賊投水不死乃刼至賊館賊目叱問何人羣賊以妖對賊目審視

復叱曰此好人胡云妖因慰曰先生苦矣勸之降不屈賊亦不强越夕送還在賊中對語甚壯賊愈加禮同擄某逸出詳言之亮楷既脱虎口遇仲子懋泰於螺螄溝渡江至興化之大垛莊同治丙寅返里善後如育嬰邺嫠施材水龍諸務皆悉心經理邑令龍寅綬嘗語人曰葛某天眞爛熳句容之眞秀才也卒年六十六時孫曾成行臨葬執紼而送者數十人傾城士女觀如堵牆長子懋恆字永基附貢生性亦孝友避亂渡江隱負販以供甘旨爲運商操鹽筴家稍稍裕色養備至亂平理舊業始博一衿凡賈遠方得手者率戒汲引懼爲己累獨懋恆忼爽雖跅弛泛駕猶欲置諸康莊人以此多焉然以慷慨不惜貲竟垂橐歸年七十以貧病死悲夫

李福厚字載庵以父蔭世襲雲騎尉歸督標効力補江甯城守

千總原任京提塘改官郎中加四品銜　賞戴花翎父廷揚忠義有傳福厚長身玉立年十四隨廷揚官桂林嚴受約束課讀暇習勞營務廷揚殉節梅溪數千里扶櫬歸葬官提塘時東南諸省皆賊竄塘務蕭寂而長安居不易幾斷炊煙迨肅清始稍稍振起福厚慷慨仗義緯有父風篤交遊重然諾南皮張制軍雅與過從同鄉中如溫宮保葆深夏少司寇家鎬皆推重之而端木侍讀埰性嚴重少許可特與福厚稱莫逆光緒己卯歸里卜築山城薛山長時雨贈以聯云華陽古洞天袖石攜雲在昔山中居宰相京都舊游俠謝逋招隱從來人境有神仙蓋紀實云在籍置義塚於致遠門外二里許福厚胞伯殿鼇亦以義著唐之植字樹仁殉節祁門治之嗣子也事母能以色養與從兄之桐友愛甚至生平節儉自厲遇善舉輒解囊恐後族黨有不

能婚嫁喪葬者力助之湯水大橋圮壞爲行道者病植捐資倡修復創設施材局義塚地以公款置市廛五間爲持久計立義祠以延里中乏嗣者血食積各姓遺產歸諸祠除春秋祭祀外餘款修補孤墳性誠慤雖少襲蔭職撝謙不樂簧緣攝江甯篆甘紹盤爲治受恩弟子答拜外未嘗一干謁喜與鄉里長者遊凡有紛爭得植一言卽冰釋光緒壬辰大旱投牒請貸散倉穀數千石以賑所存活無算歿之日里民有歎息泣下者

孫恩曨字繡山邑諸生幼頴敏及長勤於問學與鄧孝廉熊徵俞文學牖雲陳明經錫蕃結鵝塘書社鵝塘在天王寺西北互相切劘閒仿金陵故事刻燭分題不工則罰以大白恩曨產僅中人於族里故舊貧寒者周卹無所吝子筠竹字友梅附貢生王炳文字德谹楊樹堂字月芬皆諸生以學行敎授鄉里炳文咸豐閒舉

鄉飲賓與辦團練朱兆麟附貢生朱翔邑庠生朱驤恩貢生朱
復朱文朱來琛並增廣生俱以敦品殖學著稱復著有南湖集
亂後散佚又朱鈺朱道性國學生並好施與兆麟以下皆楊柳
八

俞振鈺字宸銓邑諸生慕義若渴咸豐三年省會失陷振鈺慷
慨奮激誓不與賊共戴天自恨書生不能殺賊欲絕粒者數矣
以弟昌言環守得不死初道光時振鈺與王錫蕃趙弁朝趙舒
民趙廷選刱立華陽書舍其勸捐法以銀餅六十枚爲一緣得
九十餘緣置買書舍義田四百餘畝以餘款分存四典生息作
膏火旌奬之用士風稍稍振起兵燹後社田爲人占據無從稽
復矣昌言字西疇邑附生有膽智咸豐三年粵寇陷金陵奉檄
籌辦民團六年縣城失守復整民團分住蘆港橋義成橋遏賊

不能南竄七年縣城克復奉張總統國樑檄籌辦長濠工程昌言乃與同志俞正傑王厚發率南鄉四十餘村壯丁以應計得四千六百餘工長濠成賞給五品銜俞正傑王厚發並賞給六品頂戴

王錫蕃字晉卿邑諸生道光二十六年以邑中文學未盛欲振興而補救之乃與俞振鈺等醵資立華陽書舍月再會文必先期至設筵以待凡十餘年不懈經費或絀輒以已資營饌舍中生靡不鼓勵咸豐三年賊踞江甯錫蕃治南鄉團練以軍功保敎諭凡金陵八士來依者數十姓錫蕃皆贈以資斧賊至以鄉兵守淤鄉河口相持半月俾居民得遷徙賊無所掠張忠武公國樑奏保藍翎十年賊由溧水來犯錫蕃率練勇拒戰於天王寺勝之既而賊大股至跳而免遂避居江北以邑人流離於外

奉檄出貲賑濟議敘加同知銜年五十八卒同時戴儆成陳周浩張映禮裔諭元巫沛林巫炳文蔣文舒蔣文成皆辦鄉團禦賊捍衛村墅諭元邑武生魁偉多勇力炳文以諸生保舉六品頂戴文舒賞從九文成保舉五品

孫輔初字龍山少有膽略客甬東會賊陷甯波定海一帶戒嚴輔初投袂而起與同鄉孔廣發各率義勇進擊賊直逼至定海城下門幾啟矣輔初等益猛力撲賊酣戰移時賊潰去我軍入城是役也惟聽官某殉難鎮將袁某已逃遯他所聞城全乃還當事者上其功輔初及廣發並賞六品頂戴葦鑑字雨薌弱冠補諸生事繼母以孝聞庚申之變避亂揚州慨然思奮遂佐當地紳士籌辦團練屢挫賊鋒紳士將列其名稟請議敘鑑固辭

按輔初事見鄞縣副貢盧雲鵬筆記

張金鑾國學生好義急公咸豐七年句城克復邑紳籌辦團練時亂離之後戶口蕭條殷實家多徙去事頗棘手八年九月金鑾慮餘孽猖獗非籌餉不能辦賊慨然捐錢二千五百六十千邑侯趙廷銘深加歎異照例詳請轉奏　賞加同知銜趙璜字正源向大臣榮任紮金陵時璜年老家居以時事多艱軍需正急命子暹捐白金五百兩送大營充軍餉亂後重建　文廟又捐重貲暹捐職布政司理問

劉廷弼字植齋少倜儻有才幹粵逆熾時奉憲諭董蘇省難民局實心任事頌聲翕然時有誣邑富室張姓與賊通貨賄者提督向榮赫然震怒擬處以極刑廷弼適在座温言爲請向益怒曰汝乃爲若輩關說乎聲色俱厲左右目廷弼使出廷弼大言曰某特爲愼重民命起見且恐宵人蒙蔽憲聽稍拂其意即坐

以通賊罪過富民無立足之地矣不然高牙大纛之中何郵此數人首級哉向公立悟張得免廷弼始終不令張知賊平後以議敘得從九品卒

周學雍字懷聖號來廷少幹略有謀爲閭里排難解紛諤諤而談事無巨細往質之無不心折咸豐丙辰奉諭董辦團練一切公務頗見成效以軍功賞八品頂戴同治甲子省垣克復地方善後事靡不實心籌畫與族人搜續家乘尤篤收族之誼同時

張天仁字蔭椿性孝友三世同居食指甚繁天仁調護輯睦內外無閒言處事寬猛並濟戚友疑不能決者折衷天仁即渙然冰釋咸豐十年粵賊竄擾句容天仁挈眷避居北孔村同治元年六月賊蹤猝及天仁逸而免妻王氏罵賊死

孔繼凝字體正一字靜齋幼從鄉先達沈杞南遊沈固宿學淹

通經史繼凝得其衣鉢尤精盲左年十九靑其衿有聲黌序旋以家貧故遊幕江右閱六年歸咸豐三年赭寇南竄與孝廉方正駱懋修倡辦團練時向忠武擁重兵困賊於金陵餉道出丹陽句邑適當其衝繼凝籌防供億井井有條屢膺保舉皆不受六年城陷隨向軍退走丹陽七年收復句容籌捐設撫邺局留養婦女七百餘人同治三年興復書院與知縣杜籌膏火俾寒士稍有沾潤尋卒族孫昭秉字君彝諸生嗜古工詞慷慨尚義每歲暮必邀同志施衣粥救貧乏著孝逆炯鑑兩冊仿笠翁十種曲體以風雅之筆寫天性之誠觀者謂於世道人心有補昭秉族弟昭緯字東山善繪事昭昇字東曉廩貢生工書法善解爭競無疾言遽色又宗人式之居筆架岡能文工詩舉道光元年孝廉方正兵燹後念族人云亡傷悼不已乃即本支有節行

者錄爲一册以紀之

楊元祚字肇祺性和厚喜周人急有加以横逆者亦不介懷人服其度粤逆擾江南句容密邇金陵元祚挈眷渡江僑寓揚之興化咸豐十年城再陷時同鄉避難渡江者惶惶無定處元祚解囊贈助力爲籌畫同治三年句城克復遺黎跧伏榛莽中田荒廢無牛種邑尊杜躬親勸諭適元祚回籍樂輸以爲衆倡藩憲某贈以行孚任卹額與邑水災亦踴躍賑濟爲人謙退不伐前後捐公款甚巨或勸陳請奨敘笑謝之晚年益樂善出門必攜資以便施與至有探其出以爲得所者子金式字占春附貢生淡於榮利事父母終身若孺子慕處昆季怡怡如也母歿遂以毁卒生平推解無德色愛鈔秘本方書傳世

賨象球字錦山太學生操楮業啟肆雉皐咸豐六年句城陷里

人避亂之臯者踵相接時米價騰貴象球出貲賑施賴以舉火者數十家歲終復散給米票同里孔姓女幼字許氏因亂離淪落風塵開象球爲之脫其籍俾歸許氏喪亂後白骨纍纍捐置義塚掩埋卒年八十三長孫桂芳邑庠生早卒王東昇僑居高郵兵燹時遇鄰村逃難者量力資助客死者給棺以殮家以此中落劉昌麟國學生僑居江北避難相依者多所存邺朱之乾賈揚州十年之難收撫族姓甚夥

陳厚寬字培一性孝友咸豐六年粤逆陷句容厚寬奉母及妻張氏弟厚定避亂蘇州十年蘇省陷倉卒走避遂失母並家屬所在厚寬欲以身殉友人孫益三謂徒死無益不如留此身緩緩踪跡之遂與其友逃之雉臯賣卜爲生有自賊中出者徧訪母之音耗卒不可得乃誓行善事以求母還同治甲子省城克

復偕友囘金陵興辦善後凡放生惜字掩埋施材卹嫠賑粥諸善舉靡不實心籌畫四年秋厚定從賊中逸出九年忽有送其母至句者厚寬兄弟聞信星夜奔歸母子重逢相持大慟先是蘇郡陷時賊湧至妻張氏投河死弟擄去母雜難婦潛逃遇安徽女子認爲義母嗣爲女擇壻夫婦孝養甚謹厥後母思歸壻因輿送到句人以爲孝行所感云方張氏之殉節也厚寬年二十九感妻之義不復娶以厚定子嗣

田進賢字象之邑諸生性至孝平居簡淡寡言家雖貧慷慨好施濟人之急往往典質應之咸豐六年大營潰賊陷句城父上達服賈於天長縣之秦欄進賢舉家往依無何父母相繼歿進賢瑣尾流離中疊遭家難慟不欲生服闋咸駱某以書招至金閶十年蘇郡陷又挈眷避亂雉皐妻旋以瘵死同治五年始歸

里時省紳孫益三與中表陳厚寬方創設金陵樂善堂以進賢端謹聘莞理善後事宜在善堂近三十年實心籌辦頌聲翕然進賢喪偶時年甫三十義篤伉儷以有子終身弗忍再娶

杜文煥字爍明少孤貧性伉爽有古烈士風服賈淮上咸豐八九年賊踞金陵爲僞都鄉人避亂之淮者文煥無不周䘏甚至縮衣食以給之時同鄉孔國楨劉餘九皆商於淮而擁巨資者慨然曰杜君清貧尚仗義若此我輩忍爲守錢虜乎於是協力捐助賴以全活者無算嘗與友人販油至海淀猝遇海盜十餘人上其舟刃斃船夥一人諸友戰慄無人色文煥從容語賊曰汝輩利吾財耳吾貨標記顯然今漕督吳公緝捕又甚嚴是區區者反足爲累請與汝約釋我友載油回淮我留爲質定以白金千兩來贖賊諾之陷賊中旬日友人措金贖之歸子士俊諸

生周煦字藹堂少習賈義勇過人友人胡振聲由浦東移家通州方渡海其舟爲賊所要執其家屬二人以去限三日以銀贖氣勢洶洶戚友多畏縮不敢行煦獨持金往說胡家屬得無恙晚年於蘇州剏辦義園建殯舍置義塚煦皆躬爲經理善聲頗著

王智字春泉由國學生捐職同知父復初殉粵匪難忠義有傳智生而頴異讀書過目成誦咸豐丙辰句城陷智奉母避亂渡江眷屬相從者十數人智改儒而賈勤苦戮力俾骨月無離散憂轗轉至淮上爲人操鹽筴始稍稍充裕以信義素著一時富商倚如左右手動畀數萬金使營運未嘗乾沒錙銖晚年歸里顓意爲善邑廟兩廡未成得智重捐始告竣時光緒二十二年也邑向無米鋪零售價昂值歲饑出貲平糶閭閻稱便性孝

友母逾耄耋依依作孺子慕伯兄蚤世撫猶子教養成立友愛同氣白首怡怡諸姊及姻黨之無告者悉養贍之卒年六十五

張信成名定槩以字行幼沈靜寡言質性敦厚讀書未卒業以服賈養親咸豐三年省會失陷以依戀桑梓故轉側兵事間十年大亂邑中無乾淨土渡江而北漸居積有起色同治初句城克復回里摒擋一切時兵燹之後百廢待舉凡有興修多身爲之倡與官府交惟善舉偶資之非是絕不與通然賢令尹無不心折也宗族貧困者告貸靡弗應於承祧事尤三致意焉信成胸中涇渭甚分渾渾不露圭角嘗言處世之道甯寬毋刻甯和毋激持清議辨流品他人優爲之非吾事也蓋所見者深矣同時劉家仁字靜山國子生性坦率遇私曲人恆走避之邑有善舉謀之家仁靡弗贊助而不樂居其名年七十餘卒

倪德兆字霞軒幼穎慧初學握管即斐然成章後改賈待人不欺居鄉尤多義行同治初舉約正入貲捐南湖縣丞未履任而卒王元階字晉廷精於醫貧者不取值同治間寓居東壩官軍染時疫元階周歷行間診治輒效浙督德保奏以縣丞需補族春林亦以醫著張美綬杜世俊並以端方矜式鄉閭又王國洲字文遠以耕讀自娛輸賦外足跡不履城市值歲歉捐粟以振鄰里

王模字子範號竹軒增廣生少從上元張錦坡邑人朱紘遊紘見文學故學具根柢尤耆史學於通鑑綱目一書丹黃輒數過其劈畫時事亦多以史作根據性不喜二氏家言見淫祀者輒謾駡近村多茅君會儀衛雜沓酒食豪侈輸司會期雖質田典衣罔敢惜模曰此賢者之過也著正教錄以相規鄉人始迂其說後

乃稍稍化之光緒丙子以邑中文風未振與石藍田蔣春華等
剏立靖安文舍旋以捐款置田三十餘畝爲持久計月再會文
愜就其家治饌暇則爲同舍生縱談史事旁及里巷瑣務聞者
忘倦模平居不爲無用之學謂身居水鄉隄務最亟上句圩董
方春必與修圍埂一次皆模之說有以啟之也堂弟志廩蚤卒
課其二子於家其爲教則先道德而後文藝云志廩字夢熊甫
弱冠以正鈞衡賦受知於某學使取古學第一補博士弟子文
名噪一時先世饒於貲經粵逆之亂家中落然在顛沛流離中
未嘗稍挫其志嘗著自訟篇載之家譜其克己可想矣
高向辰字錫祺邑諸生工時文家貧以課讀爲生咸豐十年髮
逆再陷句容設局於北廠之觀音庵時差役繁重署僞官則免
或浼向辰入局向辰曰某一介腐儒僞朝新法素所不諳入亦

安所用且高氏之族已供役有人何必再强我乎卒不往同輩私相歎曰高向辰眞不愧儒者陳翰英字墨齋向辰同里亦諸生爲人狷介自喜父渭賢饒於貲田連阡陌翰英不能媚賊官屢經勒派抵質待盡肅清後遺產僅足供饘粥有勸之首於官者翰英不肯曰彼小人何足計且貧窮命也卽田盡歸我能保子孫不坐耗乎人服其度石耀珠字光明精相術不輕談休咎咸豐四年洪賊旣踞金陵開僞科時耀珠子方習八股人勸其就試免役耀珠正色曰名節事重生死事輕吾家世清白不可使兒輩污僞命遂挈眷屬避之江北卒流離以死

嚴春圃邑諸生耿介絶俗咸豐六年兵荒交迫斗米千錢春圃閉戶高誦史漢斷炊者數矣有哀其貧者贈以錢米拒不納曰嚴春圃豈受人憐者耶夫婦卒以餓死同里朱賓興字紹貞亦

諸生剛正無所阿事有不合義勃勃見眉稜爲鄉里排難解紛務盡心力必兩造輸服而後已橋頭街道磽确輿徒苦之與里人王萬高蘇秉興蔡慶華等捐貲墁平生平律己最嚴非分之財一介不取曹於鈺字德鑾庠生工醫好施與年三十餘歿鄉里惋惜

夏肇生字蔭椿廩膳生性伉爽嘗言爲學必洞識時務尋章摘句陋儒耳好蓄書遇善本典衣必購嫉惡尤嚴讀史至佞倖輒以紅勒抹之每就試金陵與邑人王模醉倚酒肆縱談上下古今至洽意處則相與鼓掌大笑或痛詆貪官污吏以爲樂見者無不目之爲狂後模就平實肇生益倜儻自喜龍東諸鎭陸陳行任意浮收肇生指陳其弊約同志白於官孫太守海岑爲之勒石示禁鄉民賴之生平厭作時文然興之所到伸紙直書千

言立就揣摩家反不及也所著瑯琊記述東陽兵事甚詳歿後其門人劉照青於其故篋中檢得之

倪金元字雲峰增廣生少失怙恃事祖父母以孝聞道光二十二年暎夷入寇金元恐游民乘機竊發捐資調護地方獲安未幾鹽梟不靖設法保衛咸豐三年粵賊踞金陵下陷京口東陽地當孔道上游所爭金元奉諭與里人夏樹勳同辦團練殫心竭慮無間晝夜鬚髮盡白同治甲子省垣克復前縣趙稔知金元忠直復諭董招墾局事宜同輩多以貪敗唯金元清白無所染云傅寶如字榮培咸豐間辦民團襄戎幕由監生歷保知縣加四品銜性孝友乞假歸親已歿遂悲慟棄官攜弟有常懋遷皖省弟卒撫姪成立其好善不倦至今鄉鄰猶稱之

仇安元字秉之邑武生性伉直以名節自勵咸豐二年楊振聲

奉諭辦龍潭團練安元副之三年金陵失陷沿江賊隊蜂擁而至振聲率大士閣民團禦賊時練勇一百名分駐華山麓之薛家村安元往調至則振聲已戰歿蟠龍山下安元撫膺大慟爲瘞其骸骨至是團練事安元獨任之向大臣之困金陵也賊鋒稍稍挫一日有杉板十八艘由上游至龍潭河資糧頗重我軍偵知爲賊船要截之磔賊十數人官軍諜者沈建春貪而黠利其貨欲據爲已有安元留充軍餉不允建春怏怏尋讒於總兵德安縛安元去誣以通賊極敲朴之慘適參將蔡應龍至營熟視安元曰此好人也殺之恐亂民心白於總兵而赦之逾年嘔血卒按府志金元與安元皆列殉難表誤

周之幹字新培邑諸生世爲東陽望族東陽後進之士多秀而文之幹年輩最先造次必於儒者無事終日危坐未嘗見其跛

倚雖盛暑不衣冠不見客佻達者目爲迂謹不顧也工楷書骨力蒼勁一如其人平生未嘗一作草書應酬函柬及改生徒文字必端正不苟性惡紛囂一切俗事不干其慮然地方善舉亦樂爲之倡晚年以疾家居遇祭祀必具衣冠跪拜如禮卒年七十餘

周紹先字敦五太學生幼穎悟嗜讀性至孝得重闈暨堂上歡未壯遭亂挈眷渡江易儒而賈親友從者數十人紹先與同患難不使失所養生送死之費不足則典衣飾以濟之亂定返里建橋梁平道路復文社葺神祠及施櫬惜字諸務罔弗舉初晉豫奇災盡力籌助至光緒乙酉花洞五圩大水請散倉穀以恤災黎暨戊子壬辰大旱亟請賑撫民沾實惠其最膾炙人口者建界上元之包橋通句容大市橋尤爲溥利桑梓生平廉介和

易凡董各事無涓滴沾潤鄉閭悅服三十年如一日嗚呼難矣

鄭鳳儀字耀嵐國學生父秉寛喜揮霍不事生產鳳儀甫弱冠即措拄家事爲人温厚謙和氣象頗似儒者性好施與三黨貧乏者不時周卹之尤好成全名節糾同人作卹嫠會里中節婦如王潘氏胡薛氏皆一無憑藉靡不待之而活光緒十五年歲饑米價翔貴鳳儀在江北等處販米五百石平價出售鄉人德之先是鳳儀有二子幾成室矣粤匪之亂相繼歿後五十餘復連舉二子人以爲作善之報云

劉聞候選從九品性醕謹同治七年邑尊龍諭以采訪忠義及收放牛種事聞盡心籌辦又捐貲檢埋枯骨陳國祥與邑人建枯骨會及施材捨藥會最後立苦節會人咸多其義行又郤啟富於咸豐六年發粟千餘石賑饑尤近今所僅見

蔣廷霖字佐卿父昌楷好提攜孤寒繼母胡以節婦旌霖早失怙惟叔步墀與繼母是依及長聰明內蘊至性過人事叔如父事繼母如生母作賈六合凡三十餘年歲得百金盡數寄叔不敢有私蓄在六合聞步墀訃星夜奔回甫至家一慟幾絕家素無恆產叔歿後度支皆取給於霖摒擋一切心力俱殫堂弟三霖視如同胞友愛甚至而治家嚴肅或門內有嘻嘻聲聞霖足音皆屏息無敢譁者性愛靜闢一小齋徧懸名人書畫無事焚香掃地手一卷自娛談吐亦風雅光緒己亥以居停內搆隙賦閒家居境遇支絀及繼母病革益悲痛母歿之七日而廷霖遂以毀卒與廷霖同賈六合者周恆廷字輔臣事繼母徐孝待異母弟怡怡如也族伯文元無嗣妻李氏守節垂五十年會修宗譜愛恆廷賢欲立之廷再三讓之於弟順母旨也卒以貧死

王懷德字子明勇於爲善族有節婦撫孤貧不能自存者始終善視之光緒十一年夏大水懷德以被災處繪圖請賑發倉米數百石按戶分給無秋毫侵蝕及冬水落凡隄受西流衝突者率殘缺如齧王家閘又爲西半壁水利所關其閘向以木爲之歲久不足恃而民情困敝力難興辦懷德以二事赴縣陳訴旋蒙大府飭統領葉少林撥兵監築缺口飭水利局派員羅樹勳監修石閘不費私家分文而隄閘完固安如磐石五閱月而工竣懷德之力居多張慶鴻字秋圃母許氏蚤年守節慶鴻爲遺腹子及長念母苦志凡事無不委曲承歡一時孝名噪鄉里光緒八年左文襄督兩江以赤山湖淤塞撥兵開濬廉知慶鴻公正一切事委之工竣文襄稱爲老成謹慎年六十八卒

張發字啟仁捐職從九品生平輕財尚義同治三年赭冠肅清

發回里規畫地方利弊以救貧之策先在去其漏卮而鴉片與賭風最熾私心慮之先爲婉言開導不能止詣縣請示諭禁又不止發不得已與村老約曰某日可會賭某處村老悟其意屆時發至賭所抗聲責備村老唯唯願如罰實則款皆發自認也於是少年私相戒曰張翁立法不欺何忍犯乎而賭風遂息鄰村亦稍稍化之其禁鴉片之法苦心詗察務使有減無增不數年人無廢業稍能自給發又以兵興之後戶口凋殘遇無力婚娶者助以貲俾得有室一鄉稱盛德焉其卒也弔者塡塞於門有哭失聲者

李恩丙字天修邑諸生性明決居鄉以息訟爲第一義里中有曲直經恩丙判無不奉爲蓍蔡無齟齬者陳煥文增廣生天資英敏早歲即蜚聲庠序善解棼謂天下事無難處者只須平心

體驗其功夫直自養氣中得來時以爲名言羅元會庠生敦品飭學確守程朱家法兼工醫活人甚夥羅全璣亦習岐黃術求治者戸外屨常滿里中有不能娶死無以殮者全璣必助以資諸生郗桂林姜兆璜監生秦世賢俱敦尚風義

韓晉鎔字純甫邑諸生性慈惠咸豐丙辰大旱米價騰貴晉鎔出粟貸貧民同治三年粵匪肅淸檢借券悉焚之家人詰其故曰元氣未復非索逋時也留此徒亂人意人稱長者同里黃其相黃中興黃中祿羅慶仁家稱小康於是年捐穀賑饑全活多人張玉壽捐資掩埋亂後枯骨張國康買揚州之仙女廟咸豐十年戚友避兵相依者推解無吝色又亟成善蔣興邦呂仁泰朱克美克禮李仁連皆樂施與

陳鑾坡字玉仙增廣生爲文樸實說理無時下叫囂之習每試

必與以運蹇躓場屋終其身課徒自給鬱鬱不得志以歿始粤逆之亂治北山鄉一帶蹂躪尤甚鑾坡僘衣跣足走赤日中負屋料易升斗見者無不憐之僞鄉官某哀其貧暮夜袖金以贈曰先生苦矣是區區者願以爲壽鑾坡瞋目大言曰若欲以盜泉飲我耶揮其金弗顧某慚而退其清介如此王焱（府志作坦）字小韓弱冠即文譽騰起既在向營辦長濠頗有功庚申大營潰有以焱之材薦於賊者誓死不從尋避兵江北貧乏不食嗟來竟旅歿亦增生李廷芝邑庠生賊之將至也廷芝集諸生謂曰時窮見節義汝等慎勿從賊時以名節自愛者若朱英謝葆純李鳳亭張金鏞張慶生張篤言湯建中皆諸生植品力學足跡不一入公門金鏞字振聲有文譽輒試優等

徐化成名道恆以字行邑之庠書也少穎敏於一切公務過目

輒能了了粤逆之亂六房檔冊盡失克復後茫無依據邑尊杜
稔其才諭辦六房事宜時庶務蝟集化成口講指畫井井有條
事皆就理同治七年各屬開辦抵征亂前句容漕總舞弊屢釀
巨案至是藩吏催促定章化成獨居深念久之忽自奮曰須爲
子孫留噉飯地不可弊自我啟遂決計以清漕覆論者嘉之性
慷慨西賓張澍堂貧窘貸錢一百千不索其償戚某十年被擄
化成爲贍其家口及某逸出又給錢二百千使啟肆王家營其
他仗義多類此容邑辦漕務者不數年即坐擁厚貲惟化成身
歿之日囊無餘財其書吏中之佼佼者與

胡本禧字振聲父有萬少客豫以計然術起家多義行有萬歿
本禧移賈蘇州益饒於貲性慷爽樂易每歲歸必分所餘以贍
族黨凡婚喪牛種之屬力助之咸豐六年旱不能插禾預運赤

豆綠豆各數十石及時散給需種者又盡放積穀賑饑時向營圍攻金陵檄王錫蕃勸募軍餉錫蕃至蘇本禧爲啟會館集同鄉而謂之曰救兵如救火緩則無濟諸君勉之十年蘇州失守乃徙如臯江南地惟裏下河一隅尚完鄉里之避難者多往依之至居屋不能容別賃屋以居還里者給以資其時斗米千錢不顧也先是在蘇爲友戴誠濟轉貸銀二千兩後戴亦徙如臯本禧往索款而戴適病遂爲之延醫量藥周旋數日竟不言其事而返其厚於友道多此類生平無他嗜好惟喜藏書多積至數萬卷云子是倬字漢廷一字松畦少受業於金匱施之泉郎許爲遠到於古獨嗜左國讀之昕夕不倦故其文具有風骨因遭亂未與試援例入監秉質渾厚一如其父同治閒縣城克復議建　文廟首捐錢五十千亂離之後田多荒蕪買耕牛回里

爲村人開墾名曰公牛光緒初年山西大饑當事諭辦賑捐事竣不受獎南鄉賈於蘇杭者扶櫬回籍必經過金壇之薛埠往往有棄櫬於岸而爲水沖沒者是倬倡議於薛埠捐建丙舍數間置義塚一所又於蘇州城外創設義園置義塚三所義園丙舍百餘閒編列字號寄櫬者以三年爲限過則代阡於義塚立石以志園成費公款萬千居鄉置賒材局他善舉稱之

倪安朱字竹亭性謙和事母以孝聞待季弟友愛有姊適田姓而寡終其身善視之戚屬之貧者推解不少吝承先世業善歧黃術任邑訓科二十餘年歷來賢令胥重之鄉人有貧而病者診治不索値同時張浚泉字利川天資精明善排爭競尤留心地方善舉邑之接嬰堂其籌辦也母包性下急能以色養及沒喪葬如儀服闋後捐補浙江巡檢未赴任卒

吳起鳳字虞卿諸生性至厚與人交坦率無城府嘗撰聯語自警云作事不妨來鬼瞰與人從不用心機有同族自湖南常德歸就童試鄉人疑其跨冒起鳳以家乘示人且送至省垣素有喘疾因積勞遂亡於寓所時光緒戊子六月也同里有戴萼者亦諸生慷爽嗜義爲鄉人所稱道云又戴伊衡諸生亂後不應試隱居教授縣令屢諭董不就精堪輿家言亦不以術愚人年八十卒於家

張祚宏字綏之幼失怙事母至孝家中落母所需竭力供養與弟祚墉友愛至篤雖貿易於蘇好與士人游嘗學書於金壇于繼襄性循謹爲居停所倚畀光緒癸巳爲人負累遂鬱鬱以卒未幾祚墉亦卒

附錄義舉

救災卹鄰誼至篤也光緒三年河南旱災四年山西旱災五年直隸大水容邑士民微有捐資由金陵省城彙收解繳時有桶捐紳商捐鐵淚圖捐福幼圖捐各名色皆設立江甯省城姓名俱隱以不足邀獎故也二十五年徐淮海賑捐經知縣張紹棠勸集洋八百餘元解濟二十一年於籌餉項內解銀壹千兩有奇皆士民捐助之見檔案

籌辦積穀備荒之善政也曰豫備倉曰縣倉曰歲積倉曰社倉並詳前志道光閒置豐備義倉總督陶文毅公澍實倡之其法簡易直捷歲稔由民自捐自儲歲荒亦即所儲所捐之民自行分食雖曰藏之官實與藏之私無異也教諭張履豐備倉勸捐冊序義倉之設昉自隋唐即周官遺人掌委積以待凶荒之意也夫歲收浩穰即中下之戶斂其贏餘亦不爲病及至隔幷屢臻穀價翔貴雖有田連阡陌家擁倉囷而一聞勸分之令遲回顧惜亦何怪焉義倉法聚之有餘則輕之日散之不足則重之時貧人還自取資富者免復捐賑其爲計至便而爲利至普此自昔賢士大夫所爲留意於斯也宮保長沙陶公

以碩德偉略持節兩江政平刑清民用大服曾於道光四年奏令州縣各立義倉名以豐備而句容歲比不登有司承牒已久迄未舉行至十有六年麥禾大熟於是前令錢侯署令張侯議於東城督學行臺故址建立倉舍任訓導陳君典史方君以事逮藩州劉侯至而功告竣自是近郭之民捐輸有所凶荒有賴而窮鄉老弱不能扶攜數十里以受升合之糈是宜酌路之近遠鄉之大小戶之稠稀或分或合各自爲倉以儲就近賑貸劉侯乃復移札屬余與諸衿士共圖之時余方修宣聖禮殿成餘工猶環集旣未暇徧歷村落與鄉人士謀欲招之會議亦往返爲勞或竟裹足不至不如先下札相曉兼頒布規條俾自相商度則必有存心濟物之君子慨然奮起上以體宮保愛民之衷下以助成劉侯善政爲鄉里興無窮之利不待督促而趨令恐後者矣於是上書宮保請頒所爲章程告諭以寄劉侯劉侯因請其元版重印數十百本輔以諭帖印簿由學而下諸鄉而余復序其意簿首以爲鄉人士勸焉　按此序成會劉侯謝篆去嗣署令嘉禾錢侯至關心民瘼方重議是舉輒又移治它邑事未果行

光緒四年知縣袁照奉檄興辦積穀按田每畝每年捐穀三斤並先捐廉購穀五百石爲之倡是年江蘇巡撫吳元炳奏爲前奉上諭崔穆之奏各省倉穀請飭整頓一摺查江蘇肅清以後經前督撫臣飭令各屬仿照道光年間豐備倉成法於秋收之年按畝捐辦積穀建倉存儲即由本邑

公正紳士經管不假胥吏之手此蓋爲民自斂其有餘而仍藏之於民也開辦至今已有十餘年各屬積存之穀或壹貳萬石或數千石合而見多實分而見少臣通飭甯蘇兩藩司所屬各州縣於本年秋收之後各就地方情形其已經設有倉厫者接續辦理其間僻之處尚未建倉者一體勸諭紳富認眞舉辦其積存錢數與穀數相等者飭令稍留若干生息以資經費其餘悉數購穀或有存錢較存穀簡便且可生息之論不知乾潔淨穀足支數十年而不壞歷時過久尚有以陳易新之法積錢既多易啟虧挪且時遇凶歉穀價騰長購買無由則多錢又不如多穀是以臣始終主積儲現穀之說也中稔之年挹取有餘寸銖積累不以目前計其功臣當諄飭各屬認眞經理力行無懈並隨時嚴加稽核祛除弊端

五年奉憲飭改章按畝捐錢二十文隨下忙徵收由縣酌提錢三千七百餘千交城鄉董爲建倉經費餘交各董購穀六年知縣張沇清接辦共捐穀二萬五千餘石設倉二十一處建屋六十八間分儲各倉由縣頒發循環簿城內首事並各鄉圖長輪年遵章經管其收放之權倉董得主之嗣經水旱重災十一年水十九年旱均准賑放穀藉此報銷殆盡倉穀之實儲者無幾矣細目詳檔案倉董報銷之數民不與聞又不敢與爭其中弊竇實多此城董所以有更章

之議也

永豐新倉二十四年知縣李孟康奉辦仍遵憲示每畝捐錢二十文隨下忙徵收二十五年知縣張紹棠接辦城紳駱文鳳有鑒於倉設各鄉之弊稟縣詳准嗣後一律歸城於捐項內提出建倉並曬場之費倉建於華陽書院之東首工程詳建置其捐款由縣量給各董購穀儲倉權一則不至侵漁地近則易於詗察於荒政庶有濟乎然有治法尤貴有治人此不易之論也社倉苟得其人法亦何嘗不善昔宋儒致堂胡氏曰後世義倉之名固在而置倉於州境一有凶饑其受惠者大抵城郭之近力能自達之人耳居之遠者安能扶老攜幼數百里以就龠合之廩哉斯言良可慨也今倉已建矣穀已漸有所儲矣甚願良有司杜漸防微時時體察勿以吾民之脂膏填他人之欲壑則幸甚矣

附江甯秦文懿公承業救荒章程總略有五曰清庶獄禁槽坊設囤戶查戶口防盜賊次勸捐有四曰延富戶獎異之議敘之赦其小過又採買有三曰遴委員擇米色兼雜穀其平糶之章四曰先借倉米其後照還寬地分廠以免擁擠較量

升斗以杜朘削分貧之次極以定市價其施粥之章六曰定時刻驗稀稠較瓢勺儲柴薪及芝蔴稭灰煑之亦麥米相參云云

放粥局乾隆三年旱災邑紳駱廷瑛奉知縣周應宿諭設廠祝廟三閱月止費米千三百八十餘石（是年設官私廠凡九處詳前志藝文）六年又災廷瑛捐資仍從祝廟賑粥凡兩月計費二千餘金前後全活者衆矣（江甯徐渭爲作北山開賑記見前志附近村民立碑祝廟以誌德）咸豐七年（時句城克復）邑人孔繼凝捐設賑局於西關留養難民七百餘人（道光間邑人張起元會設粥廠於此）光緒十八年旱災城紳駱文鳳由上海施少欽處（施係籌賑局董事）撥捐洋壹千元經青陽陳鴻春設局賑饑（局隨撤）邑人劉懷昌集捐施粥（行十數年懷昌歿停止）

卹嫠局同治間城紳葛亮楷孔昭秉興復（集市商月捐擇極貧之嫠散給初無定額）光緒元年始定額四十名（邑人稟請將積存中和典捐錢一百七十千文知縣樊燮捐廉錢三十千文共二百千文存鋪生息加以中和典月捐錢十千文卹嫠四十名每人給錢三百文四年中和典閉歇款遂

不敷六年經知縣袁照捐廉二百千文發交董事領存生息俟收有成數改爲按季酌發復經董事以保嬰局餘存錢五十四千文又罰款洋三十元稟明撥入卹嫠生息由縣添諭董事輪季經管十一年知縣陳玉斌每月捐廉六千文添設二十名每名給錢三百文從堂董駱家駒等請也繼知縣張沇清捐入洋二百元現主局中事者爲城董張澍張恩福

四鄉舉辦卹嫠會者東陽鎮鄭鳳儀從六合等處捐行儀歿遂停止下蜀鎮蔣步墀鍾啟宇王琢成等就舖戶捐資登記簿冊憑摺支取每月分給窮嫠

育嬰堂舊在縣治城隍廟左乾隆十三年經邑人張嗣翰王道復駱寅等各捐房產田畝銀兩有差遂成鉅款後高啟英陳國佐等立石於南門觀巷口曰彰善興仁碑其文曰邑之育嬰堂廢興者屢矣乾隆七年當陽宋公楚望宰吾邑甫下車舉廢舉墜於養老慈幼尤加意焉乃修整育嬰堂率邑中先達及鄉之耆老捐金捐粟凡生子棄不舉者收卹之比次舍之多寡爲之版以待所全活者無算請於上臺永著爲令其後經理失

實費漸不支張君嗣翰董其事懼久而廢墜也偕同里顧永澍等殫心勾校稽出入均稍食節贏縮餘歷數年拓產若干畝勒諸石以垂久遠而問序於予予憶弱冠時先叔父御冬公以明經家居首捐樓房一所召哺嫗而居之迄今垂四十年復幸見諸君踵其事而昌大之也爲善無近名雖不獲展其蘊於民社功豈在有位下哉今張君年登大耋愛菊賦詩時曳杖山水間見者歎爲神仙其食報正未有艾予故樂書之以告後之君子乾隆五十五年邑人王周南撰王登俊書高啟英陳國佐等立石

兵燹後田產僅查出小市房兩處一在鮮魚巷口一在寺街口月租錢壹千餘文邑人稟請仿照金陵保嬰會新章民捐民辦以房租添補經費於城中圓照寺爲公所歷久寖廢光緒間教諭黃積慶商之紳士權改育嬰爲接嬰設局於西門大街亦堂房查出者經費集自市商知縣張沇清卸任時捐入洋二百元經始一切皆城董張浚泉籌辦後復捐幕客毛際雲洋三十元趙殿楹洋壹百元罰款二十元合張任捐款共三百五十元市商月捐每月八千餘文附錄接嬰章程一設局接嬰因經費不足暫設乳

媽二人保嬰四口此外有送嬰來卽專人送省中育嬰堂並取堂中收條一俟捐有成款再稟縣舉行育嬰　一公舉廉明之人爲司事日夜住局不得暫離如有侵蝕懈怠徇隱各弊一經查出卽行議退月給薪水錢二千文住宿堂中以堂事作己事經理嬰兒當作自己子女各款資用如自己錢財節省實心實力稽查經管並將銀錢出入按月照冊開明清單張貼堂外以昭愼重而杜弊端　一嬰兒進堂或遠鄉攜負或夜歷星霜或赤身未著片縷或忍饑已更信宿司事收嬰之時務宜細細察看是否殘疾有無病痛能否吃乳詳細註冊派婦領養以備稽查庶免乳婦領養不力藉口推諉之弊　一局中柴米油鹽蔬菜及一月四犒每月共錢八千文在局嬰孩衣布糖糕及局中烟茶水漿零用二千文　一乳婦懶惰膜視嬰兒無辜打罵或不留心常時跌撲等情立卽革退　一嬰孩無論大小有願領男作子嗣領女作養媳者赴堂報明住址生業稽查來歷清楚取具身家清白不致凌虐販賣甘結及鄉保結方可准領其現未離乳之嬰有人願領爲子姪自行乳哺者每月朔日來堂驗看一次如有凌虐販賣諸弊一經查出送縣嚴懲　一月捐或數千文或數百文隨登印簿由該善士給摺按月支取　一願捐每願錢一五十文隨局收一孩隨收願一次另簿登名記帳歲終報銷　一僱乳媽二人取具保狀每人乳哺嬰孩二口凡在四口之外來者當日不及送省權歸二人分哺每人月給工錢二千文如欲囘工必前半月申明司事免致悞公　一貧民値農忙之時或風雪之日路遠不及自送又無人轉送者必仍蹈前

轍今擬凡送嬰孩來者問明居址驗明來孩年庚姓氏註册外給錢二百文二十五里外者加給錢二百文　一局中供奉保嬰聖母神座前設立籤筒兩箇竹籤百支內按百姓凡有嬰孩無姓氏年庚者即在神前焚香抽籤作姓以送局之時日作爲年庚　一堂凡三間一廂明間作爲神座左一間作司事帳房右一室作乳媪臥室鍼黹食飯之所房門外柵欄一道以嚴出入之防目下所辦接嬰房屋尚可敷用一俟經費充足局後有農書公所房屋兩進六間後基地一進食水井一口以備育嬰後步

再爲稟明敬俟批示祇遵

養濟院由縣署捐廉養孤老六十二人按名每月大給錢七百五十文月小給錢七百二十五文

清節堂一處在南鄉潘承林捨

義塾兩處每月給修金三千文由縣署捐送

白雲觀義塾道士王本支捐辦今停止

惜字會一處在葛仙庵光緒二十五年經陳載福等各任月捐並集市商月捐每月可得錢三千餘文又經王長松在常

郡捐洋壹百元就庵前起造化紙爐一座恭設倉聖神位於呂祖殿左每年誕辰同人會祭一次此外有官辦者由縣署捐廉僱工檢拾自知縣汪樹堂始有民辦者坊者張大德行之十餘年

四鄉惜字會則有同善堂下隍村史鎔經陳憲之周應達等仁壽堂東陽鎮張餘範等聚文堂下蜀街徐佐清等崇文堂橋頭鎮蔣賢三子邦榮相繼爲之同善堂倉頭鎮鋪戶普善堂戎岡村呂施二道人協心出外檢拾

字冢在茅峰下老君宕有碑

施材局在青元觀東首光緒間邑人張瀛劉慶壽曹方瑋儀徵黃雲章等興辦仿省章程首事先捐材若干具另募願捐出材一具則收願以足之

四鄉施材會白土鎮附三官堂朱廷楨趙清治等創辦東陽鎮附慶眞觀倪金元等興辦倉頭鎮附華藏寺始爲劉明鄭廷瑞等興辦因經費漸絀停止光緒間張浚泉王恆煥李唐羅際明鄭宗德合捐材十具並募願捐續辦下蜀鎮附鄰華庵倪戴堯陸茂廷王琢成等興辦橋頭鎮附天后宮藍維善蔡

慶華曹紹建嚴啟和等倡辦白雲觀光緒十二年道士王本支募辦借字掩埋諸善舉附焉姚家邊韓朝鈁等捐辦

牛痘局道光閒知縣王檢心教諭張履倡捐設立延丹徒王新吾刺種字暘甫蓋深於此術者亂後久未復光緒五年知縣袁照捐貲復之仍延新吾主其事時年八十餘矣今設局葛仙庵

四鄉牛痘局一在東陽鎮省垣分設

施醫局設四賢祠

水龍局借設四賢祠亂後置水龍二具士民捐辦

永安水龍局在東陽鎮張餘範等捐辦

義阡四郊皆有一在南郭樊山一在西郭觀山一在北郊尖山又東門東橋下南北兩處道光閒知縣毛正坦捐置西廟之西數十武光緒閒城紳李福厚施送約五畝均立有碑界

暴骨冢在龍潭倉頭下蜀橋頭者爲總兵劉啟發掩埋在東門外及西城根新塘官道旁行香官道旁皆同治閒邑人捐資分瘞

四鄉義阡

南鄉四處一在經達村西里人經正斌捐置　一在赤山腳東里人竇錦山捐置　一在神墩山計三畝道光十年戴鑑勳捐送　一在經闢冢計二畝嘉慶三年楊巷村戴姓捐送

東陽鎮義阡一在鎮後土名觀條計二畝　一在鎮後土橋土名白土山計二畝　一在鎮南大路側土名沈官頭同治初年續置計二畝二分　一在鎮大路側土名灣灣田亦續置計一畝四分以上二處經仁壽堂董事稟請勸石賞示以垂久遠與施材局相輔而行

龍潭鎮義阡一在黃龍山腳係舊置　一在虎王廟東係新購

倉頭鎮義阡一在奈家凹上八畝下五畝道光閒孫聚賢捨　一在黃龍山計二畝　一在鬼谷塘　一在馬蹄山計四畝　一在陶冶計五畝　一在鎮山東　一在鎮東姚塘背以上六處係新庵華藏寺同善堂捨

下蜀鎮義阡一在戍山寺側土名香灰地約十餘畝　一在東門橋外長龍山下約十餘畝以上二處皆金陵同善堂捨　一在東門橋外大路北計九畝鎮人鍾年三與玉泉寺同捨　一在鎮南里許名窰家凹計三畝古南寺捨　一在鎮南里許名澗西大地計五畝

四分史懷清捨

橋頭鎮義阡在鎮之西南半里許藍維善蔡慶華龔家喜同捨

續纂句容縣志卷十終

續纂句容縣志卷十一上

邑人張　瀛　分纂

人物　忠義

句曲自古爲兵衝六朝之叛臣（晉劉牢之襲王恭宋武帝破桓元齊張佛護等拒崔慧景均在竹里山翻車峴及竹里城等處見建康志）唐之草竊（李靖剿戮輔公祏亂黨於句曲郡茅州事見句容舊志）宋之强虜（韓世忠扼兀朮於黃天蕩見宋史本傳）明之倭寇（嘉靖三十三年知縣樊垣因倭警始築城萬歷四年巡撫宋儀望建屋列禦倭戎器均見舊志）國初之鄭氏（順治十六年鄭成功犯句容城守把總傅某禦之力竭城遂陷見舊志）莫不車蹄蹂躪兵火摧殘然數千年喬木猶存二百里奧區無恙（句容幅幀計二百十里）乾嘉之際閭閻蕃富闤闠殷闐行旅絡繹冠蓋相望可謂盛矣道咸以來海嶠興波洪楊煽亂金陵瓦解吾邑陸沈（丙辰庚申句城兩次失陷）貙虎旣據搏噬靡遺（城賊四出焚掠殆遍）狼豕所經膏腴盡赤（護逆大股過境盤踞數月蹂躪荼毒赤地數百里）於是紳佩銜忠蒲茅奮義結團剿賊戮力從戎（如駱懋修

高世珍等而嬰禍抗强師熸民燼焉其閒捄父捐軀如劉本韶等衞姑冒刃如曹徐氏等手足併命如部宗凱等伉儷偕亡如李受祺等仁成師弟如駱道中等誼篤友朋如駱道醇等慘罹恤緯之蔆殃及倒綳之子下逮臧獲賤至胥徒率皆赴義若渴甘死如飴嗚呼烈矣至若嬰城固守烈比睢陽唐治死節祁門拔幟先登勇超穎谷如唐道華等罄香所報史冊所書顧不縈歟嗟呼劫灰已歷星霜精爽猶留心目舍生取義之倫更僕難數立懦廉頑之節愈久不忘爰摎其事實爲傳又著其姓氏於表凡事實從同及甚簡者均著於表下首官次紳次兵勇團丁次民人次方外而以流寓終焉作忠義表

紳民

李廷揚字步墀瑯琊鄉澗西邨人父春元以武孝廉任江南提塘廷揚少穎異嫻騎射中道光壬辰武舉人戊戌成進士二十

四年由漕河塘務任滿選授廣西桂林守備二十六年兩廣總督耆宮保閱邊以廷揚營務官聲年力弓馬擢爲第一二十七年奏調融懷營守備是年九月帶領左營官兵剿新甯賊匪十月進兵西延十二日拔隊攻克梅溪口日中陷陣受傷陣亡賜卹如例當其征新甯也先是楚匪雷再浩勾結粵逆李世得糾集賊黨由新甯嘯聚於西延西延界楚粵之交窅壑難窺亂山如劍陰霾四塞晴晝猶黑羊腸鳥道螺旋蛇盤猨攀而登頂踵相接山谿之險突過五溪成兹負嵎談者色變時鄭夢白撫軍節制兵馬知廷揚果毅首調出征廷揚奉檄慨然佩刀上馬瀕行以梨別子宵出榕城倍程而進以廷揚之才之勇使任提督統全師何敵弗摧何攻弗克乃秩不過守戎兵不滿三百仰探虎穴直逼賊壘當此之時羽檄頻摧應援未至眾方卻顧而

立勸其姑待至挽裾留而廷揚毅然冒矢石爲士卒先首當敵衝手斃十餘賊轉戰愈酣然孤軍深入賊衆左右抄截蜂屯蟻聚雖喉目俱傷猶手刃一賊迨援應來而廷揚傷重墜崖死矣廷揚居家孝友喜讀史至忠孝大節鬚髮戟指繞案大呼論古人事必抉極隱微與友辨難至詞窮意服乃罷官京塘務時海疆不靖慷慨有請纓之志每私歎曰天下事竟如是哉然使武臣能率士卒同甘苦皆懷有死不貳之心以捍衛疆場或不若是之甚也及涖桂林未嘗迎合上官惟與同志往還互以前賢相期許當時如吳內翰成義龍修撰啟瑞葉刺史紹棠黎孝廉椿梁孝廉翰皆樂與之游而與吾鄉唐大令治尤稱莫逆廷揚赴桂林時道出皖江與治徘徊於元余忠宣墓下若有所思既而昂首曰忠臣果不畏死耶乃偕登大觀亭道忠宣守城死難

本末欷歔慼歎日暮始去未二年卽殉難治亦於甲寅死節祁門唐治見仕蹟傳子福厚以蔭襲雲騎尉見義行傳

周正義湖南連陽營外委道光二十二年英夷入犯力戰死之

錢大勳文童在提督關天培幕中剿辦英夷受重創死同時王艮源字子澄性亢爽讀書知大義尙氣節鄉里相齟齬走愬者艮源持正剖决不稍假借一方咸稱正人中年就賈鎭江値英夷犯順竄擾長江京口爲蘇常屏蔽控制上游尤夷人所注意故攻破堅城屠戮甚慘艮源與其難方城之未陷也有勸艮源去者艮源奮然曰命合休雖逃無益夷至吾當以大義責之旣陷乃危坐屋中一夷入縛而見諸酋艮源戟指痛責酋怒令支解之比死猶罵不絕聲

束溶字德基少讀書不治章句學論古至節烈事輒激昂慷慨

拔劍起舞由義團入行伍授雲南元臨鎮把總隨鎮軍李能臣剿賊廣西轉戰有功歷保藍翎都司道光二十九年破賊於廣西全州等處嗣以後援不繼血戰陣亾事聞　賜卹如例

俞正鼎咸豐三年賊東下江甯知府魏亨逵諭辦省城團練有成效總督陸建瀛奬給六品頂戴以把總留標補用二月省垣陷同衞千總哈普奇先布巷戰死母朱氏妻張氏㓜子學浚俱殉難俞秉鏞秉仁投營効力向忠武公給鏞六品以把總用給仁五品以千總用同諭辦內應事泄鏞戕死仁轘裂死

戴兆熊字夢璜臨泉鄉人以從弟寄籍臨桂往依焉性勇敢嫻弓馬洪逆倡亂時兆熊爲鄉團長巡撫鄭祖琛才之復永安有功給六品頂戴擢千總後隸曾侍郎國藩麾下充水師哨官援湘潭大捷賞藍翎以軍功累拔至參將加副將銜每戰必爭先

奮擊賊憚其勇最後水師被困江西兆熊走新城求捄禾至賊麕集竟以援絶陣亾奉 旨照副將 賜卹世襲雲騎尉生平戰績宣付史館

淩慶桂字步蟾坊郭人中道光辛巳武舉人兄慶元慶華慶鼇皆以武科起家另有傳慶桂歷署江南督標中營揚州邵伯汛江甯城守右營等處千總補栢林千總調署鳳陽守備潛山游擊咸豐五年剿賊於霍山火燒嶺賊勢猖獗官軍稍卻慶桂握刀督陣勇氣百倍賊皆披靡時薄暮四野霧塞悍賊負創蹶起奮力死鬬慶桂中礮陣亾 賜蔭襲如例

黃敬侃以武功世其家士愷士桂均康熙閒武舉見前志少習拳勇膽略過人咸豐五年投向營以功保六品頂戴補用外委七年十二月從總兵虎坤元攻秣陵關陣亾弟敬恭以六品軍功同時戰歿敬

侃驍勇絕倫每戰與敬恭衝鋒陷陣追賊踰山越嶺捷於猿猱至大河深澗賊鳧水遁亦能鳧水擒之勇往無前卒以身殉

駱懋修字輔賢歲貢生坊郭人咸豐府志誤作同治紀元舉孝廉方正少時劬學勵志卽以敦品飭行自期性孝友好義絕嗜欲屏營求器宇汪汪不露風骨三年省垣陷句容戒嚴上官飭辦團練以懋修董其事浚城濠繕守備兼督南八鄉民團訓練嚴整六年城陷懋修督率團勇保衞南鄉賊不敢入未幾賊麕聚勢張甚懋修欲以身殉諸故老環泣曰公生則吾儕生公死則吾儕亦死不得已挈衆渡江從者絡繹不絕無所得食懋修與弟懋官姪道同等竭力籌捐以哺飢腹亂稍戢衆歸故土懋修僑寄吳門十年大營潰四月蘇城陷賊挾懋修見其酋懋修以正言責之酋怒目橫叱懋修厲聲罵賊遂遇害妻王氏聞之撞石柱

死女淑貞痛父毋遭慘投井死孫崇玉不從賊被戕事聞　敕建專祠　贈知州並蔭子入監以縣丞用

高世珍字儒林移風鄉光里廟人積功保至藍翎縣丞爲人沈勇多智讀史至忠烈事輒握拳狂走咸豐三年賊踞省城諭辦民團世珍信義素著一呼而集者千餘人分隸數局而爲之統六年張忠武公國樑謀復邑城知世珍勇敢令帶土勇以黑邊白旗守神塘山適賊欲由李相廟攻忠武營世珍當其衝大敗之賊不敢犯七年正月助官兵焚賊營斬獲無算賊欲由下蔭橋達鎮江近鎮民團結世珍爲援世珍移守朱家邊兼護光里廟屢創賊賊畏之甚戒其下曰凡見黑邊白旗不可與戰乃棄下蔭橋攻大祝廟世珍拒之賊遁更攻之於包家窯賊大困五月邑城復時上山岡民團巫氏等素以敢戰稱至是益與世珍

併力攻高山廟蔡圩賊有功九月大兵會攻鎮江檄世珍守金子堰堵援賊來路遂復鎮江世珍移營墳頭十年賊陷溧水世珍率民團歸議城守張忠武亦遣弁某守縣城弁先逃城遂陷大營亦潰是時江以南徧地皆賊同人半污僞職世珍獨變姓名徜徉於五棊空青閒同治初年江甯府楊鍾琛駐泗源溝遣人訪世珍得之俾收拾餘燼爲恢復計世珍在江上招集流亾與八社七總十六邨聯結團眾而入城謀內應期定先數日單騎至石墓邨忽遇賊隊被擒不屈砍死至殮目猶不瞑世珍夙嫺韜畧兼精堪輿卜筮家言故諸營帥咸倚爲重云劉慶廣孝義鄉雙塘邨人少讀書慷慨好義三年與世珍預籌防禦同爲張忠武所拔識積功至五品藍翎十年城陷陣亾於邑東門外楊振聲字子元瑯琊鄉龍潭人邑諸生以功保六品頂戴咸豐

三年冬諭辦沿江一帶團練四年春江上賊隊蜂至或謂振聲曰盍去以避寇振聲抗言曰男兒死耳敢靦顔作鼠竄乎於是招集大士閣民團拒賊於蟠龍山下賊至奮力鏖戰賊稍卻未幾賊蝗集裹之數重被重創死事聞　恩襲雲騎尉世職邑令趙廷銘作古歌哀之

薛如松瑯琊鄉華山口人性眈忠義道光二十二年島夷內犯姦民乘機作亂如松倡首團練景附者數百邨設局懸禁於岐山廟一方安謐未幾梟匪滋擾民不聊生如松率團防剿各鄉紳耆籲請府諭推如松爲團長江南北鄰境居民遙遵約束如松晝夜巡剿擒斬無算而梟患始戢咸豐三年省城陷亂民狡焉思逞如松計懲爲首者數人民獲安堵聯絡龍東兩鎮義團爲犄角勢截金陵賊出援鎮江之路數年中屢與賊戰戰必斬

獲嘗伏園林麓閒邀擊賊隊斬賊酋三人餘皆驚竄不敢復窺東陽六年大營潰官軍退守丹陽賊大至如松歎曰事不可爲矣憂憤不食死

孔繼軫任寶山縣訓導剛方廉惠勤於敎士士林重之咸豐十年賊至慷慨殉節　恩蔭如例

陳紳咸豐初任蘇右營把總駐崑山咸豐十年賊犯崑山紳率民勇禦之勢不支遂退旋招集石牌義團破賊獲首級數十鎮民賴以無恐未幾賊大股至乃血戰死子雙福隨殉

俞士根字盛林臨泉鄉人議敘府經歷咸豐十年大營潰賊下竄丹陽士根僑常郡會紳集民團率勇登城守禦六晝夜四月六日城陷巷戰死子守煜字映輝議敘從九品與父同殉均恩卹如例俞士丞高家邊人僑居滁州掠入賊中賊信任之乘

賊酋遠出日縱難民數千人酋歸釘士永於東門大罵不屈死
張孝友望仙鄉朱墓邨人邑諸生性友愛尚義苦績學夜讀以被擁坐吟誦達旦倦即隱几臥經旬不解衣寢咸豐閒結團辦賊弟被賊殺孝友親入賊境手搏殺弟之賊返縛樹上刳其心以祭弟後剿賊於丹徒棋竿山陷陣被執憤極大罵支解死
趙珍字弁朝承仙鄉舉人趙模子以諸生候選教諭兄死事孀嫂以禮咸豐初府諭辦民團珍慨然自任咸豐十年賊至珍端坐堂上罵不絕口賊怒用油綿裹而燒之子煌救父不克被戕
王復初字建言坊郭人性亢爽有智畧道光末以事脫諸生籍益慷慨奮發咸豐三年諭集團丁盡心籌辦六年城陷復初激勵義民爲南鄉屏蔽與李慶連詣丹陽張忠武營乞師助剿忠武壯之分兵數百屢建奇功逾年收復縣城由職員歷保至直

隸州十年城再陷欲以身殉諸子掖出至東陽鎮謀復舉而賊
衆突至目爲巨妖復初大罵遂遇害
李慶連字步瀛坊郭人援例捐從九職銜充南鄉練董咸豐六
年城陷賊四出淫掠慶連西聯三岔東結淤鄉而集西城蘆𥒉
諸團壁於義成橋堵金壇賊入句邑之路城賊屢出屢挫啣刺
骨遂率大股並勾結各路悍賊併力齊攻民團腹背受敵鏖戰
至九月二十九日諸團盡潰慶連陣亾
郜宗凱鳳壇鄉郜家邊人以武科世其家中道光甲午武舉人
兄定邦辛卯武舉人弟五人皆武生而宗凱尤傑出雖挽強多
力常喜讀書與文士討論古今忠義事性友愛怡怡無閒咸豐
六年賊氛甚惡向營潰宗凱繞室大呼同氣六人應聲出號召
遠近戮力殺賊練勇於西庵賊至輒殲之七年以復城功　賞

戴藍翎十年長濠陷賊横決東下薇野彌谷宗凱率團奮擊轉戰至五岡山下中十數創猶手刃數賊力竭陣亾六人者定邦與華馨平安發也均同時戰歿

施貞武字射如望仙鄉白土人咸豐六年諭辦鄉團七年隨同官軍克復縣城並率丁築壘濬濠總統張忠武公奬給六品功牌旋援例捐營千總銜八年以修長濠出力加五品軍功調金陵大營差遣九年隨官軍克復溧水揚州儀徵並燬祿口賊營和公春奏　賞藍翎十年閏三月領隊防護上方橋長濠十四日申刻賊大股撲攻受傷陣亾

王矜式字子莊仁信鄉下蜀人邑諸生道光戊申己酉疊遭水患諭辦賑撫矜式殫心籌畫俾一方得沾實惠咸豐三年金陵失陷流賊出没江上剽掠慘酷矜式奉札訓練民團隨官軍助

剿屢有斬獲十年孝陵營潰賊長驅直下勢不可遏矜式之團旣潰復集者再同治元年秋賊大股肆擾江鄉矜式率團禦敵力戰難支退駐河北賊尾至團散陣亾　恩襲雲騎尉世職

孔昭勝府志作兆勝恐誤曲阜裔也居句容十數世諳兵法善刀槊咸豐間充西營義兵防湖有薛炳者與昭勝相得力戰屢破賊後分守白沙圩橋大營陷猶與炳衝突鏖戰至禮祉鎭均力竭死

解文毓武生仁信鄉上解邨人邨在五棋之陽五祺仙桃兩山巉巖峭壁中夾香爐峯東西堰岡口兩徑極狹咸豐七年鎭江賊匪撲至蹂躪山北諸邨落文毓投袂起曰大丈夫立功報國在此時矣與兄文禮弟文章姪朝左朝楨朝右率領民團固守岡口相持三閱月賊不敢踰目其地爲天鎖岡後賊大隊至文毓奮勇爭先與賊轉戰十數次殺賊無算終以衆寡不敵陣亾

闔門俱殉難

呂懋富呂家邊人咸豐六年余提督萬清駐城門岡懋富以鄉耆督丁應役適賊由鎮江竄至郡後懋富率衆伏林中卽以築營畚鍤擊斃三賊賊靨集懋富中礮死同殉者項廷美解士艮徐崇鳳仁信鄉冉里甸人粗豪有膽畧咸豐六年城陷知縣趙廷銘移駐秀峯庵與冉里咫尺崇鳳常接見當時兵事孔棘向軍提督余萬清駐軍城門岡逼近高山廟賊營欲增壘濬濠檄廷銘至囑曰詰朝迅集民夫五百來營聽遣廷銘唯唯返寓咄嗟無措崇鳳趨進曰公何事倉皇廷銘告其故曰此易事耳今賊雖猖獗而東北一帶居民皆戀家未竄藉軍門之檄與明公之牒俾崇鳳飛諭附近各練首號召精壯五百民夫頃刻可集何事倉皇廷銘韙其言翌日事果濟由是倚崇鳳如左右手賊

出没飄忽無定一夕廷銘方秉燭檢軍書或奔告曰賊衆由窯岡來撲至山後矣廷銘失色不知所爲崇鳳在側曰崇鳳在公無恐負之疾走月黑深林中比曉已三十里賊退獲免至是崇鳳之名益傳播人口矣賊中聞之指爲妖首有姦民徐崇光者與崇鳳同族里嫉崇鳳屢與齮齕聯僞鄉官五人愬崇鳳於僞丞相吳如孝夜半率大股圍冉里執崇鳳殺之家屬皆遇害同被執者男婦約數十人賊紿之曰能言保崇鳳者釋其縛衆曰諾遂盡殲焉姓字可舉者若朱一道王正芳王國懷張天有夏尊元徐崇餘徐秉修徐慶林及徐崇志一門四人餘則盡泯矣

李受祺字益徵邑附貢生明相國文定公曾孫少司馬喬裔也（春芳喬均見舊志）僑居金陵幼聰穎閱家乘即喜談先人忠義事咸豐三年省城陷賊甘言誘降受祺怒目叱曰吾家世篤忠貞甯能

汚僞職平持短兵刺賊被數創猶握刃喃喃罵賊死妻朱氏見受祺遇害痛哭攜幼女投井以殉　卹給雲騎尉世職以從孫宗泌襲泌見仕續傳　同族學禮聞禮均庠生城陷不食死

李天祺字右文監生明相國文定公裔住邑廟東雲龍岡下咸豐六年城陷被執不屈遇害妻徐氏抱幼子守仁舉火焚室死

李言妻張氏孀居無嗣就養姪天祺家同自焚

駱雲鵬坊郭間諸生讀書負奇氣慷慨仗義喜卹無告粵逆東下聞警輒投筆歎曰書生當從戎馬間墨磨盾鼻馳檄殄醜類安能跧伏老牖下乎未幾城破挈眷走王莊佐王錫蕃見義行傳籌集義團捍衛鄉里賊剽掠入境輒被創遁去十年城再陷賊滿山谷義團盡潰雲鵬與弟雲鴻罵賊被戕弟婦劉氏媳張氏見貞烈殉難傳次女崇貞見附傳同赴水死

李應松咸豐三年投吉勇烈公軍以功洊保至六品後從軍至京口途遇賊隊戰死於邑北門外初粵匪倡亂里中愚民不識憂危應松諄諄告戒極言患宜預防忠勇之氣見於詞色鄉人皆慕義而激勸焉

張長溎字蘭江少好任俠跅弛不羈投向忠武營積功至五品六年營潰秣陵關陣亾妻孫氏投水死

韓邦盛虎額猨臂勇力過人六年投總兵虎坤元營每戰雷厲風發銳不可當歷保至藍翎都司十年長濠潰血戰死

唐道華仁信鄉唐家邨人好勇尚義值咸豐季年賊勢披猖道華買吳下慷慨從戎有戰必克同治二年隨江蘇巡撫李鴻章攻克蘇州無錫拔幟先登勢如破竹積保至花翎參將統兵十二營圍攻常州身先士卒鏖戰陣亾　贈卹如例

唐洪唐家邨人兵亂投軍積功至副將勇力過人戰輒嚄唶無前領勳軍左營賊見徽志人馬辟易故所向有功同治五年捻逆竄擾湖北衆逾數萬魯逆任柱遵逆賴汶光等皆百戰之餘勁疾慓悍死咋不休洪隨統領提督楊鼎勳出剿賊以前隊挑戰別遣健騎繞出後路遂被圍蔭合山洪大呼馳突殺賊數十潰圍出不見統將復入重圍卒與鼎勳同死賊焚其屍族子崇文隨營効力目覩其狀惜　褒卹弗及沈泯無聞顧洪履危蹈忠常留灝氣亦不以名之顯晦爲輕重也

莊其艮山頭邨人與弟其志武生在白土擒獲賊牒一函投効鎮江大營初帶勇五十擒斬有功尋昇千人攻克亘朋山賊壘僞念王方某宵遁提督馮子材保奬五品藍翎其志花翎均五品軍功又攻二墩子龍木橋一帶賊營破之同治二年春連剋

管莊行香侯莊等處賊館並踏燬小丁巷土營數座莫不迎刃而解三年水師提督楊岳斌聞其良其志驍勇調攻金陵沿江賊壘同中礮死

梅必香梅家邨人好拳勇任俠自喜家貧傭工晝荷耰耡夜習刀槊咸豐十年閏三月城陷必香結團禦寇衆賴以安嘗從高世珍剿賊於虎耳山大祝廟等處賊屢挫後賊李世賢率大股至遂被執强之跪必香怒曰我雖農乃良民此膝甯爲賊屈耶賊支解之

孫家魯林家莊人家素封咸豐六年城陷家魯偕弟家俊家傑練丁防禦毀家紓難賊受創深銜之十年城再陷賊搜滅鄉團殺家魯而四家俊家傑備加拷掠闔門二十餘人均死難

淩遠康崇德鄉蘆江橋人性亢直敢任事咸豐六年賊踞邑僞

諭安民所在游賊滋擾如故遠康聚邨人謀起義七月有賊五十人由溧陽至遠康率丁壯邀擊盡戮之勢成騎虎民卡既設遠康無日不四出巡徼九月團潰罵賊支解死

張達江西城人年八十六猶有壯容六年九月禦賊於義成橋團破被執憤罵不屈賊怒裹油綿置標上焚之監生王凝雄西頭店人民卡陷猶鳴鉦招勇赴敵既被執罵不絕口遭慘死

經忠英上容鄉經邨埠人强毅多力咸豐六年城陷南鄉素號殷富賊垂涎久有崇福橋者爲上容數十邨要衝忠英集義丁壁於橋南築壘高八尺忠英握刀負牆立賊至輒殺之九月賊百計環攻團始潰忠英抵死不去賊蜂擁入忠英力刃數賊有黃衣賊目躍上壁忠英與手搏俱墮水死

張延林閘頭邨人咸豐六年賊犯境延林導鄉團奮勇直前殄

賊甚眾賊四圍猛撲延林獨立圩上指麾義團禦敵忽飛礮洞胸墜水死

田義高岡子上人六年結團守隘賊屢挫九月賊來二百人義高率眾戰於華嚴廟前奪槊而舞旁若無人良久力竭被亂刃斫死

陳仁滿陳家圩人團潰賊勢猖獗仁滿有膽力持械與鬬被追至祝莊邨復戰數次不敵騰躍板屋蹉跌被磔死

章邦庚周戴邨人年逾七十猶精悍與族徵退屢次殺賊十數人後遇大股賊戰敗追躡彭山頭力竭同被戕

陳正達下山地人剛直尚義粵逆之亂欲團鄉民殺賊遠近無敢應者後護逆陳玉書大隊過境遺民被掠幾盡正達集丁壯三十六人藉耰耡為兵守邨口賊闌入輒殺之未幾賊至如蟻

遂被圍猶喋血格鬬所殺過當力竭被執罵不絕口賊支解之
三十六人同遇害
王永芳王達邨人生有殊力咸豐時聞警輟耰歎曰大丈夫當
殺賊耳甯爲囚虜耶六年三岔鎮集團禦賊永芳應募會賊犯
境率勇爭先赴敵格殺無算九月團破永芳猶奮力抵禦再蹶
再起力盡被獲賊中無不識永芳者脅降不屈大罵礫數塊死
張慶生孝義鄉西佴墅人咸豐十年長濠潰張營將弁某在蔡
圩禦賊戰敗退至上山岡再戰勇丁潰散獨跳身嶺際衆悍賊
攀崖躡追慶生與族人才先率衆拯援擲石奮擊賊退張忠武
激賞同奬四品花翎留營効力忠武殉節丹陽慶生在邨團練
捍衛一隅城賊來撲戰於河灣才先中礮死慶生激勵同族才
能映禮等設卡梭巡會護賊過隊擾境慶生出紅岡迎剿殲賊

數十名越日追擊於湯水斬獲甚衆護賊陳坤書押隊至切齒民團攻破之男女數百人廬舍百餘所投諸一炬執慶生臠割死

華定寶字成溪國學生通德鄉沇岡邨人咸豐六年粵逆犯境定寶集邨中丁壯言曰賊將至從之亡不從亦亡等亡也盍集子弟拚死一戰豈不磊磊落落乎衆皆應命五月賊至定寶鳴鉦大呼殺賊賊卻退越日賊整隊入定寶率衆與戰再接再厲傷賊數十人悍賊蜂蝟攢聚勢不敵轉戰至漕塘畔定寶中亂刃死擲屍水中摻定寶妻王氏殺之助定寶殺賊者盡死於賊手婦女同被戕老弱多投水闔邨幾燼

竇賢惠字漢廷邑諸生性慷爽嗜義咸豐六年率鄉團禦賊於闕巷口奮擊賊賊不敢入逾日援賊大至團乃潰賢惠被執大

罵以矛刺死頂帽猶挾於懷陳綸懷綸殷同守闞巷卡左右十數邨一呼立應佐賢惠堵禦團將潰綸懷冒圍出赴營乞援被獲拶得磔支解死綸殷同殉

孔廣浩福祚鄉青城埠人咸豐六年九月賊攻民團被挫入邨掠食廣浩先遣滕德壽陳宏餘領眾伏橋南孔傳文孔廣洪等藏左右林麓間自率壯士堵邨口賊至鳴鉦鼓譟齊出四圍兜剿斃酉十數人餘竄去賊痛憤勾結各路流寇猛攻卡盡破執廣浩德壽宏餘燃天鐙死傳文寸磔死廣洪大罵延頸受刃死其餘死者多不勝紀

李賢春移風鄉李祥邨人諭辦本邨團練時虎鎮軍坤元駐紮治東野雞山餉缺賢春出家貲助之返至中途為賊所獲縛樹上臠割死事聞　贈卹如例

朱志綱朱家莊人慷爽仗義咸豐閒黃岡寺設局團練志綱首助餉銀七十五兩一時紳富爭納衆心愈固同治二年志綱遇賊不屈被戕

朱家森句容鄉丁莊人咸豐三年金陵陷避亂者塞途歲歉米價翔貴流民無所得食家森賫糜以振全活甚衆六年寇警疊至襄辦團防設卡於天甯院何莊廟禦賊有功奬給六品銜十年賊烽遍野團潰自縊監生衞峻煦好施與辦承仙鄉義團十年不食死

樊祖灝字耕書坊郭人性嚴毅不苟言笑惟事親則婉愉承志好博覽羣籍士大夫咸樂與交嘗慨然曰食人之食者必死人之事此語不獨爲人臣言也吾輩食毛踐土[redacted]此時艱當慷慨殺賊不濟有死而已無何金陵陷吾邑戒嚴官紳籌辦民團祖

灝佐之料餉城防以資固守者數載向營潰賊猝至城將陷祖灝戒家人曰我雖布衣倉卒臨難義無苟免爾等宜早計家人環泣曰公死疇忍獨生況滿目烽煙誰非羅刹地耶於是祖灝暨叔母某氏妻許氏弟祖瑞祖聖妹王樊氏祖瑞未婚妻某氏子緒宗緒志冢婦某氏孫福保壽保女大姑二姑三姑幼姑妹夫王介夫並同邑楊長淦妻王氏子某等二十三人俱赴水死事聞　特旨准建專祠

包篤衷字信道茅山鄉夏王埸人咸豐三年賊踞省城凶鋒漸逼篤衷結團捍衛鄉里六年城陷賊搜括邨落篤衷設計拒之賊不得逞後大股來撲戰失利被執憤駡不屈投水死妻王氏子婦王氏聞之均從容赴義以子捐　贈四品封典

王凝高張老德均茅山鄉人咸豐六年同練民團賊至屢擊卻

之賊糾死黨破卡被獲以團丁號衣衣之二人大罵賊橫刀對詈移時俱被磔死

徐嗣勳後陳莊人賊擾鄉閭嗣勳集團禦賊團陷被擒罵賊賊怒欲刃之子邦圻泥首哀免賊不許嗣勳大罵賊忿甚以綿裹勳父子燔之來蘇鄉吳安貞賊索金不得亦罹是慘

趙遠貞蔣岡邨人邑諸生炳文父也讀書明大義至性過人咸豐六年賊至聞父陷賊義不獨生卒以救父被害

韓世喜瑯琊鄉人咸豐七年冬賊踞張楊等邨世喜負笈在外恐母遇害歸迎母途遇羣賊欲擄之投塘自盡

戴忠松孝義鄉人同治元年護賊大股至邨忠松被擄乃呼曰小人有母無人奉養安能從汝去耶賊怒曰送汝還抽刃斷其頸同邨文美諒被賊執脅令供役美諒厲聲罵曰賊奴誰應爾

役亦被戕

陳狗兒陳家莊周盛子賊至欲掠之狗兒挽親裾泣不肯行賊倒曳出投水中用矛亂刺死時年十七

許維時東陽鎮人有幼弟爲親所鍾愛被賊擄維時追奪之賊破其顱弟得脫歸

俞秉椐承仙鄉人咸豐十年賊至欲擄大罵不屈賊殺之死子正煜見父被害痛哭往救賊怒以刃截其脰正煜妻見翁與夫皆慘死遂投繯許萬鏋爲人尙義嘗於族中辦積穀諸善舉十年爲賊擊死子世渭救父與賊忿鬬力不敵被戕

劉本韶靖安厰劉家蕩人六世縹緗父榮邑增生本韶有至性讀書至忠孝事輒感慨流涕歎曰爲人不當如是耶咸豐九年本韶年十四金陵賊嘗竊發騷擾龍潭下蜀閒六月榮遇賊於

楊家溝脅使負擔力不勝賊欲殺之本韶從蘆葦中出哀告曰吾家老弱十數口惟父是賴父死全家不得生請釋之賊不聽本韶嚎痛憤罵手奪賊刃賊舍榮而就本韶搏擊良久遂被戕而榮竟脫走

孫國忠靖安廠人性至孝寇亂時父開倫臥病在牀國忠侍左右不忍離咸豐六年三月金陵賊撲至擄國忠去國忠憤不欲生絕粒三日憂親之念見於色賊怒戕之同里周萬自賊中逸出爲其父言之

唐道坪來蘇鄉南唐莊人咸豐六年充民勇守城城陷道坪懼賊肆擾驚母夜竄同母陳抱疾呻吟牀蓐閒道坪侍湯藥越數日賊猝至道坪奮勇負母出遇賊欲執之痛詈被戕母幸免

蔣中汾中秀居臨泉鄉戴圩邨同有至性咸豐六年中汾被擄

泣告賊以親老且貧不能遠離被賊砍死十年中秀被掠至賊館痛堂上無人侍養夜半潛逸賊覺追至麻培橋被戕

劉可學通德鄉人被擄逃回省母聞母已歿痛哭不食自經

步永鰲被擄至古隍思母屢逸屢獲賊怒剖腹死

陳朝楹南社郵人事母孝咸豐十年賊蜂擁至人爭逃竄有語朝楹曰賊來矣盍去諸朝楹流涕曰母病在牀忍棄而弗顧乎既而賊至執朝楹欲殺跪告以母病無人侍養淚簌簌下聲哽咽不能出賊感動釋之數日母歿朝楹葬畢哭盡哀賊至不食死

吳在義字正行崇德鄉後郵人少讀書知大義咸豐六年賊犯境挈妻孥流轉山中誓不降賊戒其子光進曰吾先人忠厚傳家力田劬學爾年稍長倘不幸被掠有死而已毋作賊害人歷

四五年飢寒交迫絕無怨言十一年冬光進被擄數日未返在義憂憤成疾謂妻許氏曰光進其爲賊乎嗚咽欲絕幸光桂侍養疾尋愈後因光桂遇害遂不食死光桂者在義仲子也連年烽火摎括殆盡數十里無人煙孑遺窮黎匿處巖谷中無從得食光桂日覓粗糲供親自啖草實一日負米歸遇賊賊欲奪之光桂怒曰吾覓糠籺養親豈能畀汝遂與賊鬬身被重創逃回痛哭曰吾父母何以度日兒將死矣越夕創裂遂斃時年二十一

劉敬師上容鄉人性極孝家貧賈於青浦每唫岵屺之篇輒望雲流涕咸豐十年聞大營潰賊勢洶洶星夜馳歸省親至甫二日賊鋒已逼敬師輦二老走匿山中輾轉至上元任墟郜暫憩再謀遠避喘未定烽火燭天賊已至敬師被擄痛念垂白雙親

失養必斃向賊流涕求免賊怒目叱之敬師強聒賊揮刃截其脰

陳德義坊郭人咸豐十年城陷攜子扣保出太平門至東橋下遇賊欲掠大罵被戕扣保年十四號哭以頭撞賊胯下賊作扣保投河死

劉廷芳瑯琊鄉人與妻蘇氏子春庭戮力田畝同治元年秋洪逆大股出通濟門走定林夜襲京口道過東陽佈塞郁野凶焰燭天星月虧蔽是夜廷芳與妻子俱被擄賊脅之降以刀置頸喝曰降則免死廷芳父子延頸罵曰殺固所願降則不能賊怒舉刀躍起兩首駢落蘇氏披髮擁護賊斷其腕復揕胸死殘骸狼藉蹂踐無存

莊仁順福祚鄉人亂時屢被賊擄皆逸咸豐十年秋與子立綱

遇賊迫使擔糧行二里許父子各持短兵擊賊忽來悍賊數人力不敵同被磔死妻章氏被賊拷掠不屈聞耗服鹽滷死立綱妻少艾賊挾出欲犯抵死奔回見姑已斃翁與夫均遇害遂投水殉姪立元躡蹤往援無及比返慟叔一家死與妻許同飲鹽滷亡同族仁佐見賊入邨呼子立長持耡逐之賊至益夥力竭均被戕妻陳悲痛仰滷死姪立章章母尚妻蔡同服滷死

張元熾字志林號爾昌坊郭人邑諸生讀書穎悟過目成誦咸豐六年兩江督標協鎮梁克勳在邑守城主於其家與元熾父附貢生朝連情意相投同修城河以防賊攻因元熾性聰慧使其在營辦理文案至八年克復秣陵關和公春張公國樑奏請

賞給六品頂戴十年賊撲鎮江三次解圍江甯將軍巴興阿奏請　賞戴藍翎同治元年鎮營水陸官軍經年防勦踏壘解

圍馮提督子材奏請　賞换五品頂戴是年十二月在鎮江大港隨協鎮范永福帶隊防剿受傷陣亾

王貞益字受之坊郭人性孝友咸豐十年賊氛惡城將潰會兄貞晉患腹癰甚劇貞益與家人守之不忍去貞晉泣曰我病不能行若輩徒守死無益及城陷貞益抱姪倉皇出棄子弗顧遇賊於八字橋中鎗創甚以姪付嫂遂仆地死貞晉亦遇害

張國治與弟國清相友愛咸豐十年賊至兄弟抱首泣曰雖洞胸截脰吾手足不可離也尋被賊執延頸爭死陳禮全禮春昆弟怡怡無閒咸豐季年同罵賊被戕於北山下

駱道中字子和寓省城矢志攻苦嘗以忠義自勵應童試未售年二十一就何莊何紳家教讀賊氛熾甚寄弟道成書略謂髮匪逆命罪不容誅　國家養士數百年吾輩食毛踐土當殺身

以成名毋偷生而墮節省城陷紳勸道中遠避道中曉以大義弦誦如初賊至何紳倉猝出走不及顧賊脅道中降大罵持硯擊賊賊砍之罵不絕口賊斷其舌忿恨投水死其徒從之亂定何紳爲師生合墓而葬

駱道醇號蘊齋國學生重交義爲質庫司出納金陵陷居停朱興仁眷屬八口賊掠入女館道醇懼其被辱百計營脫密遣心腹送出賊境久之酋聞朱姓老弱潛逃係道醇引線被獲嚴加拷訊抵死不承解衣得簡牘監憑各一件賊怒磔之

曹瑞邑諸生粵逆之亂家人流離失散一日有裹黃巾騎駿馬入其邨者邨人驚爲賊至咸竄匿山中瑞亦從之後知爲瑞之子某受僞職來迎其父者尋至瑞所陳說來意瑞怒罵曰爾爲賊子胡錯認乃父耶其子再四哀求瑞罵愈烈不得已揮淚去

瑞遂餓死山中同里文生唐慶譽目覩其事

羅金榜字務寬邑名諸生敦品劬學游其門者多蜚聲膠庠貌恂恂粥粥疑於不文而臨紙生氣勃發不可逼視值軍興旁午礮聲隆隆在耳猶擁生徒講藝不輟賊至欲自裁家人阻之泫然曰非不願生恐無以對吾友也卒死難

羅尚增字益三邑諸生居瑯琊鄉學淹質粹有古人風應童子試三冠其軍名四噪向營潰顧子弟流涕曰汝曹甯死可矣毋從賊也言畢獨往深山不食死同時廩生秦瑞麟亦能文士被擄不屈甘言勸降大駡被戕

黃敬堂讀書未遇賊至脅降敬堂痛詈曰世有降將軍豈有降書生耶以手按頸曰頭顱在速砍去賊怒斫之族弟敬祥同駡賊死族兄敬先不屈死亂刃下

施家璞字韞輝鳳壇鄉人篤志勤學艱於一矜而孝事孀母不以鬱鬱貽親憂咸豐十年遇賊劫爲書算家璞厲聲曰吾輩讀書甯替賊子供筆札乎賊怒殺之

孫立虎剛直尙氣節應童試弗售卽奮志績學亂時賊擾南鄉淫殺極酷立虎遇賊輒罵見賊强逼邨中婦女益怒氣塡膺奮拳擊之遂被害

陳萬泰上埠邨人咸豐六年破南埂口萬泰避至溧陽中途被擄賊見其誠樸俾監所掠男女萬泰憫其同罹虎口慘淡恐惶之色目不忍覩夜起拔關縱之嚮晨酋覺磔萬泰死

朱士元東陽鎭人咸豐四年賊犯境逼辱避難婦女士元怒髮上指憤與賊鬭羣賊執而臠之而被逼之婦女盡獲免至今人猶義之

丁貞明句容鄉人咸豐六年夏大旱飛蝗蔽天赤地千里斗粟近千緡賊焰熾甚城旣陷難民彌滿郊坰貞明與同邨淩正有等各出粟百數十石以振十年賊至同被戕貞明子朝棟朝才正有妻唐氏均死難

王大喜土橋人戮力耕作家漸裕親族有極貧者歲除暗給衣食遇婚嫁喪葬輒佽助不少吝咸豐十年六月被執大罵賊斫之罵不已寸磔死

羅全達好施與鄰里有死不能殮者卽畀之以櫬否則出貲助之咸豐十年被擄駡賊死又有居四什登瀛門內疫作時施材百具咸豐六年城破遇害

周本先力行義舉最喜惜字提筐走烈日中汗如雨注衢巷牆壁括盡乃已遇風雪大作手皸趾裂必出檢無難色賊擄不屈

以矛刺死同時惜字有高星臺亦不屈被害

許世馨字桂山東陽鎮人邑諸生爲人開爽有大志咸豐六年避亂萬安郁僞檢點黃瞎子據石埠橋四出剽掠賊有至萬安擄得豕數十頭令世馨牧之世馨厲聲曰我　大清文學士豈爲賊作牧豬奴耶賊瞋目叱曰死妖無禮欲持火鎗擊之世馨奔投塘死

朱兆祥謝家邊人武生有膽識賊掠至郁脅降不從割其左耳去繼又遇賊脅之如前兆祥不爲動割其右耳去久之賊衆大至語兆祥曰汝兩耳齊割將奈何兆祥厲聲罵曰逆賊不過要吾頭耳脫帽擲地曰汝自取之遂遇害妻陳氏同不屈死

貢獻廷上蘭人邑諸生性剛直咸豐十年遇賊欲降之獻廷唾罵曰犬馬猶識主況人乎吾上不能爲　國討賊下不能保衞

閭閻已無面目見先人矣何忍靦顏從賊耶賊怒磔之舉火焚其屍

孫繼坤字生棣諸生敦品能文嘗以忠義自誓咸豐十年寇將犯境或曰賊酋雅重文士先生盍從之爲記室繼坤叱曰咄咄與其從賊而污辱若沈淵而潔也吾志已決毋多言遂投門前塘死

陳蘭芬性剛直賊掠不從露刃劫之蘭芬怒詈曰吾清白民甯肯降反賊耶頭可砍志不能奪也遂引頸受戮

劉顯芳上容鄉堰北邨人咸豐六年充團丁守羊耳山橋屢卻賊九月大股賊由麻培橋破卡入民團駭散顯芳知不敵隨衆走賊追至坊邊顯芳隱頹垣中賊覷見來撲顯芳突躍起殺數賊賊衆圍之力竭被亂刃死

陳傳春前陳莊人亂時從軍充義字營勇目遇賊痛剿應差勤愼得主將歡嘗使作諜探賊營虛實被獲備受楚毒至死不屈賊寸磔之

平成心通德鄉唐家邨人年八十尚雄傑英武咸豐六年諭結民團堵禦屢戰有功十年團潰被執不屈戕死妻周聞之自縊

團丁陣亡者江惟亮惟高善隆唐正傑正發正滿明耀心族弟成德皆驍勇之士同時遇害

欒仁周欒家邨人咸豐六年集團殺賊數十名十年與賊格鬭手刃二賊賊大至被擒臠割死

倪學高赤岡邨人咸豐十年賊至邨學高奮擊之被戕於門前山下妻王痛哭罵賊賊舉火焚之與五齡幼子同燼

黃乾祿通德鄉人剛直多力咸豐六年聞向營潰忠義之氣勃

發團結郇人禦之賊闌入輒被撲殺十年營再陷賊如潮湧橫溢鄉野乾祿誓眾猛擊酣戰良久被數刃死同族中權亦殺賊被戕

巫進貴瑯琊鄉人賊至伏橋下伺大股已過一賊在後突出殺之賊隊繼至遂遇害

李元春被擄至寺莊郇賊出搜掠俾賊僮守之元春殺僮潛逃甫啟戶遇賊被臠死

唐序殷唐家莊人咸豐十年被擄閉空室中序殷潛計曰明日賊拔隊去從之終爲所害乃懷利刃乘守者夜睡刺殺之一賊嚎起眾賊咸集遂被縛懸樑閒比去積薪焚死

俞士永臨泉鄉人少讀書通翰墨咸豐八年被掠入賊中逼充書算士永佯與賊懽笑談謔無戚容賊大喜甚信任之與聞機

密一夕羣會宴集定計攻六合士永易衣潛出奔告大營猝遇賊邏縛歸見會備受慘毒卒轘裂之

俞士湧臨泉鄉人穎悟能讀書道光間歲屢祲攜弟士源習賈於滁咸豐三年粵逆東竄蹂躪殆遍士湧憤甚在滁約同志結團禦賊屢戰皆捷江忠烈公深器異之後緣賊衆大集團潰遂陷賊穴百計脅降不從大罵遇害時士源運藥材於蘇滬未與難至同治初年行至禹州遇捻匪被執罵賊戕死

倪德煥精岐黃爲醫學訓科性誠篤不以術愚人咸豐六年城陷賊擄德煥身有鈐記疑爲官百計誘降德煥不屈遂被戕

陳紹祖家素封國子監生有膽畧能任事咸豐閒諭辦民團佐軍營築壘運糧七年收復縣城　敘功以從九歸部選用十年和營陷閒關江北艱苦備嘗同治三年蘇常克復紹祖至鎮江

馮營請兵規取句容馮督辦已允紹祖先由沿山小徑至高家邊一帶與鄉民約期內應適城賊擁衆巡鄉遇於大蘆塘鄉民竄避紹祖被執賊見其短髮知有異擁之去遂遇害

王恆燁大蘆塘人世業農好讀書素有肝膽常以急公赴義自勉粵匪紛擾率民夫護送軍餉和公春賞給六品頂戴和營潰江南徧地皆賊遂自盡以見志子二先後被賊戕害

陳得壽坊郭人幼習楮業於杭州有勇力賊陷杭時得壽持巨刃屢砍數賊後賊衆至被磔死

夏榮元武生坊郭人年七十六性爽直嚴毅不可干以私平居頂帽不離身咸豐六年聞賊至從容冠履出東門至大橋下遇賊指爲妖首欲執之榮元大駡遂被戕

孫立康西唐莊人年八十二咸豐十年九月在殷橋郇遇害者

年殉難者夏儒聚操行高潔與族人賢賓遇賊罵不絶口同時自經賢賓年七十儒聚年七十六夏儒全亦是年罵賊戕死年七十五江善林賊逼不屈被火焚死年七十楊義高幼孤苦服賈起家賊至自縊年七十七孔慶華高尚絶俗見賊肆掠厲聲大罵被鐵梃擊傷遂投水年七十九陳萬福賊氛逼近投繯臥室年八十一張長坤賊索賄不得縶諸梁背壓塊石爇火燔之死年八十二湯鳳文賊婪索盛氣責之亂梃擊斃年八十六

孔廣思字心田坊郭人屢應童試不利咸豐六年避亂於澗子邨夜望烽火四起賊近邨泣謂家人曰勢已如此萬無可逃惟有一死以全節耳遂與女畢孔氏幼子三元同投塘死

何鴻儒廩生鴻儀弟應童試未售咸豐六年賊陷邑鴻儒攜妻子避居東鄉七里許賊欲犯之大罵不屈妻戴氏子興兒相繼

投水鴻儒亦從容赴義

許慶忠坊郭人咸豐六年賊警屢至慶忠誡家人曰汝曹能死固佳所難堪者白髮慈親耳城陷慶忠負母逃至南鄉眷屬從之賊𢮦括至邨慶忠戟指憤駡賊割其唇猶手按頤呶呶不止被亂刃砍死母孔悲慟投塘孝忠妻孔攜二子一女以帶聯屬同赴塘中

房祖先孝義鄉人咸豐十年賊勢愈橫荒岩窮谷中搜括殆盡祖先挈妻孥渡江至泗源溝而杖頭虛懸竟無投足處合家跧伏葦蓆日乞一食飢不可忍同治初元亂稍戢祖先歸探耗途遇賊戕斃妻楊望夫不至悲曰藁砧死矣妾忍獨活乎遂投江死一門十口同殉

席子容精技勇遇賊必斃之後爲衆賊所圍子容見賊勢盛不

能盡殺乃立磔禱上受亂刃死許貞棕持刀殺賊亦被害胡之森軀幹壯健膂力過人賊聞其勇欲降之之森憤詈不屈賊斷其舌投諸水

李後基被執怒罵不止賊不卽殺索其財帛縛而置諸室後基痛詈徹夜不絕聲嚮明賊不能忍竟殺之李應根亦被執賊使引入富家掠金應根不從遂被殺胡有誠爲賊獲賊問富人某何在有誠不答鞭之幾死乃釋旋自盡

劉昌本昌全同被執倔彊不從縛以索索斷挺立嫚罵賊怒亂擊死同時罵賊慘死者鄒萬年被縛忿極痛罵賊活埋之郜賢洪被執不降脅以刃大罵賊怒剜其兩頰噴血唾賊面被亂刃斫死胡有源罵賊不已先割其耳後剖腹死徐天昇婁索不應裹炬塗膏焚之罵不絕口笪名煊罵賊被寸磔死

巺華珍茅山鄉人監生家頗豐賊涎其富執之索金弗獲榜掠炮烙無完膚終不屈死一門俱殉賊之殘忍者莫酷於焙食心肝同時罹害者如李子榮在唐莊朱厚廷在章家邊丁繼簡在丁家邨巫希昱希和在木瓜園王盛育世允在孟墓食餘嗾犬舐之

趙智后字裕之廉潔嗜義不隨流俗授童子句讀課誦外日以忠義故事諄諄講解咸豐六年大營潰卽慷慨流涕誓以身殉十年五月被擄不屈至窯岡邨投水死同時張祚榮遇賊大罵賊脅以刃罵益厲被戕於北山邨後

邑庠生王某西頭店人軼其名目短視賊至被擄授以筆札使典書記王某大罵抵諸地賊怒縛其身如炬懸杆焚之闔門俱殉

王大鳳者蘆亭邨之有力人也咸豐六年城陷賊擾鄉曲大鳳與三岔毛德章南陌趙家義等設卡於關巷口一呼而集者萬餘人是口爲縣境通溧水之第一要隘屏蔽三岔諸鎮九月初四日僞英幹軍領百餘賊來攻大鳳等督團丁數百猛力抵禦賊大敗走追殺賊三十餘人生擒四人舉火焚之自是賊屢攻屢挫二十九日僞春官丞相擁賊數千三路來撲大鳳力扛橋石擲諸河大呼殺賊賊不敢過乃由戴圩循赤山麓繞出邨後腹背受敵大鳳等抵死抗拒賊以火槍圍擊民團奔潰大鳳投水殉節趙家義趙政迎趙政祿均同時死義團丁與邨民死者無算碎首截腸殘骸狼藉家人無從識辨是日賊攻三岔鎮練首毛德章率團堵截戰正酣忽溧水來賊一股夾攻鎮遂陷悉被戕而德章亦無蹤影民團未破之先有堰北邨農民義方者

領民勇勦賊賊佯敗俟追過鈐塘邨賊伏四起前後夾擊義方戰没死者甚衆姓字多逸胥因賊勢猖獗壯丁防堵眷屬匿跡山中肉薄血飛之際無從查核即有知者又諱其死以誑其家人謂被擄去不久當歸疑信參半以致沈泯無聞者比比是也

戎宗典咸豐十年賊欲擄之倔强不屈賊怒砍死於土橋太平菴中是年五月張㫜貴亦被擄不屈戕周家邊邨

馮某薙髮匠也居石墓邨咸豐十年賊至不屈被戕妻子護救俱死

黄尊五下蜀鎮鄉保性骯髒聞有强暴輒奮拳搗案欲得而甘心以故北方梟桀帖耳屏息無敢攖其怒咸豐閒流寇犯境尊五集徒黨殺賊賊屢挫十年長壕潰賊勢横溢不可遏有過尊五門者猶聞磨刀聲霍霍蹙額謂曰危城旦夕破守土者盡遁

爾何人甘葬豺虎腹乎尊五擲刀起叱曰犬馬食人之食猶效馳驅尊五雖賤役甯不犬馬若耶須臾帓首握刀出呼儕伍與賊格鬬被縛去酋勸降尊五罵不絕口刳腹死同死者甚夥李子貞其一也

張慶仁鳳壇鄉謝氏僕也謝雄於貲咸豐六年賊犯境謝避去遺慶仁守賊至擄掠財物慶仁與爭賊截其指大哭曰主人以家畀余被若破之吾何面目見主人乎遂投溷圊中沒孫老二張延祺家丁十年賊至爲主守戶被戕

尚義僕王錫蕃司訓家奴也剛直有力爲錫蕃司閽義團破錫蕃潰圍出尚僕握刀當門立賊闖入卽斫之賊蝟集尚奮力與鬬中創仆地釘四肢於門猶叱咤怒罵被鎗擊斃臠割其屍

外方

僧恆修卓錫福祚鄉華嚴庵咸豐六年岡子上各邨練丁與賊常鏖戰於庵前恆修一日持棍助衆擊賊梃斃十數人賊銜之大股來撲恆修力難支遂遇害

僧開寶住茅山鄉同治元年五月偕練首吳廷珍攻入茅山賊壘後隊不繼被執開寶罵賊剖腹死

郭道士逸其名住通德鄉善司廟咸豐六年賊入廟橫掠郭大罵賊牽諸廟後山殺之有犬守其屍閱數日殮畢始去蓋道士所豢養者也

流寓

張耜字師竹震澤人教諭張履子也履有傳履終於任家屬僑居句容咸豐六年以職員入張忠武幕城既陷南鄉紳士募結民團走丹陽乞師助勦忠武遣耜及兵弁分一營至句容防堵屢

戰有功十年長濠潰忠武殉節耜與弟勉攜妻子避於崇德鄉之西城地當南北要衝流寇所過殘破逾年賊氛益惡耜先驅眷屬子女於水即與弟勉子寶書同縊死計一門十五口云

張允之上元諸生僑居東陽鎮兄紀之能文從游者甚衆允之天資穎異過於其兄性豪邁不屑屑於舉子業居平常恨無以表見咸豐閒值粤逆亂總統張忠武駐軍東陽允之投謁忠武一見即契之留參戎幕十年孝陵大營潰忠武薨於丹陽或諷允之去允之仰天歎曰吾以書生蒙帥知帥死我何生爲亦與同殉

呂家和上元人性鯁直聞賊至義憤勃發與賊格鬭亂刃砍死妻劉氏見夫被戕遂縊死咸豐十年五月事

王大逵避居南鄉軀幹壯偉性剛直年逾八十倔僵如故咸豐六年五月遇賊目爲富妖追索財物大逵大罵賊劈其顱大逵

灑血詈賊賊怒撻其胸始仆復以爆竹蘸油炸之遍體焦灼死極慘大達上元人

狼山營勇目咸豐六年調守句容城有被掠至邑東門者見城上白旗飄颭係狼山營字樣一勇目驍健異常持刀立堞樓中賊援城入輒被殺後賊蜂擁上遂遇害亂後曹礪堂言

葉德興溧水人自幼即在承仙鄉胡之鹿家咸豐六年攜之鹿子避賊山谷爲賊所得賊釋德興擄之鹿子德興泥首哀求賊不許乃指之鹿子曰彼幼弱無用余雖老力能擔負可易之賊諾乃就虜

續纂句容縣志卷十一上終

續纂句容縣志卷十一下

邑人張　瀛分纂

人物　咸豐以來殉難忠義表

官

江西候補同知祝錫勳 無錫人八年陣亡府志。按薛福成海外文編云從張忠武克句容八年九月守溧水巷戰死

提督銜廣東水師總兵李壯愍公鴻勳 廣東高要人南門百培山陣亡府志宦蹟有傳

總兵熊勤勇公天喜 十年大營潰和大臣遣駐白土陣亡文編

參將儘先副將周兆熊 成都人北門大岡子陣亡府志

花翎都司李窗 六年十一月東門蕭家橋陣亡府志宦蹟有傳

游擊銜李桂芳 六年南門淤鄉陣亡宦蹟有傳

句容城守汛把總蔡錦元 六年東門鎖山陣亡全家三十餘口投水殉宦蹟有傳

淮軍營把總杜盛洪 府志

句容城守汛外委曹國洪 六年鎖山陣亡家屬同殉宦蹟有傳

句容龍潭汛外委王達 溧陽人六年陣亡宦蹟附傳

太湖東山汛外委蔡連陞 陽河人十年城陷陣亡府志

外委陳文煥 通州人城陷陣亡府志

紳

贈知州孝廉方正歲貢生駱懋修妻王氏女淑貞孫崇王府志誤作崇元妻王氏
有傳贈國子監學錄訓導蔣兆寅弟六品頂戴裕福府志作裕升議敘府
經歷俞士根子守煜議敘九品臨泉鄉人有傳十年同殉常州難候補縣丞戴錦
章莊上郵人妻陶氏媳王氏候選教諭趙珍有傳子煌十年同殉從九品徐
日昶妻夏氏媳趙氏子士權士俊孫茂荼媳王氏女雲林孫女某姑僕某府志從九品
王錫蕃有傳母許氏王莊人府志從九品王永招妻周氏府志從九品張
昶畯小眞小權陣亡畯妻葛氏府志從九品沈永春聖鐵郵人一門五口殉府志
從九品王貞益有傳兄貞晉子某姪某府志未備從九品孔廣思府志
重誤孔氏有傳女畢幼子三元五品封典包篤衷有傳妻王氏媳王氏孫貞吉安
徽潛山營游擊淩慶桂有傳五年霍山陣亡子武生長琦同殉花翎四品軍
功張慶生有傳西佴墅人族才先才能映禮花翎五品軍功莊其志兄五

品藍翎其頁均攻
江甯陣亡有傳
五品銜武生高達
元年陣亡從姪德
茂觸柱死德洪
自焚死德起坴投水死姪孫樹坤自縊死樹龍
被戕樹銀樹桐小毛烈生長元姪女張高氏
姪壻張某起妻呂氏洪妻金氏坤
妻張氏龍妻潘氏坤女桂英府志
五品軍功文童高
樹洪
陣亡府志作德鉉妻陳氏
子毛團女鴉頭見版位
五品軍功高世明
七年
小南
門陣亡移風鄉人
子某浦口陣亡
五品軍功張長溱
坊郭人陣亡妻
陳氏投水殉附傳
儘先千總俞秉仁
妻嚴氏儘先把
總秉鏞有傳
蘇右營把總陳紳
有
傳
子雙福石
牌陣亡府志
儘先把總俞正鼎
有傳母朱氏妻
張氏幼子學浚
藍
翎武舉部宗凱
有傳兄武舉定邦弟武生棣華武生
桂馨武生定平武生定安武生崑發
六品軍功曹耀廷
紀家窰人子于漢
均十年團練陣亡
六品頂戴宣聞鳳
臨
泉
鄉人陣亡
妻范氏同殉
六品軍功徐崇鳳
角里甸人有傳妻子
七口慶林秉修崇
餘崇志一家
四口同遇害
以上一門殉難

贈知府安徽祁門縣知縣唐治仕績有傳四年殉祁門節　直隸州知州王復初見版位有傳十年被戕卽府志原名履坊　理問銜駱桐川不屈被戕府志　寶山縣訓導孔繼軫十年殉難府志有傳　縣丞高世珍有傳光里廟人府志　候選縣丞戴至文版位　五品藍翎文生張元熾坊郭人中創死　五品藍翎文生紀鳳祥白土鎮人投張忠武軍十年城陷陣亡　五品頂戴監生張彭齡孝義鄉人設卡巡警被戕　六品頂戴文生楊振聲龍潭人有傳府志　六品頂戴從九品趙永儒在高家邊殉難府志　六品頂戴朱家森丁家莊人有傳　六品銜朱南橋罵賊死府志　職員魏元周在孔塘埂被戕府志　八品頂戴陳萬福附傳　議敘八品王子貞　議敘八品駱星巖　從九品楊有仁死內應事　從九品李慶連府志誤作漣有傳坊郭人義成橋陣亡　從九品余應龍七年土堰岡陣亡　從九品楊桂馨楊巷邨人十年被戕〇以上均見府志　從九品戴臣廉臨泉鄉人在浙江血戰陣亡　從九品居

儒林孝義鄉人十年團練被戕　從九品胡玉振見版位　議敘從九品樊
緒龍十年古隍陣亡仁信鄉人　副將銜湘軍水師營參將戴兆熊臨泉鄉人
有傳江西陣亡　勳軍營副將唐洪仁信鄉人有傳同治五年陣亡　副將楊光
順臨泉鄉人十年隨提督張玉良陣亡　花翎參將唐道華唐家邨人有傳攻常州陣亡
藍翎都司韓邦盛下蔭人有傳十年大營潰陣亡　藍翎都司束溶有傳廣
西陣亡府志　廣西桂林營守備李廷揚瑯琊鄉人有傳梅溪口陣亡府志　金
壇營守備凌慶蘢十年在神符邨被戕　都司銜蔣自彬戴圩邨人隨提督張玉良杭
州陣亡　四品軍功楊道泰楊巷邨人八年灣池陣亡府志　五品藍翎千總
施貞武白土人有傳十年陣亡　五品花翎陳衍萬達巷邨人十年高麗山陣亡府
志作六品軍功　五品藍翎劉慶廣雙塘邨人有傳邑東門外陣亡　五品藍翎方
渭喜方家邨人六年大營潰陣亡　五品藍翎陳守經謝橋人六年陣亡　五品藍
翎周恆槿臨泉鄉人在蘭溪縣陣亡　五品銜李賢春李祥邨人有傳　五品

軍功蔣正科戴圩郵人隨張提督玉良攻杭州被執罵賊慘死　五品軍功甘雲臺東陽鎮人五年投向軍十年從征六合大河口陣亡　五品軍功王長治移風鄉人在柏莊陣亡　五品軍功房盛堂來蘇鄉人七年三岔河陣亡　五品軍功巫玉鵬　五品軍功陳有壬　五品頂戴徐恆貴通德鄉人湻化鎮陣亡　六品頂戴徐長熙通德鄉人十年湻化鎮陣亡　六品軍功湖南連陽營外委周正義殉英夷難有傳　六品軍功陝西提標營外委朱在麟十年大營潰陣亡　六品軍功武生田沛霖十年殉難　六品軍功房祖明房家邊人提督戴文英投勦賊陣亡　六品軍功李應松有傳北門外陣亡　六品軍功郭敘三坊郭人向營陣亡　六品軍功王士修孝義鄉人同治二年陣亡　六品軍功陳子中副衍萬團練陣亡　六品軍功趙賢普十年被戕　六品軍功王新安同治元年殉難　六品軍功金宏勝同治三年勦賊陣亡　六品軍功任衡平孔郵人同治二年被戕　六品軍功駱星衍十年陣亡　六品軍功謝貞章石坑郵人高麗山

陣亡〇以上均見府志

六品軍功高增利移風鄉人

外委鄧開友陣亡府志

士

贈鹽運司知事文生李永增兄永福永謙子世松嫂金氏謙妻陳氏妻鮑氏姪女巧姑

贈鹽運司知事文生朱鴻逵六年投水妻劉氏十年絕粒

附貢生李受祺有傳妻朱氏幼子同殉

文生朱質團練陣亡妻李氏媳世襲雲騎尉佐成妻李氏姪女字朱楊柳郵人

文生王元貞妻朱氏子一

文生張孝友有傳弟某十年陣亡

文生竇錦文妻吳氏

文生駱仲模府志作中模文生雲鵬有傳文生雲鴻鴻妻張氏鵬媳文生濱妻張氏有傳鵬女崇貞附傳均不屈殉難

文生駱道肥妻張氏女停姑十年殉難

文生孔廣培女大姑

文生王矜式下蜀人有傳妻張氏

文生巫艮珠艮雅〇以上均見府志

文生端木樂信臨泉鄉人妻楊氏十年殉難

文生李學禮文生聞禮殉

文生朱榮輝柞溪人妻某氏十年殉

文生朱孝珂楊柳郵人六年遇賊不屈砍死妻某氏見夫被害遂投水死

文生許國楨福祚鄉人

子繼連同被戕
文生樊懋榮樊古隍村人十年團練被戕文童宗忠族宗汝宗漢宗淮
宗江宗源源妻陳氏有傳同戕
文生桂楨姪常寓揚州城陷殉難見揚州府志
文生凌慶五妻某氏子長恆一門四口被戕
文生戎興鑑母舒氏妻朱氏女琴姑
文生駱重驥坊郭人妻張氏均被戕
文生竇英華妻吳氏見版位
文生王某西頭庄人一門俱殉有傳
監生高君賢馬里郵人一門五口同殉府志
監生竇佩芳十年不屈被戕妻朱氏投水殉府志
監生孫明章八年力戰死妻趙氏十一年被戕
監生李天祺有傳被戕妻徐氏幼子守仁闔室焚死
監生田興序來蘇鄉人六年殉難長子培仁次子正太同殉
監生華定寶沈岡頭人有傳妻王氏同殉六年殺賊死族定才定聚定順邦太助寶殺賊死才妻臧氏聚妻王氏順妻戴氏太妻秦氏同被賊戕
監生吳華珍伯母某氏母某氏庶母某氏妻某氏女昭姑弟華珠弟婦田氏均投池水死珍有傳
監生張金相十年中鎗死屍被焚族仁鵬在西荊塘村殉難
監生吳輔亭坊郭人六年罵賊被戕妻孫氏被懸樑拷死妾阮氏十年被焚死
佾生張餘雙官塘頭人同治二年一門七口同殉

文童錢大紳僕趙升殉鎮江難府志　文童陳榮生妻葉氏子炳元炳揚孫
生兒連子府志　文童張長俊通德鄉人十年殉難妻歐陽氏子順子刃死女秋蓮同殉
文童何鴻儒坊郭人附傳子與兒妻戴氏口張氏同殉　文童許惟仁許家郵人
子文童聖松十年同被戕　文童步雍建仁信鄉人弟雍伯十年閏三月同在浦口被賊刳腹死
文童傅德某句容鄉人弟德謙妻夏氏投水死一門十八同殉　文童陳天俊
望仙鄉人妻夏氏同治二年同被戕　文童高舜昌仁信鄉人妻丁氏同殉　文童吳
恆源族太熙久典存文存正久齡　文童吳太熊族太修俱橋東人恆珍在丹徒殉
文童杜啟良大杜郵人妻孔氏擊賊被戕投水殉　武生解文毓上解郵人有
傳兄文禮弟文章七年陣亡閭門同殉　武生王順耀同治元年靖江陣亡子朝慶同殉妻馮
氏不食死　武生朱堯章仁信鄉人妻陳氏同殉　武生胡有綸句容鄉人妻
徐氏二子一女同殉難　武生胡有經句容鄉人子六人同殉　武生朱兆祥仁信
鄉人有傳罵賊死妻陳氏同殉　董事徐顯廷子漢臣孫竹林府志

以上一門殉難

恩貢生朱宣根朱家莊人同治二年罵賊被數鎗死　廩生秦瑞麟瑯琊鄉人附傳七年罵賊被戕　增生方庚吉不屈死府志　文生徐沃洲不屈死　文生駱長炳不屈被戕　文生竇桂芳十年陣亡　文生許世馨東陽人有傳○以上均見府志　文生孔廣澤　文生王元炳　文生許庚吉馬院邨人治團中傳死○以上均見版位　文生張淦來蘇鄉人十年吳墩子殉難　文生陳俊遇賊不屈被戕　文生朱榮益柞溪邨人十年被賊打死　文生駱長齡坊郭人十年被戕　文生孫繼坤有傳十一年投水死　文生陳蘭芬有傳十年被戕　文生孔廣漢七年自縊　文生羅金榜有傳　文生羅尙增有傳六年殉難○以上均瑯琊鄉人　文生朱恭春　文生朱克份均朱家山人十年殉難　文生樊宗型樊古隍人同治二年殉難　文生樊宗堂樊古隍人同里省墓遇賊不屈死　文生韋宏鑑曹塘頭人同治元年殉難　文生曹瑞瑯琊鄉人有傳　文生謝之鯤鳳壇鄉人廉潔自

守避賊入山餓死　文生王盛恭望仙鄉人帶團在虎耳山戰死　文生施家珍鳳壇
鄉人十年被賊戕　文生章元輔章家邊人在小南門被戕　文生張某張廟人同治　監生
元年死江陰難　文生貢獻廷上蘭人有傳　文生寶賢惠臨泉鄉人有傳　監生
張金坡坊郭人府志誤作波六年在寶堰遇害　監生俞桐七年在俞壋郵殉難　監生
朱宣芳府志誤作宜芳不屈死　監生王鴻文北墅黃岡寺陣亡　監生吳昆
監生陳紹祖同治二年在高家邊殉難　監生張照　監生張凝　監生張
定樾十年不屈死　監生郭世仁十年在羅家莊殉難　監生駱慶醕　監生
束時升　監生史國俊十年殉難　監生許皃六年天王寺陣亡　監生吳選
紺　監生馮湘府志作湘江　監生吳選均六年被戕○以上均見府志　監生
王百萬十年殉　監生朱恭怙瑯琊鄉人賊至不屈自盡　監生羅亭臨倉頭
人以練董勦賊被賊鎗斃　監生駱道醕有傳被戕　監生衞峻煦六年辦團十年絕粒
死　監生王凝雄崇德鄉人附傳被賊燒死　監生史艮望仙鄉人十年罵賊被害

監生張心甯十一年罵賊被戕　監生許宸松承仙鄉人被戕　監生張
長壽鳳壇鄉人七年罵賊不屈被戕　監生宣敏見版位　佾生陳耀廷仁信鄉人
九年軍幕陣亡　幕友文童錢大勳附傳見府志　文童孫立湖十年罵賊死
府志　文童陳其均六年被戕府志　文童兪世永臨泉鄉人有傳見版位
文童韓世堯頭圩人有傳七年殉難　文童倪家祚十年被戕　文童孫立
虎茅山鄉人罵賊被戕死　文童施家璞鳳壇鄉人有傳十年被戕　文童蔣興祥
瑯琊鄉人十年被戕死　文童黃敬堂瑯琊鄉人附傳十年被戕　文童朱葆眞
文童朱葆光均仁信鄉人勦賊被戕　文童駱道中有傳罵賊被戕　文童朱
恭範朱家山人十年被戕死　文童許世彬承仙鄉人六年在唐陵投水死　文童施
家琮鳳壇鄉人十年被賊戕　文童徐立謨望仙鄉人循謹知義被擄不從戕死　文童
麋宏炳來蘇鄉人十年被賊戕　文童武修文來蘇鄉人不屈被戕死　文童張瑞
庭十年遇賊不屈被焚死　文童陶志賢通德鄉人十年自縊死　文童趙智后六年

投水死有傳　文童劉賢孝讀書刻苦賫志未遂十年賊至自縊　武生范紹曾朱巷人
七年殺賊被戕　武生仇安賢東陽鎮人　武生巫臺元六年被戕○以上均見府志
武生蘇德彰粟家莊人同治元年以練董拒賊於肩營被磔死　武生朱德源　武生
朱相中　武生朱法源　武生蔡永定均仁信鄉人剿賊被戕　武生林
義典孝義鄉人六年率團助軍上山岡陣亡　武生林義清孝義鄉人十年從軍攻杭州力殲數賊
後被賊困自刎死　武生夏榮元坊郭人有傳　武童朱獻琛　武童朱星
五　武童呂庠信均仁信鄉人剿賊被戕　書記朱瑞林六年被戕　董事武
生解聲和　董事武生謝敬三　董事武生謝幹臣　董事武
生巫覲光不屈死　三岔鎮董事闞東山六年陣亡　三岔鎮董事陳
清源六年陣亡　董事王宜德　董事丁益芳七年殉難　董事蔣明蘭
七年殉難　董事任世珍　董事王德和　董事譚盛隆　董事袁
學廣　董事胡恆玉均六年被戕○以上均見府志

兵勇團丁

練首平成心有傳妻周氏成德　唐正傑附傳可發正滿明耀　江惟亮惟高
隆善　焦洪贊姪全保全金十年戰敗死　陳愜周愜有士鳳士文起艮有俸俸
妻劉氏有聚聚妻王氏　王書紳書明書才○以上均通德鄉團丁陣亡　練首郃盛武
盛聚世元世龍世春世江禮剑均孝義鄉團丁陣亡　張長清長錦餘豪移風鄉人充團丁
陣亡　麋宏範在郇剿賊被戕修來蘇鄉人　宏盛團丁陣亡宏　巫至琴道喜光里廟人李
相局團勇陣亡　林士忠弟士有西郇團丁六年同被戕　許維庚岡子上人團丁陣亡妻祝
氏鬱鬱不食死　麋宏禮長生在巢縣陣亡來蘇鄉人　麋宏慈被戕妻笪氏子秋兒同殉
闕智遠陣亡妻許氏被戕投屍於河　許師魁陣亡妻徐氏投河死○以上均闕巷人
唐延陵延翻明德明春甯巷人在荷花圩設卡被戕　魏月達茂盛一甯巷人守荷花
圩卡被戕　麋宏兆江浦陣亡妻張亡在宅被賊拷死　朱顯元顯亨顯子　朱達書
達華　朱達三達昌達順陣亡　朱達階達全三兒陣亡　朱顯盛達同顯周

顯金陣亡 朱達榮宣高陣亡 朱顯純顯先顯還顯允達林達興達仁陣亡 朱

達元達堂達智雙兒陣亡 樊緒方緒蘭德望祖同祖金陣亡 ○以上均來蘇鄉人

陳綸懷綸殷附傳趙巷郿人 房賢明賢榮房家邊人在三岔河陣亡 步熙生熙安

在庫郿陣亡 潘名寬名德名容仁信鄉人在虎耳山陣亡 陳咸階弟咸散望仙鄉人

在金壇陣亡 笪慶寬慶艮望仙鄉人同在金壇陣亡 朱達訓達座宣儉雙壽 朱

達錚達鏞志揚志桃宣渭 朱宣本志乾志柳志訓宣漢宣家 錢志起昌元昌

義志俊志魁益成成妻戴氏 戴道恆道財財妻趙氏 ○以上均朱古隍郿練丁十年閏三月同時

陣亡 樊宗塾德鑄德顯德恭敬懷宗坦宗垣茂清 樊益年宗河宗泗宗堠宗

增益璜益鋐 樊宗泮宗植宗柏宗艮德銈德鈿德翌宗鏞 樊道壽德福德

亨緒朝祖本緒安緒達德貞道章 樊錦富錦福道有道福祖喜緒坤緒雲緒佐

道俊祖萓 樊緒麒緒順有壽正壽緒璜道成祖文祖俊 樊祖斌啟盛緒保

緒容緒英祖耀祖統添壽 樊宗泉妻施氏見附傳 樊宗墅妻張氏見附傳 樊祖

庚 妻謝氏見附傳　樊益衍 妻巫氏見附傳　樊道富 女庚弟附傳○以上均樊古隍郚團丁十年閏三月戰敗點天燈慘死

梅本立 望仙鄉人十年守城陣亡女生鶯不食死　陳貞堯 弟貞玉望仙鄉人十年守城火藥焚死

陳天佑 利廷望仙鄉人十年禦賊焚死　王勝芳 勝寶勝德宗順宗朝同禦賊陣亡

曹當俊 當傑見附傳茅山鄉人　孫家魯 有傳弟家俊家傑全家二十餘人

曹全義 妻王氏同殉　陰連忠 崇德鄉人妻許氏同戕

闞紀洪 陣亡妻陳氏哀憤投水死闞巷人　闞紀松 陣亡妻甘氏悲慟投河死闞巷人

王達江 孝義鄉人投張軍陣亡妻嚴氏不食死　趙啟聰 子惟艮姪某俱充勇在三岔陣亡上容鄉人

陳正達 上容鄉人有傳三十六人同殉　成德祥 茅山鄉人十年陣亡妻樊氏被戕子佳鶴媳王氏俱殉

徐嗣勳 有傳子邦圻　杜啟法 江陰陣亡妻許氏投水殉

高公禮 來蘇鄉人在謝培郚陣亡女年十二瞽目投水　唐崇忠 句容鄉人十一年從軍在鎮江陣亡妻張氏不食死

練首雍立墉 流寓涇河募勇剿賊在蒙城陣亡妻戴氏聞之投井殉

楊學河 六年陣亡妻蔡氏同殉　包正朝 鋪頭橋陣亡母陳氏殉　朱明艮 紀茂

文啟寬 艮元懷 世榮世相 世美珠 巫慶朝 慶相 王長清 澄林承靈 王啟

餘 啟昌 ○以上均鋪頭橋陣亡 曹於鳳 於喜壽 顯貴正邦 正瑞世章 於於彩 王定

鎰 定明朋 定定茂 王廷名 凝有安明 王凝生 安忠凝洪 凝瑤定禮 凝榮安雙

安元 王明五 鳳山 王凝煥 安 乾凝雲 德生德阡 安監凝治 定雲安庫 安正安

桂可桂 王某 艮金長有 政子凝位 成玉德祿 王堯章 招財 張餘立 延元延

明餘 東海祐 張慶根 起富長 餘興棠 張餘瑞 德善延光 張延萬 延灊延

康 餘金道琚 張美扶 德明德康 德昆餘祥 張餘有 餘壽延功 延芳延華 張

延希 天富根 金長春 張慶愛 餘道長祥 楊邦孝 加法邦賢 國仁加江 楊加

聖 加明恆順 周道運 洪勛 周恆信 恆盛孝龍 篤全孝有 篤洪基才 貞運基元

恆松昌興篤凡 田余禮 發有 嚴儉進 儉法 凌士旺 邦瑞邦隆 士雙邦元

邦桂 凌老四 長才興根 經忠銀 本信忠梧 歐陽正旺 正興隆 正正祥 李

賢忠 永有裕 思和廷珠 成艮彩 許本祥 本家本揚 象堂本原 本瑞本象 廣益生

禮立進本元　許立敬本起　許本忠立旺本和本春　夏昌運昌茂　夏

正新修成正發　趙鳳德宗運　謝如福如祥以上均南鄉團如壽○丁六年陣亡　張

慶元長清黃岡寺團丁七年陣亡　范茂泰茂全李相局團丁鋪頭陣亡　笪家璋家瑞名

英茅莊團丁六年陣亡　馮正明正安正乙均在西壩橋陣亡　胡雙喜之珊均在淤鄉陣

亡　郘盛聚世元世春世隆世江七年均在大祝廟陣亡　陳維善綸科綸福均陣

亡　高廷義廷忠廷亨均西堰岡陣亡　王德昌應餘七年大祝廟陣亡　王應順

聖金聖佐七年陣亡　章齊坤陣亡妻楊氏殉難　鄒正位十年守城陣亡正埜純熙均

同治元年陣亡　毛蕙初相臣均十年陣亡　成言浩孝江忠全言才友儉孝恆均西壩

橋陣亡　成孝桐孝槍均淤鄉陣亡　蔣正身正楠均十年陣亡　范朝方德全均

在大祝廟陣亡　劉慶澄子長齡均陣亡　笪昌桂昌珍七年均在北城陣亡　夏興美

子萬安妻楊氏均六年殉○自朱明並以下皆見府志　唐某子其華句容鄉人在湯岡陣亡

以上一門團丁

屠玉書龍潭人精拳勇三年與楊子元禦賊憤罵死　湯加寬靖安廠人與官兵攻高山廟賊營陣亡
譚德發段家邊團丁陣亡　譚思學均段家邊人在亭子山陣亡　朱宜方湖東邨人
副王矜式辦團爲賊所殺　練首蔣文德下蜀人被火鎗穿胸死　牌勇張貴林
七年在紀家窖陣亡　鍾景立下蜀人龍潭陣亡　戴上興仁信鄉人鬬賊被戕　夏長榮
許本金　毛德生　許正發　張餘喜　王德盛　孔憲洪
王德興　毛老懷○以上均三岔團丁陣亡　許維福鬬巷陣亡　鄒家坤
陳周道　房祖善孝義鄉人從虎軍秣陵關陣亡　田義高有傳　田義順
許維垣　許維懷　許師誠　許師隆俱崗子上人爲團丁陣亡　陳仁
滿陳家圩人　章邦庚　章徵遐均周戴邨人俱附田義高傳　杜興隆　杜興
壽　杜文滿　杜文美　桂文理　杜正洪　杜正孝　杜士
林　杜士誠　杜名春　楊大興　李光照　周正禮　徐興
旺　徐興福俱義成橋人爲團丁六年陣亡　陳正喜　陳萬福　張大財

夏長發　夏長林　張玉新　孔繼元　孔廣大　夏有成
陳正太皆上下埠等郵人爲團丁陣亡　闕紀靈　闕仁順　闕智超
闕智大　陳興三　闕紀賓　陳興禮　闕仁求　闕仁壽
闕仁周　闕傳明　闕仁友　闕傳聚　闕仁義　闕仁富
闕紀業　陳興大　許師效　許師裕　許師連皆闕巷郵團丁六年陣亡
王慶貴崗子郵團丁被戕　張繼勛孝義鄉人七年戰亡　朱志道來蘇鄉人黃岡練
勇助虎軍在西燕岡陣亡　王大湧瑯琊鄉人塘岡守卡陣亡　楊　杜世朋福祚鄉人　田有
貴句容鄉人充勇拒賊被戕　張長全十年中彈死　許方卿均移風鄉團丁陣亡　陳
正昌茅莊團丁六年虎耳山陣亡　蔣文琪瑯琊鄉人充長勝營勇鎮江陣亡　練首楊培
坤　王賢榮　王賢壽　練首呂仁福　葛興祖　練首王文
德　王孝智　王繼理俱六年辦瑯琊鄉團練陣亡　練首張達江有傳　練
首凌遠康有傳　練首經忠英有傳　張延林有傳○均上容鄉人　周恒

喜　周老三　周貞一　周貞根　周貞元　周貞明　周篤元　周篤浩　周孝東皆淤鄉團丁陣亡　朱瑞珍　張餘鏜　王國才　李家麟皆西鄉團丁陣亡　李正育焚死　宣文明　趙延萬　夏修良　夏修金　夏正旺　方國維　孔廣達　老童　夏修齊　夏修德　朱躍龍○以上均崇德鄉團丁陣亡　畢家壽在荷花圩設卡禦賊被戕　袁孝發被礮轟死　吳元才六年被戕于天子嶺　嚴福興六年被戕○以上均句容鄉團丁　練首薛如松瑯琊鄉人有傳　袁慶楨鳳壇鄉人率團拒賊被矛刺死　麋延本來蘇鄉人在謝巷陣亡　丁尚義在滿莊本鄉陣亡　笪教英十一年陣亡　笪教錦同治元年陣亡　笪宏根陣亡　笪廣顏虎耳山陣亡　笪美章陣亡　笪家才虎耳山陣亡　笪明義嚴兒橋陣亡　笪厚華虎耳山陣亡　笪教基陣亡　笪美璋在寶堰陣亡　笪宏隆陣亡　笪教堅　笪教茁陣亡○以上均望仙鄉人茅莊團丁　陸平兒陣亡　朱志奎在古隍團丁被戕　武學堯守城被火藥燒

死○以上均來蘇鄉人　湯永章在丹陽陣亡句容鄉人　丁得明在謝家邨陣亡孝義鄉
人　樊祖進剿賊被擒斷去手足死　巫長進陣亡　王方桐陣亡○以上均來蘇鄉
人　蔣正餘十年大營潰陣亡　楊一智充凱字營勇丁同治二年陣亡　李明貴在闕
巷陣亡　楊廷建陣亡　王世湘在常州陣亡　徐世成戴亭陣亡　徐世聚
城外陣亡　徐世忠無錫陣亡○均大李邨人　王有才珠莊人陣亡　王孝金珠莊
人陣亡　侯天常中礮陣亡　黃中權附傳　羅全璜剿賊被戕○均通德鄉人
張正聚殺賊數名陣亡　王文德攻賊陣亡　王艮壽攻賊陣亡○均瑯琊鄉人　步
雍貴仁信鄉人在浦口陣亡　唐崇文唐家邨人在山東陣亡　陳安慈在蕭山縣陣亡
陳咸親陣亡　張慶殿在虎耳山陣亡○均望仙鄉人　樊昌廣守城陣亡　紀有
讓在包巷陣亡　施大虎十年陣亡○均白土鎮人　戴承清　朱延坤均古隍人
十年守城陣亡　施敬漢鄧巷人在金壇陣亡　張美南瑯琊鄉人剿賊陣亡　王言
敬福祚鄉人義成橋陣亡　紀艮華在聖潭陣亡　王智郎在柞溪陣亡治東仁信鄉人

陳聰溶禦賊被戕　羅仁湧十年殺賊陣亡　朱士元有傳○均瑯琊鄉人　梅必

香有傳　歐陽正慶陣亡　朱廷恩六年陣亡　許厚釗守城陣亡　楊家發

六年陣亡　王世賢六年陣亡　唐祖壠　周某趙家塘人俱陣亡　孔昭龕通德

鄉人十年守城陣亡　孔廣浩有傳　孔傳文　滕德壽　陳宏餘　孔

廣洪○以上均福祚鄉人見附傳　李賢堂在金家邨陣亡　李善良在崗上陣亡　李

德金十年陣亡　高廷忠被圍自刎　徐家魯投張忠武軍陣亡○以上均移風鄉人

王達錫十年陣亡　王士美投虎軍陣亡　陳用和　王士瑞　裔正棟

皆投張軍十年陣亡　林文陛在杭州陣亡○以上均孝義鄉人　張載陽鳳壇鄉人十年陣亡

王永芳有傳　趙明發山岔陣亡　李啟立山岔陣亡○以上均上容鄉人　陳

玉福六年城陷被數十創陣亡　劉餘浩六年投軍陣亡　張慶根在少山岡陣亡　張慶

達十年挖濠中礮死○以上均孝義鄉人　吳廣全清河陣亡　陸鴻智揚州陣亡　夏

本林龍潭陣亡○均仁信鄉人　許世槐福祚鄉人七年陣亡　周恒萬　練首王

凝高　張老德　馮正福　成忠全　成有愷　成延才俱陣亡
陳傳春有傳　成忠周在馮營攻湯岡陣亡　陳廣慶　王凝卓　楊國
相俱攻湯岡陣亡　曹方傑　陳錦堂　駱萬寶俱攻丹陽陣亡　陳樹堂攻句
城陣亡　馮邦桐陣亡○以上均茅山鄉人　成德雲在茅山陣亡　成德緒
成道生　成佳壽　成佳璜○以上均來蘇鄉人十年陣亡　佴祖蘭十年陣亡
張才基均孝義鄉人有傳　唐道埛來蘇鄉人有傳　汪廷闈六年焚死　成
正清　成正楊均拒賊被戕　孫立仁　朱家森有傳　何咸濟　于祥
高均十年陣亡　王德樽六年被戕　唐啟明　唐啟敬均六年在龗龍廟拒賊被戕
魏朝科六年火藥焚死　葛三寶　杜家留　杜華忠　杜光亮
杜光順俱陣亡　趙裕綬　陸元祥　史興書　趙清恩　史道
源　王新謙　施興科　夏大志　紀朝澄　華發喜　施恒
祉　鄭艮興　陳德隆　雷肇仲　樊緒法　樊緒元　朱傳

洪　戴臣清　胡孝良　吳守貞○以上二十名俱係白兔鎮練丁十年守城被火藥轟死　王德俊　王懋倉　華萬仙　尹二　王秉銀　華本元

王忠虎　蔣家棟　張餘狄　李士杂　陳厚性　陳士榮

陳兆豐　李德英　李世餘　王大經　王大海　經良銀

劉良傑　劉顯芳有傳○以上二十名係上容鄉人充團丁六年九月陣亡　練首陳正財七年團練陣亡　王南英均臨泉鄉人充虎軍勇丁十年在龍都陣亡　李茂順來蘇鄉人七年從虎軍攻城陣亡　江良智移風鄉人七年在翼長明安泰營陣亡　尹孝成古隍團丁十年慘死

練首程大雄六年辦團十年被戕　成孝惠六年守義成橋陣亡　胡有餘同治三年隨忠字營攻常州陣亡○以上均茅山鄉人　高樹興移風鄉人同治元年陣亡　麋尊康來蘇鄉人十一年陣亡

陳衍庚　陳正如　陳咸廣　陳邦和　陳咸成　陳咸順　陳咸寶均陣亡○以上均望仙鄉人　吳聚南　陳祥福

陳朝武　高士興　高良謨　王德福　張廷貴　潘順

喜　楊邦春　丁大才　周貞進　周篤玉　周玉　周章發

劉廣信　劉秉耀　任本發　唐世科　李承育　孔傳培

萬茂源　華泰仔　趙延萬　郭大有（以上均北墅團丁六年陣亡）　徐

世成（七年陣亡）　陳正昌（六年虎耳山陣亡）　朱志道　王昌順　楊有華

任誼三（均西堰岡陣亡）　萬德明（七年陣亡）　祝尚全（七年陣亡）○（以上八名均黃岡寺）

團丁　陳世旺（金粟庵團丁攀鳳岡陣亡）　陳世萬（西社郵團丁上山岡陣亡）　蔣文杰（郭莊）

廟團丁六年陣亡　丁一方　解興之（均李相局團丁鋪頭橋陣亡）　朱朝坤　朱

朝紳　陳家裕　陳廷邦　陳奎　錢錦德　曹德武　劉大

壽　李賢芳　范邦富（以上均鋪頭橋陣亡）　楊景得　范得山　文世

璜　劉大春　朱德良　曹德五（以上十六名均團丁陣亡）　笪修儉（糜墅橋陣

亡）　糜志林　孔慶庚　洪明林　洪遠第　洪元彥　龔明

泰　余開禮　朱之濬　朱兆彬　朱應芷　朱惟久　雷長

祥　袁仁昌　袁守輔　滕頭從　滕明雲　姚孝烈　喬慈
任　喬繼賢　王善熙　王知香　王士炳　王定順　王厚
元　王鴻職　王加元　金明第　金知泰　嚴起雲　嚴道
瑞　毛彬文　房聞興　房茂義　鄭邦運　鄭國元　衛賢
學　衛昭棟　衛家達　裔餘魁　葛繼賢（以上均淤鄉陣亡）　張餘
好（戴郵人）　楊道文（楊巷郵人）　段順江（段家邊人○同治元年均在榨上郵陣亡）　朱
之道（北城陣亡）　胡文思（前巷郵陣亡）　吳某（東陽鎮人十年陣亡）　陳玉福（守城陣亡）
陳鎮閭（李郵人）　房祖昇（房家邊人○均在虎耳山陣亡）　姚洪月　阮家友
許貞柏（七年均在白鹿岡陣亡）　曹世康（天王寺陣亡）　周基茂（六年在淤鄉陣亡）
劉盛國（在西堰岡陣亡）　李有晉（烏山郵人同治元年陣亡）　解吉堯（陣亡）　孔
昭勝（有傳陣亡）　薛炳（附見勝傳）　趙相立（六年馬平橋陣亡）　趙德恭（七年陣亡）
謝道連（謝家邊人十年守城陣亡）　劉鳳清（陣亡）　朱立賢（同治元年陣亡）　席知

興　席盛中　柏宏益　柏宏喬　柏起齡　柏士浩以上均淤鄉陣亡　惠勇陳得發高橋陣亡　保勇陶得勝攻張堰陣亡　林勇洪先榮陣亡　續勇汪必元　續勇蔣福全均陣亡　安營兵丁許金山金山衞陣亡　呂萬和六年被戕　呂廣達　呂仁溥　王廷璜　蔡明華　倪朝隆　蔡亮安　柯二　朱宜方　柳壽卿以上均勇丁陣亡○自吳聚南以下皆見府志

民

樊祖灝有傳　孀母某氏　妻許氏　弟祖瑞　祖聖　瑞末婚妻陳氏　子緒宗　緒志　冢婦某氏　孫福保　壽保　妹王樊氏　女大姑　二姑　三姑　幼姑　孫女某姑　王氏　金氏　緒元母節婦葛氏　王氏　妹壻王介夫　同里楊長淦妻汪氏子某　同投水死　坊郭人　莊仁順有傳　妻章氏　子立綱　媳汪氏　姪立元　元妻許氏　仁佐　佐妻陳氏　佐子立長　姪立章　章母尚氏　章妻蔡氏　任朝吉妻王氏　劉文發妻王氏　許維紱妻陳氏　紱殺賊被戕　妻同殉　子立松被擄至城內北堂巷口殺死

杜啟孝身負小兒賊掠不從被矛亂刺死　陳正修妻滕氏同投河死　夏有孝妻孔氏聞夫被殺投塘自盡　李興全子皆被掠服鹽滷死　胡肇蓮妻闕氏同不食死　許立庚子某同戕　許維華妻周氏聞夫死子擄憂鬱不食死　闕傳嘉妻王氏聞夫被戕投水死　闕智瑞被戕妻林氏投河死　吳在義後邨人有傳子光桂有傳○以上均福祚鄉人　柏以謂賊至被執剖腹死家屬半餓死　俞秉椐有傳子正煜媳某氏　孫世令被戕妻王氏女一投水死　許萬鏋有傳子世渭○以上均承仙鄉人　周恆忠十年遇賊不屈被戕妻何氏媳潘氏閉門餓死　嚴進龍十年被戕妻何氏子益文女壽姑俱絕粒死　嚴進鳳十年被戕妻周氏子益斌俱餓死　何太美十年被戕妻朱氏子某俱餓死　何太富十年賊擄不從被戕妻丁氏絕粒死　何宜粱十年被戕妻陳氏不食死　何宜芝十年賊索銀不遂被戕妻畢氏嫂陳氏同絕粒死　凌順禮被戕于橫山栢子洞子大仁高兒俱餓死　嚴成位被戕于慧全山妻王氏不食死　嚴成信被戕妻王氏不食死　褚義書被戕于磨盤山妻嚴氏不食死　王朝昌賊擄大罵被戕子太吉同被殺妻鄒氏不食死

王朝亮被賊破腹死妻鄒氏不食死　王順賓孫啞子同被戕　王朝傑闔家被戕

王朝仁闔家被戕　王順陽被戕妻馮氏絕粒死　王立壽被戕妻鄒氏絕粒死

王立信被戕父清即投水死　孫延仁被戕妻某氏媳某氏俱絕粒死　孫全貴妻某氏同被賊拷死

唐玉龍殉蘇州難妻郭氏絕粒死　丁德寬被戕妻朱氏絕粒死

唐玉奇十年被戕妻某氏餓死　任永和被戕妻戴氏絕粒死　史茂桐被賊亂刃死妻田氏子興張被推入塘死媳魏氏餓死

史茂棠被賊打死妻鄒氏子興成媳劉氏俱閉門絕粒死

潘繼珍繼慶繼正繼睦傳興文高同時被戕　嚴德培殉薛埠難妻朱氏不食死

嚴福喜被亂刃死妻施氏不食死　嚴志謨殉奔牛難妻某氏餓死

嚴志晉殉崑山難妻某氏餓死　嚴承德被戕于三茅峯妻魏氏被賊追投水死

嚴志盛被賊打死妻潘氏罵賊不屈死　嚴本根殉寶堰難妻李氏投水死　唐世祥被戕妻潘氏餓死

楊秀生十年被戕妻某氏不屈同死　沈永有永志同時被戕

袁孝龍被戕子某同殉　嚴可贊妻某氏同投河死　嚴可寬妻唐氏同被

戕○以上均句容鄉人　朱恭肅六年同妻李氏永莫女大姑二姑投門前塘死　賈
國恩子泰楨同殉○均瑯琊鄉人　王世章妻某氏十年同戕死　王文森妻某
氏十年同自縊○均句容鄉人　陳興仁興山六年同被戕　闞建本老二繼松建安建
昭有偉有盛建平、建海有朋有慶十年同時被戕○均福祚鄉人　吳德義妻楊氏十年
同殉○臨泉鄉人　陳德進坊郭人子扣保有傳　張茂根張家莊人妻某氏十年同殉
倪顯周十年被戕妻朱氏同殉○承仙鄉人　楊癰子坊郭人善音樂六年城陷偕妻子投寺
巷井中　劉可仁昌鳳昌正昌懷十年城陷會族眾于可仁所共誓死義賊至四人被執抗節不屈賊叱
砍之四人面無懼色從容就死　劉可能昌滿昌賢遇賊不屈同時殉難　劉昌春素有陰德十年
聞城陷自縊同族昌仁昌先昌德聞春死亦同時死義　劉昌堂妻戎氏十年賊至同縊死
劉立華昌信十年同投水死　劉昌本昌全有傳　王孝龍孝貞仁德智聖良書
良壽被執不屈同遇害　夏儒全窑下郵人十年賊至一家男女闔戶焚死　夏儒聚賢賓附
見夏榮元傳　徐繼道恆懷十年賊擄道不從被戕懷同被殺于池塘畔○以上均通德鄉人

糜德珷　妻張氏同殉　韋盛洪　妻戴氏在亭子郝殉　○均來蘇鄉人　楊世全　妻某
氏六年夫婦攜手投塘死　林明珍　妻某氏女某姑弟明祥祥妻某氏十年闔門同殉難　○均福
祚鄉人　李啟太　妻滕氏同治元年殉　李宗惠　十年在柳橋被戕弟宗明在城內被害
○均孝義鄉人　高中祿　妻唐氏女某姑同治元年同殉　高汝春　長子秉義次子秉直
三子秉忠義妻某氏直妻張氏同治元年同不食死　高秉琪　妻施氏同絕粒死　高秉禮
妻朱氏在小丹陽被戕　高汝奇　殉丹陽難妻張氏同殉　高汝艮　妻某氏在神甸郝殉
高德純　秉如秉成俱不食死　高秉信　九兒同在神甸郝殉　高汝厚　弟三仔
在宅不食死　糜德禮　德尊閉門不食死　糜宏孝　妻巫氏同殉　糜宏玖　十年被戕
妻某氏同殉　糜廷祥　被戕妻某氏被逼投水死　糜宏尊　妻陳氏十一年在宅同殉
糜廷連　弟廷元同殉　糜宏銓　德滿延良同治元年同殉　糜宏甯　宏珍德如
同治元年同絕粒死　糜宏壽　被戕子德榮殉蘇州難媳某氏閉門餓死　糜宏文　被賊榜死
弟宏相不食死　○以上均來蘇鄉人　潘本舉　十年殉難妻鄭氏子三齡在宅絕粒死　潘

本支 妻某氏女四齡同殉　潘本根 十年賊擄不屈磔數塊死妻王氏罵賊被戕　潘瑞
儀 賊强擔米不從被戕妻紀氏同殉難　潘一乾 子某同殉　潘自山 子一枝同殉　潘
瑞慶 妻某氏子某十一年同殉　茅登壽 弟杏壽同不食死　潘一松 妻某氏長子某
俱不食死　潘自利 次子祿壽同殉　潘一栢 妻某氏同絶粒死　潘一有 妻吳氏
同絶粒死　笪世廷 八壽三喜在上韋郇殉難　笪名鳳 在宅殉難名社麟兒在柘溪被戕
教善在孟墓被戕俱十一年殉　笪名容 妻戴氏長子教功功妻陳氏次子教烈烈妻戴氏
三子教儉儉妻蔣氏功子和寶女某姑烈子聯保女一儉子松保幼子一均於十年闔門殉難　朱
明龍 弟明鳳同在行香被戕　張正榮 正仁同殉難　笪教麟 教廷教酤世亘名義
教耕俱同時殉難　笪名復 名生名武教園教仁同殉　笪教義 名華教澄　教謨同殉
笪教福 教槐名全　教盛同殉　笪教謙 妻趙氏同殉　笪教淵 妻王氏同殉
笪教溥 妻糜氏同殉　笪教家 妻施氏同殉　笪教榮 妻丁氏同被賊脅投水死
笪教壽 妻史氏同殉　笪名超 妻倪氏同殉　笪名潤 妻張氏同殉　笪名海

妻糜氏同殉　笪敎粱弟敎堂粱在柘溪被戕堂被賊碎顱死　朱明長子三八同殉
樊德寬子某同殉難　樊關兒福兒同殉難　馬德元妻某氏同殉　戴德山
立良榮定俱在外殉難　湯仁遠義遠同絕粒　習永茂邦正同絕粒　戴孝喜
祿山同絕粒　戴德隆妻陳氏同殉　戴德琚妻朱氏同殉　習永盛在金陵被戕
妻巫氏同殉　習朝清妻笪氏在大壩殉　○以上均望仙鄉人　陳清餘正柯不屈被戕
單明文弟明武在柘溪被戕　陳安富被亂釘死正崙被亂刃死　陳禮福在柘
溪被戕狗子五齡投水死　陳正翰被賊掠死姪明兒絕粒死　陳清元殉難妻某氏同
殉　單明鑑在丹陽林口鎮被戕妻董氏子長珍三兒四兒俱同治元年絕粒死　吳安
金恆賢俱不屈被戕　吳茂檀茂海茂源同戕　吳太壽老六久章同被戕　吳
存坤久財久祿俱在外殉難　吳存賢在宅絕粒妻巫氏被逼不屈遇害　吳久壽久義
俱在西岡被戕　○以上均仁信鄉人　笪秀文子美棟同在外殉難　笪修楠修棟俱
在柘溪被戕　程彥武不屈被戕彥科被亂刃砍死　程彥孟在五培墩剖腹死世和世

厚絕粒死老六亦戕死
程盛泰 盛永俱殉六合難
笪厚琦 厚珠琦在澗西礮擊死珠

被賊捆入水死
笪厚道 厚有厚琳厚盛厚珍狗子連生俱在外殉難
笪修義 修奇同

殉嘉興府難
笪厚玉 在丹徒西圩殉難妻高氏在家被賊拷死子致榮不食死
周世道

妻李氏同不食死
○以上均望仙鄉人
馬昭福 不屈被戕女九齡不食死
馬志松 志柏

志長俱殉難
馬昭松 老三俱殉難
施賢信 不屈投水被矛刺死賢瑞在解家郵被戕

唐崇柱 被戕崇吉在北門外被戕
唐崇棟 在徐墓郵殉難儒昌在董家郵被戕
唐

崇典 弟崇訓同殉
唐儒鳳 弟儒凰同被戕
史方蘭 在勤澗郵殉難妻朱氏被賊索財不

得推入圊中死
唐崇林 在丹徒林塘被戕崇壽亦被戕
唐崇全 儒松道紳俱被賊倒懸梁

閒將煙薰死
唐崇興 在西門外殉難崇讓亦殉難
○以上均仁信鄉人
笪修鼐 名起致貴

同在宅絕粒死
笪福兒 弟祿兒同殉
笪禮運 宏海同殉
笪廣鈊 妻包氏子鎖兒

女二人同殉
笪禮文 妻某氏子年保同殉
笪廣貴 妻某氏同殉
笪禮秀

子宏焜同在外殉難妻某氏餓死
笪貞太 妻項氏同絕粒死
笪修文 子名松同被戕

笪名興名忠名權同被戕　笪修仁修禮名德致勤致以耕教讀同絕粒死○上
均望仙鄉人　姚玉厚妻陳氏子國富同殉　芮善先妻史氏同在行香絕粒死　紀
喜元在南唐莊被戕春富春貴春緯同絕粒死　陸餘順在南唐莊被戕餘朝在西莊被戕
陸順兒九兒殉江陰難　紀立志財源殉江陰難　陸長炳在太平莊被戕妻
紀氏在畢巷殉難　陸餘福殉無錫難妻陳氏被賊倒懸梁死　鄒我林妻芮氏被賊倒懸
不屈割乳臠切死林怖死　鄒我美不屈被戕妻朱氏倒懸死　朱賢南被戕妻潘氏倒
懸死　鄒順仁在外殉難妻張氏被逼不從戕死　鄒正楠被戕妻巫氏倒懸死　鄒
正聚在外殉難妻某氏不食死　鄒正吉弟正熊在南唐莊被戕　鄒祥遠弟祥近俱餓死
鄒我志我本正乾同被戕　鄒瑞開正富同殉難　朱傳發傳尙和仁同殉
難　朱發高弟發全同殉　朱傳方子發近發琪俱殉難　朱和進在外殉難妻
胡氏不食死　朱和信在外殉難妻陳氏不食死　朱發堂妻鄒氏俱絕粒死　吳安
貞有傳妻樊氏　吳高貞尙貞巧發善貞雙貞俱被戕　吳德貞禮武恆祺壽貞

俱被戕

吳禮戴 純貞堯貞禮進 鳳貞同絕粒死

吳孝忠 禮清禮增 孝祿同殉

吳禮美 恆祖元貞賢貞珮 貞貞悌貞悅同殉

吳禮明 妻唐 氏

吳孝珮 妻 王

氏俱 絕粒死

吳富貞 貴貞同在 古隍被戕

陳德金 德寶俱 絕粒死

陳德隆

德禮德熊德厚 老虎俱絕粒死

陳德先 德瑞立江立榮 德懷俱絕粒死

陳立孝

絕粒死弟 立悌被戕

朱義忠 信忠 同殉難

陸長方 在邨長棟在徐 家邨長茂在榨

北頭長表在 七培敦同被戕

王延桂 延廣延太 俱在外殉難

王延仁 延志德 秀長明

延源 俱絕粒死

王道順 道義 俱殉難

陳立進 子喜發孫二齡孫 女四齡俱絕粒死

陳德燦 妻鄒氏子守松長松三 子某女某姑俱絕粒死

陳德緯 妻樊氏 同殉

戴貞芳 貞美 同殉難

戴利雲 被戕利康 在外殉難

戴利隆 利旺在楊 社邨絕粒死

戴有壽 松壽 同殉難

戴老三 老四 絕粒死

戴貞松 殉難子懷 堯絕粒死

戴正舉 絕粒子餘 林殉難

戴利珮 在外殉難妻 某氏不食死

戴貞發 妻某 氏

同餓 死

糜宏鼐 在外殉難妻 紀氏絕粒死

樊祖根 在柿莊被戕妻某 氏被戕焚其屍

○以上均來蘇鄉人　蔣一武在光里廟殉難子文童朝璽在宅殉○移風鄉人　湯永福

永壽在外同殉難　孫明才明通明達俱在外殉難○均句容鄉人　巫至聚至興至熉

至林時塾俱被戕　糜祚順宏開宏道俱被戕　張長樹長楚長松長柱俱被戕

巫至彬至仁時增俱不屈被戕　糜宏聖宏發祚發祚江茂材茂森俱不屈被戕

張長懿長茂亨聯貞璜利貴利達俱殉難　王芳善芳子同殉難　張利鐸妻某

氏子四齡被掠不從同戕死　王廷佐方才俱不屈被戕　汪聖學洪勳俱不屈被戕

吳正俊正悅正海俱不屈被戕　吳正普妻朱氏賊索財戕死　王道勳道盛俱不屈

被戕　王大正殉嘉興府難妻陸氏賊逼不從投水死　吳佳侯妻巫氏同被矛刺死

王洪居洪道洪才洪成洪發臨照臨全俱不屈被戕死　張長玉長寬長庚長發俱

不屈被戕　芮道存得學道珠道坤得三得賢得惟洲萬得松得芳得孝得虎均不屈

被戕　張餘興餘湘餘瓚餘邦餘芝慶盛慶元慶通慶養俱不屈被戕死　張德均

德嵤懋壽俱被戕死　張懋根在西莊被戕妻某氏亦被戕　吳餘盛妻周氏子某俱

不食死　張長臨祖林均在山邠殉難　丁明錦被矛刺死明春在薛莊被戕○以上
均來蘇鄉人　笪世福羅兒老九被矛刺死　笪修信修壽均被矛刺死　笪美慶
連兒狗子三狗俱絕粒　笪美才被矛刺死美道美盛美仁俱餓死　孫發金照祥
俱不食死○以上均望仙鄉人　呂存友子長明同中礮死　呂存餘妻某氏子龍兒
正兒同投水死　呂德林子世齡同殉　呂存賢同弟麟兒在李巷口同殉　呂天
金妻張氏女二口同絕粒死　呂存貴在張巷被戕妻某氏殉丹陽難　丁得發妻王氏
絕粒死　呂得珠得玉絕粒死　徐興福興椿被戕死　徐仁金妻王氏均不屈被
戕　徐富順妻某氏同殉　徐宗洪妻某氏同絕粒死　徐祖元妻畢氏同絕粒死
徐祖庶妻某氏子世佳世炳俱絕粒死　徐世清世仁世方世均世奎世佩俱絕
粒死　徐祖進妻劉氏祖鑑祖仁俱不食死○以上均孝義鄉人　唐德舒德金德銀
德榮金妻某氏俱被戕　唐道有道壽道全有妻高氏全妻周氏俱被戕　唐德富
德貴德楨德益德桂德孝道仁道通道源美忠忠妻趙氏俱十一年殉難○以上均來蘇鄉人

孫家本家如成龍明舒孝金俱被戕 張美玉明元明生俱在小南門被戕○
均句容鄉人 錢萬益萬選萬發俱殉難萬方殉嘉興府難 徐方正方洪俱被戕
朱榮有榮漢有源俱殉難 呂德貴德禮存金存山俱殉難 孫世賢世龍六
年同被戕 戴啟松延炳六年同殉難○以上均來蘇鄉人 蔣中汾中秀有傳 陳述
榮述華述富述貴同被戕 陳綸福在山岔被戕綸君同殉綸柏綸一一妻高氏綸惠
惠妻吳氏俱在郙殉難 趙金貴傳富傳寶俱被戕克裕在山岔被戕 蔣正祿正達正柏
中春中旭大生俱被戕 陳惟嘉在闕巷被戕惟興在麻培橋被戕惟隆在馬鞍山被戕
惟讓讓妻孫氏在郙殉經科殉句城難 毛運機運增同在下埠被戕 張正啟正禮
正家闔門殉難俱 王元魁宏浩國清國正俱同時一門殉難 周恆槃恆樾恆桐
俱被戕 周恆柯恆機柯妻戴氏機妻魯氏同殉難 石名深朝聚被戕 在常州大發
二子在溧水被戕 朱式榮一門殉難 朱二小一門殉難 方在餘在勳在正盛倫
盛金志江賢文志發均被戕 陳應富殉常州難啟發啟和富妻梅氏在家殉難 杜

世緒　被擄不從投水死　德文　緒妻陳氏　文熙　德荃　俱不屈被戕死　方宜蘭　宜學　宜健　良　良華

忠兆　福兒　同不屈被戕　經學榛　學松　傳瑞　傳昇　昇妻戴氏　同殉　寶世連　被矛刺腹

死　世泰　良根　忠玉　忠拔　六生　俱被戕　趙開一　投水死　開文　開義　在下埠被戕　開

先殉　捻匪難　朱興富　興基　在西盛　邨　被殛死　趙正恆　正芳　投水死、俱　周洪

乾　被戕　在馬鞍山被戕　老四　王正長　正玉　十年同被戕　杜文聚　六年在麻培橋被戕　德

建　十年被戕　王宏寶　殉常州難　被戕　宏旺　宏興　在土場山　在句城被戕　黃遠榮　遠貴

和橋被戕　均在常州　周一貴　十年被戕　賢殉常熟難　一　顧仁育　十年在常州　闔門殉難

○以上均臨泉鄉人　朱先文　在湯水被戕　三齡　志明次子　挑於矛、頭戲玩死　馮貴富

貴生　在宅被戕　俱　鄒三元　我長　俱被戕　劉亭岡某姓　母某氏　十年同被戕　○以上

均來蘇鄉人　周師楨　妻施氏　周德蒸　妻戴氏　周德燕　妻尹氏　周德

燿　妻孔氏　周本祖　妻樊氏　胡家修　子邦鏞　周本河　子學張　周祚

義　妻陳氏　周祚禮　妻吳氏　周祚孝　妻樊氏　周祚智　妻高氏　○以上均周

古隍八十年殉難曹加學燒死加玉加聚有富俱被戕加洪投水死韋宏培十一

年殉難恆福明易明本俱殉揚州難章玉保歡保在戴巷郵殉難○均曹塘頭人趙家

林妻李氏長子財伢次子某同治元年同殉難湯志榮妻張氏志華樊氏俱被戕華妻志貴

貴妻高氏殉難○均通德鄉人糜國甯母某氏同治元年殉難巫茂才妻某氏同被

戕巫德志德恭恭妻王氏俱十年被戕糜德金國定俱十年殉難糜尊性

妻某氏俱被戕○以上均來蘇鄉人趙志一西庫頭人妻經氏在趙郵同殉王德新

殉丹陽難妻許氏絕粒死王德建妻段氏同殉王全初妻張氏同殉王全有

妻高氏同殉王全蘭妻賈氏同殉○以上均移風鄉人張長有妻某氏同殉張

長舒六年殉難子順兒在張山郵被戕張才源弟才茂十年同殉劉明蓮子艮山

同殉胡德餘子樹小同殉劉艮倫妻杜氏子國英同殉嚴盛才不屈被戕妻

某氏獻華不食死子不屈槍刺死○以上均孝義鄉人杜正邦妻郭氏同殉杜正安

妻李氏同殉杜正清不屈被戕妻某氏不食死李道富十年殉難妻某氏不食死

李在福 十年殉難妻郭氏不食死 杜正寬 子明壽十年同殉妻鄧氏被戕 杜正
奇 妻某氏子恆全同殉 劉茂金 妻某氏子餘萬十年同殉 曹世才 妻劉氏子某十
一年同殉 劉餘勤 妻曹氏十年同被戕 鄧正元 在南唐莊被戕妻鄒氏子某不食死
鄧明聚 妻高氏長子正財次子高山財子某十年同殉 鄧老二 弟老三三妻某氏三
子某老四同殉名俱逸 蔣朝貴 妻趙氏同殉 蔣朝富 妻汪氏同殉 蔣克明
妻鄒氏同殉 高學興 妻尚氏同殉 朱宣華 妻某氏同殉 朱宣康 妻某氏同殉
朱宣福 絕粒死妻周氏不屈被戕 朱宣方 在東門橋被戕妻周氏不食死 朱宣
龍 妻高氏同殉 朱福兒 弟老四同殉 朱達仁 弟達義同殉 劉志珮 妻鄒氏
同殉 劉志禮 妻某氏同殉 郭天珮 妻史氏同被戕子三兒絕粒 郭天順 子扣
小女一同殉難 劉志貞 妻郭氏大兒二兒三兒俱殉難 郭廷祥 妻某氏子明田
福兒三兒同殉 ○ 以上均來蘇鄉人 董長孝 不屈被戕妻夏氏賊逼不從被亂刃砍死 董
秉玉 弟秉琪俱不屈被戕 董裕堂 弟裕高俱不屈被戕 董秉旺 不屈被戕妻笪氏

不食死

董老五不屈被戕妻姚氏不食死

董裕福不屈被戕妻姚氏不食死

董裕三不屈被戕妻潘氏不食死

董裕進不屈被戕死妻某氏不食死

董裕泰不屈被戕妻夏氏不食死

董裕才妻某氏同在宅被賊燒死

董裕貞不屈被戕妻巫氏不食死

董裕康不屈被戕妻某氏不食死○以上均望仙鄉人

趙老三弟老四大蘆塘邨人名俱逸同殉難

趙龍生妻趙氏同殉

笪名富妻趙氏同殉

笪修太不屈被戕妻張氏不食死

張慶端妻趙氏同殉

張長武妻陳氏同殉

麋成發妻賈氏有傳○以上均移風鄉人

朱顯琪妻許氏逸出見夫被擄自縊同縊死○來蘇鄉人琪

王德秀妻居氏同殉

王艮惠妻解氏同殉○均移風鄉人

張鴻海母某氏十年同投水死

張國治弟國清有傳○均瑯琊鄉人

張世元子朝珍媳某氏均十一年闔門殉難

張慶泰子長命六年同殉

張餘富弟餘貴同殉

張長裕長錦同殉難

孔銃亮銃南同殉難○以上均崇德鄉人

吳德運北城上人被戕母韓氏投水被刺死

張天生北關人妻某氏子某女二均不食死

胡盛祥弟二子有贊有成姪某子婦某

氏姪婦某氏一門三十五人同殉 胡有功被戕妻某氏弟四子某子婦某氏 嚴德
惠妻沈氏 嚴德芳妻沈氏 嚴國芝妻胡氏 笪某潘莊人一門四人 萬
某潘莊人一門三人 冷華忠妻子暨全家殉 冷華兆妻子暨一門殉 冷華
明妻貢氏暨一門殉 冷華先妻某氏暨全家殉 冷華春妻畢氏暨闔門殉 冷開
壽妻某氏暨闔門殉 冷開林妻某氏暨闔門殉 張守富一門三人 徐大朋子某
一門三人 孫盛湖一門二人 余兆才妻某氏 陳大發妻某氏一門四人 凌
徐順有被焚死一門五人 郭天仁妻某氏 徐元啟元朝元有一門九人 吳茂才子正興
大壽子冬一門八人 倪壽文妻某氏 倪壽興一門三人 孫
正隆一門五人 徐元興一門五人 徐元知一門二人 徐元貴妻唐氏 孫
德榮一門六人 孫德華一門六人 孫德本妻某氏 陳智孝一門三人 孫
德元一門五人 孫德全德順德發一門六人 ○以上均句容鄉人 韓天榮一門十八人
○孝義鄉人 王士林妻許氏幼子一○福祚鄉人 袁啟方一門三人 袁啟發一門

三人袁啟貴母某氏袁賢良被火藥燒死一門四人張華聚中礮死子正喜
一門十人張順旺一門五人楊子龍一門三人凌盛法一門二人湯厚芳
焚死一門六人湯厚泰一門十餘人湯獻全被烖一門七人湯獻貴被烖
一門五人湯獻祿被烖妻某氏一門五人湯萬盛一門十人湯厚甫一門
六人○以上均鳳壇鄉人湯廷餘被烖妻許氏絕粒死子婦孫氏被烖湯廷亮被烖
妻史氏絕粒子獻珠殉難○均下巷郇人何太玉妻潘氏同投水死子咸濟團練殉難子婦
潘氏絕粒死孫宜高殉難鄒年義妻康氏同殉○均句容鄉人王正先被烖妻
陳氏絕粒死史孝富妻沈氏子生兒均絕粒死○均孝義鄉人孔昭某妻某氏子某
女一弟昭賢妻駱氏同投水死江裁縫子四均絕粒死○江老四妻某氏子某女
一同殉余家有妻許氏○以上均通德鄉人包德進被烖妻樊氏絕粒死包
德茂妻任氏正法二小同殉難楊盛春妻某氏子二均絕粒徐大發絕粒妻
某氏被烖徐懷仁妻某氏均絕粒死徐道全妻張氏均被烖○以上均孝義鄉人

張國朝 紀莊人母李氏投水死弟國富殉難

凌長英 十年被戕一門三人殉

凌長葆 十年被戕一門四人殉

凌長薪 一門三人殉

凌才浚 六年被戕一門三人殉

凌長偉 妻徐氏繼妻包氏一門四人殉

凌長佑 妻王氏

凌才源 妻朱氏一門三人殉

凌慶祥 妻曹氏

凌慶壽 妻楊氏妾某氏子長儀

○以上均坊郭人

何太儉 被戕妻王氏子咸庸子婦某氏

丁餘壽 妻某氏子某

朱勝發 德龍德鳳發妻某氏龍妻徐氏一門十人

○以上均孝義鄉人

朱宣連 子某同被戕妻某氏子婦某氏孫某

朱宣浩 子某同被戕妻某氏子婦某氏孫某

朱宣祿 子某同被戕妻某氏子婦某氏孫某

○以上均來蘇鄉人

貢長通 妻某氏○句容鄉人

杜啟家 負家譜夜逃受創死妻朱氏殉難○福祚鄉人

徐長興 被戕妻夏氏絕粒死

徐長春 妻尚氏同殉○均孝義鄉人

趙志玉 西庫頭人妻張氏十年均在小丹陽被戕

倪學高 有傳妻王氏

唐順相 不屈被戕妻李氏投水死

唐順朝 被戕於五岡山下妻巫氏痛哭投水死

○以上均鳳壇鄉人

凌和仁 妻陳氏

何延朝 妻某氏同殉

何延壽 妻陳氏女某姑同殉

潘

繼發不屈被戕妻史氏同殉　史兆發妻華氏四姑子金瑞金元媳成氏華氏闔門殉
難　唐大生大才　史兆美族繼揚川姑　史繼明妻某氏同殉　史成貴
妻某氏同殉　史兆元妻某氏　史茂勝妻成氏　史成奇妻嚴氏　史繼
正妻某氏同殉丹陽難　陰進榮妻某氏　陰進祿妻嚴氏　陰增啟妻駱氏
胡有盛妻田氏　胡有隆妻某氏　胡有裕妻王氏　嚴德才妻湯氏
嚴可義妻馮氏　嚴德法妻淩氏同殉蘇州難　嚴可正妻紀氏　嚴可
廷妻王氏　嚴可兆妻某氏　嚴可揚妻朱氏　嚴可林妻張氏　嚴德
愷妻朱氏　嚴德慶妻孫氏　嚴福玉妻徐氏　嚴成壽妻某氏　嚴德
廣妻史氏　嚴謙富妻某氏　嚴福全妻胡氏　嚴謙端妻某氏　嚴承
連妻某氏　嚴本元妻某氏　嚴可禮妻徐氏　嚴福貴妻孫氏子二　嚴
可永妻某氏　嚴謙益妻某氏　鄒延富妻某氏　嚴謙德妻王氏　嚴
謙孝妻朱氏　嚴謙有妻某氏　嚴謙旺子福基　嚴謙恭妻唐氏子福壽

福祿何氏　壽妻投水　嚴福祖妻王氏　唐啟宇妻陳氏　唐世慶妻某氏

鄒全龍全家四口　唐道義子德林　嚴成聚全家　嚴成順妻王氏　曹

德龍妻某氏　袁德于妻某氏　袁公茂妻魏氏子童闔媳劉氏　潘繼鼇

妻魏氏子林小　陳自祚全家　嚴可萬闔門　潘傳坤妻史氏　潘傳生

妻唐氏　潘繼雄妻嚴氏　孫清祥妻唐氏　孫清邦妻嚴氏　孫清廷

妻朱氏　丁德連妻余氏　丁德運妻施氏　吳禮方子恆榮恆華三麻子

王德先德昭闔家殉　周恆元妻某氏　王聖鳳妻宣氏俱不屈被戕　王繼

立妻某氏　王繼勳妻周氏　王繼鼎妻周氏　鄒全福子兆喜全忠女一

闔門四口　何太全子位小　○以上均句容鄉人　潘一厚妻笪氏子兆壽闔門同殉

潘本壽弟本喜在外同殉　潘立貴弟立春立保在外同殉　潘立居立松俱在南

門被戕　潘老五弟常兒同殉　潘立才妻笪氏子九庚同殉　潘一謙妻笪氏

潘本懷妻施氏　潘一瑞妻施氏　潘立增弟立贊在元莊同被戕　潘志

訓弟志喜　潘志道弟志先　潘一增妻嚴氏　潘本鶴弟本揚在生圩被戕
潘本邦弟本壐　潘一蓁妻吳氏均望仙同被戕死○鄉人　王世法弟世彬
俱在橋東郙被戕　王榮山妻步氏子牛兒杏兒　王榮元妻唐氏子壽兒　王榮貴
母某氏妻某氏　王世鶴世鎮俱在湖熟被戕　王聖全妻胡氏同戕　王榮壽榮成
俱在妙感郙被戕　王聖璋妻朱氏子名生允生弟聖求聖錦錦妻周氏子庚兒女桃弟聖
林子桂生閭門殉難　王世敦妻某氏　王世琳妻笪氏子狗兒　王世福嫂世貴妻
高氏　王聖本妻樊氏　王聖元妻陳氏　王世璜妻倪氏　王世隆妻周
氏世祿俱被戕　王聖法妻張氏　王聖茂妻鄭氏　王榮甸弟榮高　步
雍右妻樊氏俱在郙被戕　步正統妻王氏女鎮弟附傳　步雍鼇妻李氏在古隍剖
腹死　步雍瑾弟雍璜雍珮在上蘭俱被射死　步雍本妻笪氏子庚兒杏兒俱在太家山
殉難　步德元弟德禮在上蘭被戕元妻笪氏投水死禮妻許氏附傳　步陽壽妻笪氏
步熙法子繼庚在湖熟被戕　步雍浩妻笪氏　步雍渭妻陳氏　步正

繁妻李氏 步雍潞妻笪氏保護宗祠被戕 步熙錦妻紀氏 步熙彬弟熙球
步熙常熙蓉同被戕 步雍煥妻笪氏在孟墓被戕 步雍宏妻余氏被賊剖復食
心 步熙立弟熙仁在柞溪被戕 步雍尊妻丁氏在彌陀庵被戕 ○以上均仁信鄉人
唐崇儒妻某氏子際虞女喬鶯在太家山殉難 唐道祥道裕同被戕 巫敬福妻某
氏在聖潭邨被戕 巫敬恒妻某氏倒懸打死 巫立方妻高氏在行香被戕 巫興
德弟興元 巫名壽川狗在黃土塘打死 巫錫美妻馬氏 巫家明弟常璜
在薛莊被戕 巫美佩美安同被戕 巫家煥家喜同被戕 巫天壽弟官壽
笪家興弟家隆同在鄭巷被戕 笪國安國仁 笪家富家盛 巫奇廣妻笪氏
巫宜發妻陳氏在古洞岡殉難 巫宜昆子六保在東門殉難 巫英倫妻某氏
在丹徒被戕 巫秀榮子道士和尚 巫奇峯妻湯氏同在三江營殉難 巫家龍妻某
氏 巫錫培子嚴保同被戕 笪慶方弟慶有 湯盛慶盛財在繡花邨被戕
湯茂義妻某氏同在董家邨被戕 湯茂登妻某氏 湯茂曜母某氏妻某氏 湯

盛海妻某氏　湯盛信妻某氏　湯茂信妻某氏　湯茂福妻巫氏媳高氏　○
以上均在宅殉難　陳安俊安禮被賊割舌剖腹死　陳安簡安廣簡妻施氏　陳開
顥子祥兒在東鼓山同殉　陳六財弟六喜六壽均在少虎山同殉　陳咸第妻吳氏同被
巨石壓死　陳延廣妻某氏同被戕死　陳安明安保同在少虎山殉　陳安朝安德
德妻巫氏同被戕　陳咸球妻某氏　陳安照安盛在寶堰同被戕　陳咸壽
咸將同被戕　陳正興正恆同被戕　陳正玖子毛兒　陳咸鐘子玖兒保兒俱
被戕　陳正楠正和被子刺死　陳咸燦咸錢同被戕　陳正嘉妻潘氏在小茅山
被[illegible]　陳正羅弟正堂在背甸郜被戕　陳咸敖妻張氏在朱墓郜被戕　陳安鎬安華
被倒懸釘死鎬妻董氏子宗周同殉　樊啟前妻張氏被縛諸門上荚死　樊祖財妻巫
氏　樊緒忠弟緒保　樊小狗冬山在木馬口殉難　樊昌富子啟寬啟明寬
妻笪氏旺財明子旺田同投江死　○以上均望仙鄉人　高耀珍子龍兒同在柞溪被戕　笪
于文于華　笪富林臘庚同在寶堰被戕　高順華妻巫氏在茅莊被戕　高順

金順銀金妻李氏銀妻朱氏同被戕　高春元香元連元　李子謙子支在史巷郵同被戕　汪邦

李成明妻王氏倒懸焚死　李成龍成智同被戕　汪邦宏妻吳氏　汪邦

興妻笪氏○以上均仁信鄉人　笪敦厚妻巫氏　笪老三弟老五○以上四戶俱被戕

汪邦貞妻陳氏被刺入水死　樊宗坤宗舉宗顯宗科宗洪宗慶宗序德廉德

義德佩德嘉德錦十年閏三月同被匪戕　吳慶賢慶章賢子六保臘保女巧英同殉難

吳廷祥妻王氏子六生生兒女桂鶯同殉　吳慶忠妻徐氏子八齡同殉　吳廷

喜妻顏氏同殉　吳慶仙妻樊氏　吳賢若妻王氏　吳賢山妻糜氏　吳

安仁弟安義安禮安智仁妻朱氏義妻王氏禮妻鄧氏命兒義子福珠○以上皆闔家殉難　吳

慶乾妻王氏　吳賢楨妻陳氏均被戕死　王成保妻喬氏　王聖保妻曹氏

子串狗聖樹同被戕　王智興妻陳氏同戕　王智廣妻朱氏　王聖松弟聖椿

同被擊死　王聖榮弟聖華同在谷橋被戕　王智元妻某氏　王聖發弟聖枝同被

擊死　梅本訓弟本調在謝巷同被戕　梅本華弟本基被戕　陳朝宗妻施氏被戕

陳朝銓妻王氏被戕　陳朝裕妻趙氏子國和媳笪氏孫懋爵孫媳貢氏同被戕

陳朝金妻鄒氏子國鎮同戕　陳朝福被縛刺死梟首擲水中妻紀氏同殉　陳朝英弟朝芳

陳朝縱國秀俱殉難　陳國雄國翰　陳國璠弟國琦　陳國謨國隆曳樓圮壓死

陳國成國醋醋妻郭氏同被戕　潘一語剖腹死妻戴氏在關帝廟殉難

潘一元被戕妻某氏在關帝廟被刺死　潘一恕在上黨被戕妻巫氏在白兎被刺入水死

潘自庸妻巫氏同殉　巫家載妻汪氏子冬生良福金福闔宅殉難　笪餘興在鄭巷被戕女杏鶯附傳

陳國瑜弟國富在宅同殉　○以上均望仙鄉人　吳安貞見附傳妻樊氏

嚴芝隆殉常州難妻孫氏不食死　孫克俊十一年被戕妻丁氏不食死

嚴德義妻某氏子臘狗同戕　唐啟安妻某氏啟高高妻某氏同時被戕　王榮寬在王莊被戕妻朱氏不食死

沈永保不屈被戕妻唐氏不食死　馮啟文妻某氏同殉

○以上均句容鄉人　陳貞範年七十七歲貞忠十年同被戕　陳貞祥妻王氏子天壽天餘闔壽媳步氏同殉

陳貞洪貞瑞　陳懋勳妻殷氏同投水死　陳天仁

妻丁氏不屈同被戕　陳天敘妻紀氏見附傳弟天秩同戕　陳天佳天庚同被戕

陳天義妻胡氏　陳天宏道台　倪世富弟世昌　徐邦富弟邦選　徐

邦耕妻笪氏子廣茂　徐立仁立功立修　徐立茂妻紀氏　徐立榮妻笪氏同戕

貢廣盛廣禮　貢廣壽廣達　貢廣吉廣貯　貢士柱賢方○以上均被戕

徐邦配國華同被焚死華妻胡氏投水死　施廣振大露大儒敬福敬文在古隍郡同時

被戕　笪敎恆妻包氏　笪名仙妻吳氏名佩佩妻潘氏敎徵俱在郡同殉　笪禮

繡妻賀氏被矛刺入水死　笪宏禮妻糜氏被倒懸焚死　笪宏坤妻唐氏在大壩殉難

笪宏綱妻某氏廣玉廣賢俱被戕死　笪名坤妻陳氏名塏塏妻某氏俱殉難

笪慶方慶有　巫惠勤弟惠繡被劓鼻焚死　巫惠長弟惠仁長妻某氏同被戕

巫毓型弟毓禧同在青山被戕　巫崇明崇盛崇文崇勇崇蓮崇順崇閑俱被戕

巫昭傑昭彬同殉儀徵難　胡大發大連大富明亮俱被戕　楊方楨被戕妻朱氏

投水死　陳道高子尊章同殺賊被戕　王安佩德喜順合不屈同時被戕　楊方

燦國楈六年不屈被戕徐爾和被拷死妻趙氏投水殉胡茂全有鳳有生俱不屈被戕曹於義於有於芳政建不屈被戕唐祖修學蒲十年同被害○以上均茅山鄉人張餘福六年被害慶坤慶壽慶福十年不屆被戕張餘信妻某氏同殉○均移風鄉人賈永華妻張氏永富同殉難陶光謙聘妻麗氏十年光謙被戕麗氏聞之投水殉○均通德鄉人劉餘春餘松德玉同時被戕。慶伯孝義鄉人朱宣秀被戕妻某氏投水死。自縊子二來蘇鄉人歐陽正桂正茂被戕。國學均崇德鄉人朱起壽子宗鳳同在大港被戕戴朝覲殉大港難朝陛朝純俱被戕俞明慶光發同日被戕楊正茀正延同殉金壇難○以上均臨泉鄉人朱榮祺大中武中和進傳有同日被戕樊祖豪祖陰十年同日被戕○均來蘇鄉人章芳熖芳貴朝興同被戕尹慶炳妻陳氏子五齡同戕尹慶財被戕投塘死妻陳氏被礮烙子一同殉○以上均移風鄉人梅照星梅家莊人子鼠兒不屈被戕曹全義妻王氏十年城陷殉難徐天福妻曹氏道榮榮妻笪氏道章章妻陳氏同戕王烜妻裴氏在天王寺被戕

徐天植妻史氏道乾妻許氏同被戕乾

駱道鳳妻朱氏媳某氏同殉

郭業崧在蘆塘遇賊脅降崧罵曰我良民豈降賊耶遂被戕姪定義同時遇害○以上均坊郭人

朱慶堂朱巷人十年不屈被戕妻石氏遂投塘自盡子方禮祿同母死

史世儀菴頭郵人世起十年同時殉難

樊緒廣緒傳緒朝緒起緒鎮緒春道坤道潘俱殉○仁信鄉人

張明喜中畷死氏聘妻滕絕粒死

葛延成子貞富

張成貴妻丁氏子明華一門四人

葛延元子毛小

蔡世中被戕妻羅氏女小姑同殉難

蔡安發妻張氏

葛光福妻劉氏○以上均孝義鄉人

楊富勤殉省城難子貴仁貴智媳盛氏孫女二

萬玉興妻吳氏

姚賢玉妻楊氏

萬學法妻朱氏○以上均鳳壇鄉人

嚴玉升被戕妻魏氏同殉

嚴進高被戕妻戴氏同殉

嚴玉信被戕妻戴氏同殉

嚴進禮被戕妻汪氏同殉

馮麻子全家殉○小墓東馮姓十餘家俱闔門殉

凌道明母某氏弟某○以上均句容鄉人

徐毓發子繼生媳張氏○福祚鄉人

唐啟賓妻某氏子世元

徐大明妻楊氏被擊死

徐有雲妻某氏子長小

徐有成妻某氏子某

畢成義被戕子

延興姪明小祿小弟婦某氏俱殉　張慶秀子長松媳陳氏　張長泰弟倉弟某妻潘
氏　吳光明不屈被戕妻某氏同殉　吳志明被戕妻畢氏子貞小同殉難　張
長祺母王氏堂弟長培一門五人　章兆剛一門二人　于元甯子發龍一門四人
何正榮妻某氏子二一門六人　何正華妻某氏女唐何氏　何正元妻某氏女某
姑　尹祥永闔宅殉　何太松妻某氏子某媳某氏　何咸朝母某氏　何
太文妻某氏　何正緒妻唐氏子德中被戕子某殉　何太林太康均被焚　何
正喜妻孫氏均被戕　何太久妻某氏　何正生妻嚴氏　唐德才妻顏氏
唐德松殉太平府難妻潘氏子敔明敔科敔高俱殉難　唐德章妻于氏　唐啟
如妻尹氏　唐德科被戕妻某氏子敔奧　唐啟亮被戕妻朱氏　曹長仁被戕
妻張氏同殉　曹長禮被戕妻孫氏同殉　曹長義妻何氏　唐啟玉弟啟寶同被
戕氏母何氏寶妻宣氏玉妻王氏同殉　何正餘妻戴氏子太恩太惠媳楊氏唐氏俱殉
嚴定瑶子某同被戕妻唐氏同殉　許林朋被戕子傳儉被亂刃死傳爲同殉　許傳

相子繼坤被戕　許傳桂繼妻王氏同殉難媳李氏投水死　貢昌福妻史氏　貢
艮因子闕小同戕　嚴福基子某　史德喜被戕妻某氏同殉　唐世廣妻徐氏
陳瞽目母某氏子元子被戕　朱高久高福高祿高旺高敬高乾　何上貴
咸貞太仁同被戕　唐德仁世泰道貴俱被戕　秦道周正富俱被戕　王基培
基鳳　王盛揚盛朝老四俱被戕　王大頭子盛全被戕　曹長芳長華　嚴
定啟福明均被戕　許傳根傳祿傳松罵賊被戕　許林垣惟雙惟元許某同時被
戕　董萬明萬有萬成　王允中允仁○以上均句容鄉人　湯廷聚家泰均被戕
○鳳壇鄉人　田進艮妻李氏同殉朱家集捻匪難　徐德黴妻朱氏在天王寺被戕○均坊
郭人　黃文啟妻李氏啟被執李氏痛罵同遇害　孔毓林妻朱氏同在華家邊被戕○均瑯
琊鄉人　朱士麒妻時氏同縊　楊興孝族嫂萬氏俱縊○均通德鄉人　衞德
言妻劉氏　王德灤妻時氏女某姑俱見附傳　胡之連妻周氏　胡有運妻李
氏均絕粒死○以上均承仙鄉人　謝正安妻王氏十年同殉　鄒照財子我仁同殉

曹於盛妻王氏同殉　戴貴榮弟貴華十年同殉　鄒我順妻陰氏俱被戕　史明財妻王氏同戕　陳某父廷紀母某氏六年同被戕○以上均來蘇鄉人　謝益隆妻張氏同殉　謝正福妻高氏六年殉繼妻丁氏同治元年殉　謝正壽妻張氏同殉　謝本龍妻某氏同殉　謝正春妻某氏同殉　謝正景妻周氏同殉　謝益雲妻王氏同殉　謝正祥弟正瑞同殉　謝朝斌妻嚴氏子才順同殉　謝朝景妻戴氏子才榮才華才富才貴同殉　謝本廣妻王氏同殉○以上均移風鄉人　曹政和妻芮氏　邰瑞盛妻曹氏被戕○均來蘇鄉人　吳懽彩妻杜氏同殉○臨泉鄉人　湯志高妻侯氏　陶全順妻王氏被戕　徐泰裕妻吳氏○以上均通德鄉人　糜國潮妻趙氏女才弟同殉　糜國賢母某氏妻張氏被戕　糜國徐妻朱氏　糜國屏被戕妻朱氏自縊　糜國普妻龔氏同戕　糜國佐妻龔氏同戕　糜國武妻張氏同戕　糜茂發母張氏同戕　朱榮益子某媳某氏同被戕　糜尊周妻吳氏被戕　張慶金妻周氏同戕　趙永興妻劉氏同殉　巫德寬妻某氏

被戕○以上均來蘇鄉人　曹正慶姊某不屈被戕投水　方瑞正妻朱氏俱殉　徐
春和妻王氏剖腹死投水殉○以上均茅山鄉人　向世祥妻劉氏○上容鄉人　尹廷
松張巷邨人妻許氏　韓昌標妻趙氏投水　韓昌春妻王氏投水○均珠莊邨人　許
義忠坊郭人妻劉氏女一同在天寺被戕　趙成瑾妻徐氏遭亂同閉戶餓死○承仙鄉人
凌正有西宋家莊人妻唐氏絕粒死有傳　何咸先同弟四人及妻子共九口閉戶餓死　時
吉貞全家殉難　凌道魁闔門殉難　嚴成忠一門餓死　凌道愷闔宅四口殉難
任長泰妻某氏同殉　何咸蓮妻某氏　嚴成魁妻魏氏　畢兆福妻某氏
畢兆慶妻某氏　嚴進元妻馮氏　凌道仁妻某氏　嚴國有妻李氏
凌道興妻唐氏　凌道發妻尤氏　袁福慶妻譚氏　袁德佐妻李氏
袁德佑妻朱氏　袁見成妻戴氏　袁見超妻成氏　袁見崇妻汪氏
袁德本妻戴氏　孫全富妻某氏　孫全貞妻范氏　王順喜妻郭氏
王太升妻陳氏　沈永茂妻楊氏　劉道人妻潘氏　嚴宜壽妻王氏

貢道友妻曹氏　貢崇泰妻郭氏　貢崇善妻某氏投水　任長寬妻譚氏被戕○以上均句容鄉人　高登松妻經氏○臨泉鄉人有傳　秦家聚六年被戕妻王氏十年殉　錢亘榮不屈被戕妻某氏被拷掠投水死　陳有才殉難母徐氏絕粒死

劉廷富妻陳氏同殉　劉慶榮妻滕氏同殉　劉慶瑞在上橋被戕妻吳氏殉難

劉德友妻毛氏同殉　劉慶霞妻徐氏同殉　劉餘有妻呂氏同殉　劉慶有妻許氏同殉　戴子吉母某氏妻某氏同殉　戴承林妻劉氏同殉　戴禮懷妻某氏同殉　戴子剛妻某氏子禮元禮寶媳禮元妻許氏同殉　戴元泰剖腹死妻吳氏被戕　戴朝仙被戕妻郭氏絕粒死　戴保南妻石氏同殉　戴保明妻蔡氏同殉

戴朝連妻時氏同殉　戴朝富妻呂氏同殉　戴保龍妻胡氏同殉　戴仁茂妻邵氏同殉　戴仁壽妻史氏同殉　戴仁發妻居氏同殉　戴仁煥妻某氏同殉

戴禮旺妻趙氏同殉　戴禮盛妻某氏同殉　戴禮壽妻某氏同殉

韓朝海妻王氏同殉　韓熙榮妻某氏同殉　韓忠林妻史氏同殉　韓春來

妻朱氏同殉　韓朝龍妻滕氏同殉　滕正厚妻胡氏同殉　滕正蘭妻張氏同殉
滕正培妻紀氏同殉　滕正鼇妻李氏同殉　滕道秀妻戴氏同殉　滕道
全妻王氏同殉　滕正明妻王氏同殉　滕正裘妻徐氏同殉　滕正廷妻王氏
同殉　滕正邦妻胡氏同殉　滕道賢妻王氏同殉　滕德元妻袁氏同殉　滕
德金妻徐氏同殉　滕正惠妻裔氏同殉　滕正興妻王氏同殉　滕正宗妻李
氏同殉　周餘保妻經氏同殉　朱廣茂子某　朱厚賢妻邰氏同殉　章永
隆妻孔氏同殉　章永起妻劉氏同殉　韓熙進妻某氏同殉　姚尙連女年十五
殉同　劉敦富妻戴氏同殉　錢艮宗妻劉氏同殉　陳有茂子餘慶同被擄死
○以上均孝義鄉人　張廷方闔宅閉戶自焚　孔繼玉全家四口同殉　○均福祚鄉人　巫
至衿被戕妻楊氏同殉　巫至旺妻王氏幼子二同殉　巫至安妻邰氏女年十二
殉同　巫道壽被戕妻王氏同殉　巫至達妻某氏同殉　巫道芝妻某氏
同殉　巫希榮女五齡同殉　王永寬被戕妻戴氏同殉　王廷佑被戕妻張氏

同殉　王慶寬被戕妻王氏同殉　王達賢投水死妻某氏同殉　汪發洪
妻王氏同殉　王達福妻滕氏同戕　王士榮妻李氏被戕　王士寬妻張氏同戕
王達林妻經氏同殉　王達書妻倪氏同殉　王天元妻范氏同殉　王士
福妻余氏被戕　林尊材妻郜氏同殉　范延順妻某氏同殉　范延瑞妻某氏
同殉　范延祥妻某氏同殉　范延慶妻某氏同殉　范延貴妻居氏同殉　范
延壽妻張氏同殉　范家隆妻賈氏同殉　文世貴被戕妻某氏絕粒　文美
成被戕妻朱氏絕粒　文世善妻某氏同殉　文世相妻某氏同殉　文世慶
母某氏妻某氏同絕粒死　文道安妻某氏同殉　文美祖妻范氏子四人俱絕粒死
文美忠被戕妻巫氏絕粒　裔元興妻某氏子三人同絕粒　裔元隆妻某氏
子文共五口同殉　文美才妻裘氏賊索銀不得舉火焚死　金長庚妻滕氏同殉　戴
道恩妻文氏同殉　許行吉妻某氏同殉○以上均孝義鄉人　尹明坤妻某氏同殉
尹明金妻王氏同殉　尹道發妻張氏同殉　尹延洪妻朱氏同殉　裔正

譜妻郜氏同殉　裔正元妻某氏賊索銀拷死　裔應樹妻鍾氏被戕　裔正緒

妻李氏同殉　裔元蘭妻歐陽氏子四齡同殉　裔正盛妻某氏子三齡同殉　裔

正喜妻趙氏同殉　裔元禮妻楊氏　裔元亮妻許氏同殉　萬德明妻高氏

同殉　萬德功妻某氏同殉　萬大生妻裔氏同殉　許長育被戕妻趙氏絕粒

許長元妻文氏同殉　許長壽妻韓氏同殉　李賢發被戕妻孔氏絕粒

李賢惠被戕妻涂氏絕粒　李賢常不屈被戕妻王氏絕粒　李賢耀妻文氏

同戕　李德揚妻某氏同戕　李賢宗被戕妻戴氏不屈被火屋焚死　居國賢妻某

氏同戕　居國順妻某氏同戕　居艮有妻某氏同戕　劉金玉妻某氏同戕

宗光德妻某氏同戕　宗光生被戕妻某氏絕粒　徐正才妻陳氏同戕　徐

正喜妻胡氏同戕　徐國賢被戕妻王氏絕粒　○以上均移風鄉人　滕承章不屈

被戕妻朱氏絕粒死　滕承珠被戕妻某氏子某俱殉　滕承裕中鎗死妻解氏絕粒

滕承林被戕妻蔡氏絕粒　郜文厚妻某氏同殉　郜有義母某氏同絕粒妻

王氏不屈焚死　郘世全妻某氏同殉　郘有林妻許氏同殉　郘有煥妻王氏
同殉　郘世才妻某氏同殉　郘世綱妻巫氏罵賊被火屋焚死　郘有德妻羅氏
同殉　郘有謙妻蔣氏同殉　郘有升妻高氏同戕　吳文耀絶粒死妻郘氏投水
張啟祥妻某氏子某孫某同殉　戴仁源母某氏投水○以上均鳳壇鄉人　許
老大范巷郘人郘有五戶男女共二十餘口同殉　劉德鳳女一同殉○均孝義鄉人　倪衍
啟妻朱氏同殉○承仙鄉人　姚德純在華山一葉庵被戕妻黃氏絶粒九日殉　姚春田
在塘沖被戕母薛氏祗此一子遂撞柱死○均瑯琊鄉人　戴艮福十年罵賊被戕妻徐氏被賊燒
死子茂義在驪山賊據不屈被戕　戴艮富妻某氏同殉　戴艮貴妻某氏同殉　戴
永禮不屈被戕妻某氏絶粒　喬有才妻陳氏子義勳俱被擄不屈死○以上均仁信鄉人
房同豪不屈被戕妻趙氏被擄死　房祖開絶粒死妻沈氏不屈被擄死　房祖
先妻楊氏一門十人同殉有傳　房祖龍妻徐氏長子德登三子德善登妻許氏善妻張氏
登子一女一善子一女一俱不食死　房德義妻張氏同殉　房同榮妻楊氏同殉

房祖繼妻楊氏同殉 房同進妻鄒氏同殉 房同謨妻張氏同殉 房德煥妻鄒氏同殉 房德愷妻吳氏同殉 房德祺妻賀氏同殉 房同陞妻鄒氏同殉 房德福妻華氏同殉 房同久妻喬氏同殉 房德貴妻高氏同殉 房德林妻喬氏同殉 房德鼐妻楊氏同殉 房同鈞妻楊氏同殉 房德鼐妻楊氏同殉 房同善妻楊氏同殉 房同炳妻賀氏同殉 房同新妻楊氏同殉 房同太妻張氏同殉 房祖鈞妻鄒氏同殉 房祖權妻張氏同殉 房德文妻張氏同殉 房德厚妻楊氏弟德禮同殉 ○以上均孝義鄉人 沈明春賊擄其子護之被戕妻趙氏不食死 沈惟平賊索財不得焚死妻某氏絕粒 沈闕根妻趙氏同殉 沈立政妻趙氏同殉 沈立奎妻趙氏同殉 沈永祥妻趙氏同殉 沈長茂妻某氏同殉 沈永習妻某氏同殉 沈永標妻俞氏同殉 沈永開妻某氏同殉 沈永達妻趙氏同殉 ○以上均移風鄉人 陳宗聖弟宗賢宗儒俱殉 陳正堂被戕不屈剖腹死妻張氏子十九齡同戕女十二歲被縛死 陳玉濤妻某氏喜齡子正秋齡正高福齡同殉 陳正

貴妻謝氏同殉　陳玉洽妻趙氏同殉　陳玉相妻趙氏同殉　陳正慶妻糜氏

同殉　陳正元妻張氏子喜兒同殉　陳玉有妻某氏同殉　陳正文弟福兒同殉

陳玉德子林兒喜兒同殉　陳正昇子某同殉難　陳正興子鄰兒榮兒同

殉　陳玉均妻某氏弟玉堂同殉　陳玉滄妻駱氏子正揚同殉　陳朝茂弟朝

盛氏盛妻俞同殉難　陳正綱妻姚氏同殉　陳正秀妻某氏子朝璽同殉　陳正

棟子朝恆朝炳同在蘇州被戕　陳朝興被戕妻巫氏不食死　陳玉壽絕粒妻呂氏

不屈傑死　笪秀玉妻某氏同殉○以上均孝義鄉人　巫道進十年中鎗死妻某氏

不食殉　陳正安妻章氏　陳齊棟妻章氏　陳齊元妻許氏　陳齊根

妻徐氏　陳齊金妻劉氏　陳正坤妻吳氏　陳正懷妻章氏　陳志選

妻王氏　陳正豐妻王氏　陳齊財妻劉氏　陳齊興妻王氏　陳齊春

妻竇氏　陳家修妻唐氏　陳正餘妻楊氏　陳家祥妻蔣氏　陳齊玉

妻謝氏　陳齊進妻王氏　陳齊國妻尹氏　陳正亮妻唐氏　陳正云

妻程氏陳齊林妻張氏陳家和妻張氏陳齊發妻錢氏陳齊因
妻湯氏唐序勝妻某氏尚世興妻王氏蔣家槐弟家椿。均十年同被戕○
以上均上容鄉人孫汝成七年被戕妻趙氏十年投水○仁信鄉人唐世昌子兆林十年同
戕孫某殉唐啟義被戕妻某氏子庚小絕粒死唐兆功妻某氏同殉唐兆
明妻某氏同殉唐世大妻某氏同殉唐世明妻某氏同殉唐世緒十年被戕
妻某氏不食死唐兆緒十年被戕妻某氏不食死唐兆吉妻某氏一同殉子
唐啟務妻某氏同殉唐兆金妻某氏同殉唐兆通妻某氏子根小同殉唐
世旺十年被戕妻某氏絕粒唐世奎十年被戕牛小同殉唐兆洪妻某氏
同殉唐啟茂妻某氏子某同殉唐世美妻某氏同殉唐啟相妻某氏子某
女一同殉唐啟禮妻某氏同殉唐啟智妻沅氏子某均絕粒成德義妻袁
氏女一均絕粒成德章妻朱氏同殉成德進在唐莊被戕妻某氏絕粒成佳
洪妻某氏同殉凌道喜妻嚴氏同殉王美德姪羊子同殉○以上均句容鄉人

唐順兆母李氏同殉

唐成耀妻巫氏同殉○均瑯琊鄉人

袁孝顯妻某氏同殉

袁德厚妻史氏同殉

袁德具妻劉氏同殉

袁德堦妻李氏同殉

史啟正十年絶粒子德齊破腹死孫繼良被戕死

史德禮六年拒賊被戕妻唐氏子繼山均在江北殉

成孝秀被戕妻畢氏絶粒死

成孝科妻尹氏同殉

凌祥興妻沈氏同殉

凌祥治妻曹氏同殉

譚惠科妻趙氏女貞姑俱殉

譚惠亮妻何氏同殉

譚正才妻何氏同殉

丁貞明有傳子朝棟朝材

譚惠進六年罵賊砍顱死正富正貴同殉

甘本澄女目瞽俱殉

王啟周被戕母周氏妻張氏男一女一同殉

魏榮順被戕妻陳氏子三老同殉難

魏榮和被戕妻王氏絶粒

魏朝甯子福壽同殉妻成氏投水死

魏榮宗被戕妻成氏絶粒

魏榮合妻朱氏同殉

魏朝秀妻戴氏同殉

朱邦甯妻某氏均絶粒死

朱本眞妻凌氏同殉

朱學輅子邦泰被戕

朱本賢繼妻某氏同殉

成中祺妻某氏被戕

鄒全福妻某氏被戕

鄒肇榮繼妻某氏同殉

鄒肇貴妻某氏同殉

鄒肇山妻孫氏同殉

鄒肇壽妻某氏同殉　王茂開子某同殉難　王盛金十年被戕母某氏絕粒
鄒全榮妻某氏子肇進同殉　紀正揚子朝鳳同殉　唐盛智在嘉興被戕子長明
同殉　潘傳仁子明小同殉　嚴玉壽子進盛被戕○以上均句容鄉人　杜世達
妻魯氏同殉　杜世根妻王氏同殉　杜世松妻某氏　杜世林妻章氏　杜
光生妻章氏　杜世聲妻孫氏　杜世家妻劉氏○以上均福祚鄉人　王正
和妻張氏　王朝渭妻某氏○均孝義鄉人　史繼倫子美義同殉　史茂富
妻某氏　史茂功妻劉氏　史繼和妻戴氏　史茂全子庚興　史茂宇
殉常州難妻唐氏絕粒死　史道言妻王氏均絕粒死　嚴德揚妻王氏　嚴可財
妻某氏　嚴可喜妻某氏自縊　嚴可慶妻魏氏　嚴可安妻某氏　嚴晉
喜妻冷氏　嚴晉瑞妻某氏　嚴晉順妻袁氏　嚴全桐妻某氏　嚴晉
開妻朱氏　嚴晉齊妻某氏　嚴晉得妻王氏　嚴晉連妻孫氏　嚴晉
財妻某氏　嚴晉旺妻某氏　嚴晉福被戕妻王氏不食死　嚴于秀妻沈氏

嚴晉才妻某氏　嚴于棟子某妻某氏　胡本寶妻嚴氏　胡本盛妻某氏　胡本道妻嚴氏　胡本高妻嚴氏　胡有林妻某氏　胡本仁妻某氏　胡有我妻嚴氏　胡有生妻嚴氏　嚴志揚妻王氏　嚴德昌母胡氏　胡本發妻朱氏　胡本法妻朱氏　張餘升中礮死子慶榮殉　張延書妻嚴氏　唐世通十年被戕子兆福　妻尹氏投水死女朱唐氏絕粒　唐世孝十年被戕妻于氏子二女二均絕粒　唐老大妻某氏子某○以上均句容鄉人　王邦才一門四人同殉　王邦賢一門五人均絕粒　王邦貴一門三人均絕粒　陳玉生一門四人均絕粒　吳明寬一門七人均絕粒　吳明和一門二人均絕粒　唐成龍子順松一門十三人同殉○以上均瑯琊鄉人　巫慶餘被刺死一門十八殉　趙文奇不屈被戕妻某氏不食死○均孝義鄉人　成德甯被戕妻袁氏子齊保同殉　成德清妻王氏子餘福同殉　成德全妻王氏一門四人同殉　凌道恩妻嚴氏一門四人同殉　魏朝堂被戕妻戴氏子開元同殉　何咸芝母唐氏青年守節弟咸蘭咸蕙芝妻

唐氏蘭妻成氏蕙妻胡氏芝子關小蘭子盛小一門十人同殉 劉濟興 妻某氏子一 何
宜南 母沈氏妻唐氏子才小同殉 何咸和 妻朱氏弟咸成咸義成妻某氏義妻某氏子
宜恭俱殉 何宜樹 母某氏妻某氏同殉 何咸煜 妻某氏子浩小俱殉 汪廷聚
妻戴氏子顯貞顯堂老四老五貞妻史氏堂妻戴氏俱殉 汪朝鼎 弟朝興同被戕朝有
朝禮鼎妻嚴氏均絕粒有妻朱氏被戕 汪崇明 投水死子朝仁絕粒 汪顯堂 妻田
氏弟顯皇皇妻王氏均絕粒 汪顯坤 妻孫氏同殉 汪廷秀 妻史氏同殉 汪廷
鈞 妻張氏被戕 殷道華 妻某氏子在堂保齡老三均絕粒 汪朝平 被戕妻田氏
均女二絕粒 汪廷南 妻某氏均絕粒死 汪朝才 妻王氏同殉 汪崇盛 妻某氏
同殉 汪朝盛 妻某氏子二人均絕粒 汪朝龍 妻某氏子二人一門六人殉 游
順餘 妻汪氏子某均絕粒 游順朝 妻史氏子三人均絕粒 汪朝茂 妻王氏子三
人均絕粒 汪廷雙 妻某氏同殉 汪廷全 妻貢氏同殉 汪廷忠 母史氏俱殉
田學良 妻某氏媳有貴妻某氏孫一俱殉 ○以上均句容鄉人 張啟湘 府志作相母

許氏妻李氏女三人均十年殉有傳

張鴻文十年被戕母凌氏弟鴻舉妻劉氏均六年殉

許慶忠有傳母張氏妻劉氏嫂孝忠妻孔氏姪二姪女一同投水死

趙慶禮妻夏氏同殉

吳貞敬妻許氏子正煥俱殉

吳正元妻華氏同在戴橋投水殉

〇以上均坊郭人

沈正棟妻丁氏一門五人殉

嚴全福妻朱氏子二女一同殉

胡本相妻王氏子一俱殉難

胡本珠十年被戕妻李氏不食死

胡有才妻唐氏同殉

胡有先妻馮氏子本燦俱殉

紀傳第妻唐氏同殉

紀傳富妻吳氏同殉

紀傳亮妻張氏同殉

紀傳洪妻何氏同殉

紀傳孝妻華氏子家興媳萬氏同殉

紀家功被害妻田氏不食死

紀家寬被戕妻某氏絕粒

紀家法妻某氏同殉

紀家升妻朱氏同殉

胡有順被戕妻張氏不食殉

何咸旺妻呂氏同殉

何宜高被逼投水死妻唐氏大罵被戕

何咸盛被戕母朱氏妻倪氏同殉

何如高妻某氏同殉

凌道法妻沈氏均絕粒死

徐相貞妻某氏

毛和忠妻滕氏一門三人殉

史啟蒙子五人同殉

史德才六年被戕妻某氏子女三人同殉

史道玉六年

被戕妻某氏門四人殉　王順進在常州被戕妻魏氏殉子朝欄被戕朝棟絕粒　子王

順洪子朝賢同殉妻馮氏絕粒死　王順鼎在延陵被戕妻朱氏絕粒子臘狗投水死

王順平被戕妻汪氏投水　王順浩妻張氏子朝謙均絕粒朝常被戕謙妻張氏常

妻畢氏同殉　王朝瑞在常州被戕妻唐氏絕粒　王朝佩拒賊死妻史氏絕粒　任

世貞全家殉難　史成圍妻某氏子某全家殉　鄒全誥被戕妻任氏投水女秧姑

絕粒　鄒全訓十一年殉難妻吳氏六年被戕繼妻楊氏子雙喜俱十一年殉難　鄒安順

妻某氏子生小均絕粒　鄒安忠十年殉難妻莫氏六年被戕子牛小絕粒死女鞦姑罵賊

被戕　鄒安孝妻孫氏被戕　鄒安富被戕繼妻紀氏絕粒　鄒肇玉中礮死子路

小絕粒　鄒全富妻某氏擊死　鄒全佳母孫氏被擊死妻某氏子雙小殉　鄒肇

禮被擊死母高氏殉　鄒全林妻某氏子某　鄒肇國拒賊被戕母某氏絕粒　周

恆福母某氏被戕以上均弟某絕粒○容鄉人　畢洪禮妻某氏同殉　畢全生

妻趙氏同殉　房德才母某氏全家殉難　房祚純妻某氏媳德江妻某氏全家俱殉

房祚有妻某氏子倉小全家同殉　房祚新一門三人殉○以上均句城十三圖人　王家泰一門七人殉　王家祥妻某氏子某均絕粒　王家春一門五人殉　王傳根在省城被戕全家殉○均通德鄉人　朱傳福妻趙氏同殉　趙美盛妻嚴氏同殉　趙美廣妻吳氏同殉　趙美寬妻唐氏同殉　潘成安殉蘇州難妻趙氏絕粒　潘成生絕粒妻祝氏被擊死　紀正有被戕妻倪氏絕粒　紀正元妻張氏子朝堂均被戕　紀朝棟被戕妻鄒氏子某同殉　畢盛修妻某氏子淸小俱殉　紀正華妻萬氏子法小均殉　唐在林子大福被戕　紀正榮被戕妻潘氏子一均絕粒死　紀朝王妻雷氏同殉　張德春一門四人殉　張德華一門五人殉　潘繼榮妻某氏瞽目子某俱殉難　史繼才拒賊被戕死妻周氏殉　史茂盛妻朱氏子某同殉　史茂智子某同殉妻某氏被戕媳某氏絕粒死　史繼有子懷富同殉妻某氏孫某均絕粒　史興福弟興壽同殉母某氏絕粒死　史繼賓被戕妻魏氏投水子茂傳殉難　史繼忠子茂棟同殉妻陳氏媳劉氏絕粒　史德瑞被擊死子繼

吉老二同殉老四被戕孫三八殉難　史繼堂子茂朝同殉媳某氏孫某絕粒　史

茂貞殉江北難妻田氏子一均絕粒　嚴益浩妻史氏某同殉子　史茂和支解

死妻胡氏絕粒　史繼淵子三同殉妻某氏絕粒　史繼敦子庚小同殉妻某氏絕

粒死　史道寶六年被戕子茂洪十年殉　史茂順妻嚴氏媳某氏子兆興同殉　史

繼厚母某氏俱戕　史繼兆子庚小同殉　史茂文妻某氏俱殉　史茂晉妻某

氏俱殉　嚴玉兆妻某氏子進壽進義進智同殉　嚴玉萬妻潘氏子進科進玉科

妻朱氏胡氏俱殉玉妻　嚴玉龍子進道進禮進揚同殉　嚴玉華被戕唐氏殉妻

嚴全柏子某妻某氏同殉　嚴全智在黃堰壩被戕妻某氏絕粒全家俱殉　嚴

全上子福才媳某氏俱殉　嚴全春妻某氏同殉　嚴福祚妻某氏子某媳貢氏孫

二八全家殉　嚴德富母潘氏妻某氏同殉　嚴進廷妻曹氏子海大俱殉　嚴福

春被戕妻某氏同殉　嚴德情母儲氏弟德家俱殉　嚴德雄妻某氏子某俱殉

嚴德萬妻史氏同殉　嚴于清妻唐氏子某同絕粒　嚴于貴妻某氏同殉

續纂句容縣志　卷十一下　人物　忠義表　三九

嚴于禮拒賊死妻某氏子某一門六八殉
嚴復春妻某氏全家殉難
嚴福生十年殉繼妻某氏六年殉再繼妻某氏女一十年同殉
嚴玉成十年被戕全家殉
嚴全功妻某氏子某媳某氏全家殉
嚴全泰自縊妻某氏全家殉
嚴全鉞全家殉
嚴于旺妻某氏同殉
嚴于忠妻某氏子某俱殉
胡有玉妻董氏子本才媳萬氏同絕粒死
嚴福才妻某氏子某同殉
胡本音全家殉
胡有金妻劉氏子某全家殉
胡有銀全家殉
胡有法子本富媳嚴氏同殉
胡有壽妻某氏全家殉難
胡有高妻某氏全家殉
胡有恩妻戴氏被戕
胡有良妻嚴氏子本清媳唐氏同殉
嚴德賢妻某氏子某同殉
嚴可貞被戕母史氏妻董氏媳潘氏同殉
嚴承剛子志壽妻某氏同殉
嚴本位妻唐氏子明小同殉
嚴志萬妻某氏子本虎同殉
楊邦相妻某氏子家昌家鼇孫慶福慶祿同殉
唐德仁妻某氏子啟忠同殉
唐德義妻某氏子啟孝同殉
陳興發妻某氏
吳太柏妻某氏
何宜春宜和宜泰同殉
何太順母王氏庶母某氏妻潘氏同

殉
何太保 母某氏妻某氏同殉
何太法 妻某氏子咸亭媳馮氏同殉
何咸如 妻某氏子宜龍同殉
何咸亮 子天小同殉
王安祥 妻某氏弟安壽壽妻某氏子德配海老三姪德富同殉
張本源 被戕妻某氏媳朱氏同殉
何太翰 被戕妻丁氏子咸燦中小媳某氏同殉
何正英 妻某氏子太升太高太倫升妻萬氏倫妻唐氏俱殉
何正進 妻某氏同殉
張長茀 妻何氏同殉
史繼賢 子茂本同殉妻某氏媳某氏均絕粒
馮履康 一門殉
馮履盛 一門殉
馮履裕 一門殉
馮本和 一門殉
馮遵聖 一門殉
馮遵路 一門殉
馮履貴 一門殉
馮遵楠 一門殉 ○以上均句容鄉人
俞天坊 守仁九年俱殉盱眙明光集捻匪難
俞士湧 妻朱氏八年同殉滁州難
劉廷芳 瑯琊鄉人有傳妻蘇氏子春庭
王凝泉 罵賊被戕母許氏同殉
徐老春 被戕妻某氏抱幼子投水
唐五 賊逼不屈自刎子祖龍被戕 ○均茅山鄉人
佴宗榮 被戕妻某氏同遇害
佴祖林 妻王氏十年同被戕
章仁尊 十年被戕妻張氏絕粒
張才福 不屈剖腹死妻朱氏不食殉 ○以上均孝義鄉人
張

才元十年被戕妻部氏不食死　張才榮十年被戕妻任氏不食殉　張盛福十年被戕
妻某氏不食死　倪盛高妻華氏十年同被戕　蔣朝盛妻王氏子一同殉　蔣
志福妻張氏子一同殉　蔣鳴方妻某氏子相全俱殉　譚正福妻張氏子二俱
殉　章曾富中鎗死妻張氏絶粒○以上均移風鄉人　汪元旺六年被戕妻夔氏在
城殉　汪元柏妻樊氏俱殉　汪永蒼妻某氏俱殉　汪本益妻某氏俱絶粒　田
明照被戕子某妻王氏絶粒　田由信子虎生同戕　田明烈妻曾氏俱殉　田
明帶妻汪氏同戕　唐世元妻馮氏絶粒　唐德業妻史氏絶粒　唐啟聖妻柳
氏絶粒　唐廷賢被戕妻某氏絶粒　唐道坊妻田氏子德庚俱殉難　習老
庚被戕妻某氏絶粒　湯存仁妻張氏絶粒　湯存義妻李氏同殉　湯存財
妻王氏同殉　湯艮本妻黎氏同殉　湯艮英妻張氏同殉　湯艮佐妻李氏同殉
湯艮智妻吳氏同殉　湯艮吉妻吳氏同殉　湯艮照妻吳氏同殉　黎大
剛妻卞氏同殉　黎世珊妻唐氏同殉　黎大茂妻某氏同殉　竇天榮妻李氏

同殉

竇天忠妻李氏俱投水　竇天林妻周氏同殉　竇天悟被戕妻袁氏同殉

竇天禮被焚死妻袁氏絕粒　竇昌發被戕妻某氏絕粒　竇昌興被戕妻

某氏絕粒　竇昌元妻汪氏闔家殉難　竇昌雲妻周氏闔家殉難　竇昌通妻夌氏

闔家殉難　嚴雙喜殉城難弟老五投水死　成于福妻鄒氏俱殉　史茂發六年

殉難妻朱氏投水死　嚴福庚妻某氏同殉　孫扣小妻某氏俱絕粒死　張于鼎

妻某氏俱絕粒死　嚴全生妻唐氏俱殉　○以上均來蘇鄉人　孫忠正坊郭人十年被戕

子五人俱殉　王善餘段家邊人妻某氏同被戕　張長志妻駱氏同戕　張才

先妻王氏同戕　張映春被戕妻歐陽氏絕粒　尤國興妻趙氏俱絕粒　毛萬鍾

被戕妻劉氏絕粒　○以上均孝義鄉人　習道發六年殉難妻田氏絕粒死　蔣鳴先

十年殉妻王氏絕粒　蔣鳴惠妻吳氏同絕粒死　張長朋子才榮才貴　張才譜

弟才柏　○以上均政仁鄉人　許慶元妻胡氏子毛小　胡德華妻某氏子喬小○均趙塘頭

人　郜世綱殉難妻巫氏被縛焚死　郜文第母節婦某氏妻某氏同殉　郜世

模妻某氏媳某氏同殉郎有啟母某氏妻某氏同殉郎世有子有模媳紀氏同殉
郎有忠絕粒妻巫氏被焚死郎有義絕粒妻某氏被焚死郎有煥妻某氏
子方朝俱殉郎有德妻某氏被縊死子方周被戕媳巫氏絕粒○以上均鳳壇鄉人
時道方日子里人被戕妻郎氏絕粒華聚美子繼順同戕梅堯元被戕妻張氏
抱幼女投水梅堯五母徐氏妻某氏子某全家殉郭天湘妻徐氏同殉郭天
淵罵賊中鎗死妻徐氏姪敘綱姪孫長連俱殉姪媳夏氏投水死府志誤作天元戎信選女二
同殉難曹承謨弟承詰均被戕妻徐氏攜幼子二投水死王盛祥被戕妻許氏女
三俱殉○以上均坊郭人朱蔚東妻郭氏十年同殉朱昌沭妻余氏十年同殉○均楊柳
郵人陳禮全弟禮春素相友愛被執不從同戕王克起罵賊被縛樹寸磔死妻侯氏投
水殉張恆林子禮典禮謨被擄不屈均被戕張恆瑤恆貴恆通餘旺均殺賊被戕
劉立興立成均殺賊被戕○以上均通德鄉人朱宣仁絕粒死妻尹氏不屈被戕潘
重發子明壽同絕粒妻周氏在行香被戕朱達鑑妻武氏十一年同殉武崇佩

年七十四子毛兒被擄不屈祿兒瞽目同被戕

樊德珍妻某氏十年同被戕

樊美文

十年被戕妻鄒氏十一年絶粒

笪修美敎艮俱被拷死名錦子五齡餓死

笪修立十年

在倪塘投水死妻曹氏餓死

笪修發十年不屈被戕妻某氏絶粒死

笪立義妻鄧氏同絶

粒死

笪修煒妻王氏同絶粒死

笪名舉妻朱氏同絶粒死

胡正謙妻武氏禮法

七歲同絶粒

胡正禮妻嚴氏同絶粒死

戴貫榮妻陳氏子狗兒女鶯兒俱絶粒死

張盛彰弟盛昌十年不從賊餓死

耿信朋弟信友被擄不屈同餓死

殷正茂妻呂

氏同絶粒子家財在外殉難

高汝緗妻王氏子秉中俱絶粒死秉和被戕

高三麻

子在外殉難妻某氏不食死

高忠粹妻王氏十一年同絶粒

錢昌敬妻朱氏同絶粒死

錢昌富被害妻張氏絶粒死

錢志進妻朱氏六年相攜投水

朱宣柯同治二年

殉難妻某氏及二子閉戶餓死

朱宣樞妻糜氏同餓死

朱宣范妻戴氏十一年同殉

朱達武妻李氏同殉

朱宣蘭十年殉難妻錢氏女一同治元年絶粒

戴儒忠

妻王氏同殉

朱達三妻某氏同殉

朱達謞妻糜氏同殉

朱宣金妻某氏同絶

粒死　朱宣銀妻某氏同絶粒死　朱志端妻某氏同殉　朱志義妻魏氏子一十一年闔門餓死　戴光保妻朱氏子二十一年闔門餓死○以上均來蘇鄉人　劉坤罵賊被磔妻朱氏抱幼子投塘死○瑯琊鄉人　端木樂佩殉廣德難女愛姑十年不屈被戕　姚行健妻王氏　王恆襄母吳氏均六年殉○均鳳壇鄉人　端木利炳妻蔣氏同治元年同被戕　周恆興妻王氏在龍都被戕　周景基妻施氏同治元年同被戕　魏昌壽妻湯氏同殉　魏元松被戕妻周氏同殉　魏元柏被戕妻王氏同殉　陳齊敬被戕妻王氏同殉　楊明倫被戕母某氏不食死　潘自立妻石氏同殉　曹家義妻某氏同殉　楊正仁妻張氏同殉　張承基母宮氏同殉　戴儒位妻華氏同殉　魏元奇妻某氏同殉　魏元起妻戴氏同殉　王和鳳妻石氏　楊正盛妻金氏　楊一康妻茅氏　楊彩章妻王氏　楊一坤母王氏妻周氏　楊學禮妻張氏　楊學祥妻某氏　楊學合妻戴氏　楊學加妻周氏　楊學浩妻戴氏　楊錦連妻戴氏　楊一鈺妻韓氏　戴立興妻楊氏

楊一成妻某氏
楊長生母王氏
楊正來母某氏
楊一壽妻夏氏
楊一連妻戴氏
楊正華妻王氏
李一麟被戕妻雍氏同殉
華念治妻某氏
宣達祝妻唐氏
楊志禮妻吳氏
吳名成女某姑
華思儼被戕母某氏絕粒
華永高十年被戕妻戴氏殉
吳名祥被戕妻華氏同殉
石承序妻戴氏六年殉序與繼妻萬氏十年殉
鄒玉成妻馬氏女三姑
鄒玉廷妻張氏
賣艮灝妻戴氏六年殉灝與繼妻某氏十年同殉
端木利耀十一年被戕妻某氏殉
魏泰堯妻潘氏
魏泰我妻戴氏
潘自勇妻陶氏
潘泰聚妻張氏
潘自喜妻某氏
潘泰亨妻高氏
石先林妻魏氏一門俱殉
石先榮妻王氏六年殉繼妻雍氏十年與榮同殉
石先平妻華氏
楊正篤妻戴氏
楊正黃妻戴氏
石喜仁闔門殉
張心林闔門殉
○以上均臨泉鄉人
楊其盛妻失氏同絕粒死
凌朝德族大了頭均絕粒
凌朝棟六年在行香被戕妻某氏子九齡十一年殉
凌啟發長子某次子某十一年同絕粒
凌朝金十一年被戕長子八齡

次子六齡俱餓死　凌朝楨十一年投水殉啟仁子某啟仁女某姑被逼不從與弟同殉　凌
啟貴絕粒死媳劉氏不屈被戕　凌啟龍絕粒死長子某被戕次子長晏同殉　凌啟
麟六年被戕子長信絕粒啟鳳子某在黃梅郵戕死　凌啟連子某年十三次子十齡三子八齡
女某姑年十六次女六齡同殉　朱志廣在徐郵殉難妻劉氏絕粒　朱志庚在行香被戕
妻張氏同殉　劉金仁妻盛氏俱殉　劉天直被戕弟天長絕粒　劉文榮妻朱
氏同殉　劉金堂妻貢氏同殉　劉金典絕粒妻王氏不屈被戕　嚴全壽絕粒
子三齡溺水死　成在見子某十一年同殉　朱宗烜六年被戕妻胡氏餓死　朱
傳有十年被戕妻某氏餓死　朱傳文傳武同絕粒　朱榮瑞在南唐莊中礮死妻張
氏不屈同殉○以上均來蘇鄉人　尹艮愷妻某氏子四齡同治元年殉　尹興寬妻唐
氏妾某氏子二齡同絕粒死　尹艮通妻某氏同殉　尹崇芳妻某氏同殉　尹興
富妻某氏同殉　唐志杳妻某氏　唐禮明妻某氏　唐信有妻某氏　唐
崇孝妻王氏　戴長金十年被戕族某子七齡絕粒死　施正富被戕妻唐氏不屈死

施正榮妻凌氏同殉○以上均句容鄉人　李盛喜六年救子被戕妻湯氏被打死

李家桂不屈慘死妻高氏不食死　李茂寬子桃小同絕粒死　李盛安不屈被害妻

高氏同殉○以上均來蘇鄉人　呂懋惠子成陶　呂咸富子良政　呂咸隆

妻某氏子良明媳某氏　呂咸旺妻某氏　夏興美子萬山　朱某子德泰

朱德魁妻某氏　吳大來巷邨人妻某氏　朱明順子德見　呂咸昌妻某氏

呂良廷母某氏　呂良德妻某氏　呂福益兄弟三人　呂咸美妻某氏

子某　韓從秀妻某氏　韓順喜子某　姜明仁妻某氏　王家旭子大金

小金○以上均仁信鄉人　張定松六年不屈投水死繼妻姚氏○同殉○坊郭人　胡本銓

妻趙氏有傳嫂趙氏子是高一門殉難○承仙鄉人　戴臣之立小一小○臨泉鄉人　呂咸

春妻許氏子良善良厚一門殉　呂咸茂妻蔣氏子良嵩良嶽三連四連闔家絕粒死○

均仁信鄉人　朱德文妻韓氏同戕　朱茂旺殉難妻湯氏投水幼女二同殉　張

映旺母楊氏○均孝義鄉人　張長佑子才良　張遠瑜弟遠瑞○均移風鄉人

戎玉鵬妻程氏均十年殉○坊郭人 張慶鈅弟慶安 張慶已弟慶立 張
才應弟才春○均崇德鄉人 朱勝元被戕妻居氏投水死 朱勝萬被戕妻戴氏
絕粒 朱德生被戕妻張氏絕粒 朱正富被戕妻劉氏絕粒 朱勝珠
妻徐氏六年同投水殉○以上均孝義鄉人 張長鏞弟長鈺○移風鄉人 高廷興子世德
高廷煥妻劉氏 高廷培妻劉氏 高廷棕被戕妻郃氏絕粒 江成
典妻高氏同治元年同戕 江成文妻劉氏十一年同戕 陳德春妻朱氏十一年同戕
陳賢華妻裦氏同絕粒死 江艮和妻章氏同治元年倶戕 巫恆文妻王氏同治
元年同戕 賈延生妻侯氏同絕粒死 王大康妻張氏子廣松媳何
氏同治二年倶殉 王大蘭子廣根媳張氏同殉 王聚安妻戴氏子照龍媳李氏同殉
王廣讓妻戴氏同殉 王大甯子廣漢媳戴氏同殉 王廣洲妻巫氏同殉
王廣沇妻戴氏同殉 王大朋妻郃氏子廣燦同殉 王天賜六年被戕子大全餓
死 王廣鳳子照合同治元年倶殉 王廣榮妻張氏子照勳媳丁氏倶絕粒死 王

廣元妻謝氏媳黃氏子照乾同絕粒死　王大相妻黃氏同殉　王大堂妻張氏子廣
乾同殉　王大秋子廣良同殉　王照君妻徐氏年同被戕六　王廣明妻張氏
同殉　王照壽妻裒氏同殉　王照祿妻巫氏同殉　王廣修妻戴氏同殉　王
天賢妻黃氏同殉　王大槁妻戴氏同殉　王廣靈妻李氏同殉　○以上均瑯琊鄉人
張有仁子玉隆媳魯氏同殉　張延瑞妻李氏同殉　戴良有妻紀氏同殉
戴良聚妻許氏同殉　戴良旺妻孔氏　戴良善妻張氏　戴良貴妻高氏
戴良富良德　陳德義妻張氏　魯長林妻王氏　魯德修妻李氏
張啟道妻唐氏　張開泰妻孫氏　張開盛妻倪氏　張啟祥妻何氏
張慶發妻俞氏　張啟明妻賀氏　張啟才妻俞氏　張玉德妻俞氏
張啟祿妻戴氏　張慶同妻戴氏　張啟富妻王氏子罐子媳裒氏　張德
賢妻唐氏　張興太妻章氏　張玉貞妻俞氏　張玉善妻戴氏　張餘
金妻朱氏　張餘成妻樊氏　張餘高妻章氏　張餘盛妻魯氏　張餘

林妻王氏張餘發妻許氏張餘廣妻倪氏張餘中妻戴氏張興祿妻戴氏張有信妻戴氏○以上皆同治元年絕粒張慶春十年被戕妻劉氏餓死張玉旺子慶珍同治元年同被戕○以上均瑯琊鄉人俞恆炳下甸郵人妻張氏六年同被戕朱道聚十一年被戕妻尤氏餓死朱道金妻張氏道銀同打死道玉被戕朱道瑚七年被戕妻萬氏餓死朱興禮七年被戕妻王氏餓死朱道彬妻王氏十一年同餓死朱道艮十年殉妻韓氏六年投水死繼妻張氏十年殉朱道海餓死妻戴氏投水朱道賢妻李氏同餓死子盛連盛瑚盛珹同不屈被戕死朱道雲十年被戕妻王氏殉難朱道隆妻王氏同殉朱盛忠六年被戕妻張氏餓死朱盛萬十年被戕妻呂氏餓死朱盛龍妻王氏俱戕朱盛寬妻許氏同戕朱盛德妻王氏十年同戕朱盛懷妻薛氏俱戕朱盛銀妻孫氏十年同戕朱興旺妻施氏十一年同被戕朱興財十一年被戕妻唐氏餓死朱興富妻笪氏十年同戕朱興仁妻丁氏俱戕朱興邦妻曹氏十年同戕朱興龍七年被戕

妻裴氏餓死　朱興禮妻巫氏俱戕　朱有成妻李氏同治元年同被戕　朱有
慶十一年被戕妻湯氏餓死　朱有忠妻湯氏同戕　朱有金妻孫氏同戕　朱道
舉六年被戕妻某氏餓死　朱道福六年被戕妻某氏餓死　朱道先妻裴氏俱戕
朱道朋妻周氏同戕　朱道瑕妻居氏俱戕　○以上均鳳壇鄉人　闞建昭妻孔
氏十年同殉　張祚興妻徐氏十年同在西荊塘投水　戎興慧弟長松戚管舒氏　○均坊
郭人　朱某朱家邨人全邨殉　朱元潤本鍾　胡先知妻楊氏　胡秀兒母楊
氏均在馬院邨殉　吳成傳一門四口俱十一年殉　吳登馥達魁華恭　于國愛于家
邊人一門四人殉　于家俊于家邊人一門十二人殉　于家駒家騏德興　梅廷璋
妻趙氏坤一一妻趙氏　陳啟高應臺女三姑　陳某潤東邨人全邨殉　陳某西頭
店人全邨殉　陳紹錫孫莊人姪祖瀕十年閏三月同殉　陳正秀前李邨人一門三人殉
孫某孫家邨人全邨殉　孫某西頭店人全邨殉　巫某正塘頭人全邨殉　樊啟
堂子姪妻孥並戚二十餘口俱殉　姚隆芝姚家邨人一門六口殉　姚餘厚烏塘頭人一門四

人殉　姚國相姚家邨人國豐國治均十年被戕　高君懷君賢應書應瑾書妻張氏
俱殉　王大鳳旅坤馬平橋被戕　王美勤本山六年淤鄉被戕　王元貞妻朱氏
子泰保女傳保均十年殉　王喜兒弟壽兒母劉氏永山妻陳氏均十年殉　王炤鞏
王孟輝妻樊氏　王某王圩塘人全邨殉　張詩釗彤書駱氏繡英淑貞大姑
小姑菊秋多姑僕宋福　張慶備慶和慶譜慶友六年均在淤鄉殉　張延坤延信均
在潦塘邨殉　張延林張巷邨人一門三人殉　汪烈正兄弟四家十五人俱殉　汪立
宏水南邨人立慶立貴十年城陷二十餘口殉　潘明良兆瑞三元傳高均在淤鄉殉　楊
松林母高氏均在楊山邨殉　楊明連弟明富在萬里濠殉妻陳氏在城殉難　楊貢禹
妻戴氏　楊某正塘頭人全邨殉　楊義周楊巷邨人一門三人殉　楊禮茂一門五人
殉　楊義聰子道愷守城陣亡家屬二人同殉　楊義松一門十口殉　楊義源
一門六人殉　楊德茂一門六人殉　楊德元一門三人殉　楊道嚴一門四人殉
楊義祥一門六人殉　楊義昇一門四人殉　楊義謙一門八人殉○以上均楊

巷邨人余開生女許丁有傳罵賊死劉同春母汪氏均在馬院邨殉難鄒正
奎上鄒邨人正身我儉正信均十年被戕嚴文壽馬莊橋人一門四人殉唐繼富
旭和六年均在淤鄉殉凌相孫監生慶壽妻楊氏女金姑祿姑均不屈被戕凌長蔚長祐
妻許氏祐妻王氏譚某正塘頭人全邨殉譚全金譚家邨人一門四人殉房道勤
儀古莊人一門八人殉房德連房家邊人一門七人殉房同九房家邊人一門六人殉
李有球文生成名子永福孫華文生實粤曾孫啟元子婦陳氏孫婦程氏孫女巧姑珍姑
玉姑轉姑女僕張氏李永貴弟永富遲氏妻羅氏李永祥弟永年永順姪
世德世復世儒母葛氏妻黃氏弟婦王氏張氏彭氏女巧林孫女銀姑鳳貞李永泰
子世松弟婦汪氏李星漢母佘氏弟鳴泉妹一妻張氏子一李蘭英母汪氏
李某一門焚死孔昭理子紅兒妻劉氏女端英繁英紀修義景運幹祥六年殉
呂福壽蘇氏均西社邨殉趙天祥如祥均於六年在馬平橋殉趙治秀成庶六
年均在天王寺殉趙道儒裕生清修趙國言妻陸氏子文春春妻高氏同治元年自焚死

趙永奎趙莊人永玉賢志均十年被戕
趙永廷永球永相賢堯妻張氏紀氏廷
藩妻戴氏永相妻部氏女龍英姑
戴立堃儒修城下郵人七年殉
戴延斌啟松七
年均北城殉
戴道新文銘
顧靜安仁裕
盛某盛家邊人全郵殉
段某陳家
邊人全郵殉
杜繩武妻陳氏
葛鳳餘妻賨氏
駱佳妻郭氏六年俱殉
笪
敵東子銘榮妻莊氏均殉
靡某王圩塘人全郵殉
靡茂林栖溪郵人一門七人殉
靡茂森栖溪郵人一門六人殉
李廷爽妻汪氏
李芳林桂林七年祓戕
祝
文聖西佴墅人一門七人殉
許方平許家莊人一門五人殉
謝惟善謝家邊人妻楊氏
十年被戕
李聖超世超
王昌壽子加坤七年殉
孫均承妻徐氏
許順
善妻耿氏
呂元愷下蜀人妻周氏府志作蘇氏十年被戕
○以上均見府志
李傳絅
妻貢氏妾陳氏均投水
俞宏宥妻戴氏
李殿忠妻章氏
欒蔚軒姪媳賨氏
王文錢妻陶氏
王承榮妻張氏
何賢林妻陳氏
趙永喜妻王氏
吳朝坤妻鄒氏
○以上均見版位
高德聚妻楊氏
高增金子某
○均移風鄉

人　巫邦羅妻某氏　巫邦仙妻某氏　巫邦高妻某氏　巫邦成妻某

氏　巫邦樸妻某氏　巫邦揚妻某氏　巫田福妻某氏　巫禿頭妻某

氏　巫邦淑妻某氏　巫邦達妻高氏女正姑子狗兒均被戕　巫邦耀妻某

巫邦洪妻陳氏　巫邦興妻某氏　巫邦旺妻某氏　巫國成妻某氏

子某○以上均望仙鄉人　王道人妻某氏○來蘇鄉人　高樹文弟某　高樹培母陳

氏　高德璋妻任氏○均移風鄉人　戴天才闔門六口均十年殉○瑯琊鄉人　楊

喜龍妻張氏　丁玉承妻王氏　胡承全妻汪氏承孝　趙大有大興大全

雷長壽妻顧氏　李長仁妻徐氏　李長元妻居氏　王加時妻李氏加寶

加發　賈學貴妻尚氏弟學富子正有正祥正元　賈仕福妻汪氏弟仕財　彭

老五妻丁氏　戴長有長貴長富貴妻陳氏富妻李氏　孫先仁子朝江朝○朝

元朝魁江妻劉氏○妻○以上均華陽門外居氏元妻賀氏魁妻王氏○白陽關人殉難　馮剃頭

石墨邨人十年全家殉難

以上一門殉難

何正華　朱一道　王正芳　王國懷　張天有　夏尊元俱附見徐崇鳳傳　呂懋富有傳　項廷美　解士艮附見呂懋富傳。以上均仁信鄉人

倪紹城十年罵賊死　周恆楞四年遇害。均東陽鎮人　黃家倫罵賊被戕　周廣隆殉揚州難　吳聚才　鍾景隆　鍾啟雲　倪國華　祁百壽俱被戕。以上均下蜀人

蔡明福　蔡明旺　蔡明德　蔡耀廷　馬明尊　朱聯均　朱聯堂　蔡明朝　蔡明亮　蔡明洪　蔡光顯　蔡明賢　華宜平　朱聯慶　蔡繼周　蔡之萱　蔡之秉　蔡之端　蔡之茂　蔡道義　蔡亮安　蔡明華以上均仁信鄉人

姚景凝　姚景泗　姚行本　倪承義以上均倉頭人

呂咸旺　呂咸隆　呂艮明　呂咸階　呂艮甚　呂艮祺　呂咸亮　呂庠學　呂洪貴　呂庠禮　呂庠佑　呂志仁　呂庠敬

劉裕玖　劉裕農　張長春　王正洵　李家懷　周文藻俱殉難○以上均仁信鄉人　馬德良　王乾興　梅松清均瑯琊鄉人　吳光潤不屈砍死　王克貴砍死○均後郇人　杜啟餘大杜家郇人擊賊被戕　劉文魁　尤國良均馬院郇人六年鬭賊被戕　任應道任家郇人遇賊于鬭巷南擊賊被害

朱志綱有傳○來蘇鄉人　徐德美在邵家邊被戕　徐德寶在張古墩被戕　徐長喜被戕　徐大成投水死　陳心明六年破腹死　王德成劈顱死　張大化　陳心順　任賢華　許維武　許維誠俱投山岔河死　許士賢妻子流散逃出被戕　孫盛旺被擄不屈刀劈顱死　孫盛玉被勦打死　孔在心被戕

王克容亂刀砍死　鄒盛仁不屈被戕　王紹連被戕　陳周庫索金不允舉火燒死　陳老三附見戴忠松傳　杜世孝年老不任擔被殺于馬常山　杜世春同擄被戕　孫天庸被戕　杜傳章　杜傳信俱被戕　徐太餘賊至其家見有刀械舉刀戮之　徐太寬被戕　周繼宣不屈被戕　王正方被掠至孔岡頭逃出被戕　李光照

被戕　杜興才　杜文福均投水死　杜興賢被戕　楊大壽投河死　楊有才被戕　杜文浩投塘死　徐興貴　趙國良均被戕　張玉懷　張老二俱被戕　張玉清投水死　張大發投水死　夏長榮與團丁同名被戕　孔繼業投河死　陳萬財被戕　王光生投河死　夏有理崇福圩被戕　陳萬泰有傳　孔繼明　張必成俱被戕　劉文連出樵被刺死　胡肇成閉門不食死　李興餘　王慶生俱被戕　張正富中洋鎗死　許本全被戕　許師運被槍刺死　許師明　許本寬均被戕　田義興服鹽滷死　許維遠在天王寺被戕　許立功不食死　闞傳信　許師敦　闞紀壽　許師玉　許師聯　許師永　闞智昭均被戕　闞紀綱　闞仁玉　許師純　陳興富均投河死　陳長富被戕　許大懷投水死　闞仁太　陳興有　王國慶　王長科　楊文福　許大年均投河死　闞智德　王國高　闞智量均被戕　張振明　徐繼

功俱投河死　郭新理被戕　毛長運投河死　許世隆在句容大路被戕死　孔

廣明　孔繼華　吳光大俱被戕　孫天運被戕　孫盛貴　周德

洪　陳仁喜俱絕粒死　滕大順被擄不屈戕死　陳仁元　楊修明俱被戕

孔廣城　許師坤　張明懷　杜興邦　杜興善　陳周餘

陳周賢俱被戕死　徐長達　王慶順　闕仁貴俱投河死　滕文理

不食死○以上均福祚鄉人　柏以元殉杭州難　張仁鑑被賊追跌死　聶可華

被匪打死　李後基有傳　胡有誠附傳　李應根附傳　李應松有傳　胡

之森附傳　席子容有傳　許貞棕附傳　張義涵投水死　張培麟被賊

剖腹死　張心忠　張培秀均自縊死　張心舒　王安鍾俱投水死　趙

家棟罵賊剖腹死　趙治政　趙家基　趙家根　趙家榮俱被戕

衞德松被賊亂斫死　胡有珠罵賊被戕　徐良潤同治元年被戕　徐家坤先被

賊刃數創復以火焚死　王凝珍年老賊至被戕　王德健　趙治堂　趙經和

俱被戕　徐艮酭　許治燮均投水死　曹政鳳　孫思榮俱六年被戕　○
以上均承仙鄉人　沈振宏　呂昌豪　張孝功　何咸通　王仁寬
魏榮登俱十年被戕　沈昌庚十年罵賊不屈投塘死　何太孝殉丹陽難　嚴
志福被擄至蘇州投河死　岳明太被追跌死　岳明基　岳道喜俱被戕死　陳
毛兒被戕于卓廟　袁景發被擄不屈戕死　袁建棟年七十被賊戕落牛頭數日痛死
王朝禮索財不得被戕死　王明康　王清祿同治元年俱被戕于小李莊　王太
見殉寶堰難　王朝賓被戕于山岔　王太山　王立第　王明順同治元年
被擊死　凌道成被戕　任世柏不屈被戕　鄒肇義罵賊被三十餘創死　唐玉
銀六年被賊逼死　孫克順被賊砍死投圊中　丁德華被戕　江顯林殉丹陽難　嚴
朱家發被戕　唐德玉被戕于織機橋　史繼源十年被戕　嚴可映被戕　嚴
子佩被戕于茅山　嚴可懷賊至自縊　嚴可春被戕　嚴志慶六年被戕于潘莊
嚴本榮殉丹陽難　嚴本慶被縶拷死　嚴志庚殉孟河難　嚴志茂賊至自縊

嚴謙泰自縊　嚴根兒　唐德裕俱被戕　唐啟科被擄不從戕死　唐啟倉被戕　楊明庚賊擄不從拷死　于祥雲十年被戕于唐陵　陰文元殉金壇難　陰進茂砍死　唐德發砍數創痛死　于元功年七十餘十年被戕　秦道生被擄不屈戕死　袁本立　王光裕　王榮發　淩德貞　袁孝富俱被戕死〇以上均句容鄉人　朱克成　朱克君　朱恭華　朱恭繼　朱永廣　朱恭泰　朱恭孚　朱永法均六年五月同時被戕　朱恭寅　朱克璩　朱永田俱十年被戕〇以上均朱家山人　王尙仁西鄉人被戕　周啟貴南鄉人六年被戕　陳仁淮六年被戕　高德遠均坊郭人　唐承治　唐承銘　唐承源俱十年被戕　唐承義　唐承啟俱十年在葛邨殉難　唐承庵　唐承祧　唐承玉俱十年在郭莊廟被戕　唐承安　唐序敬俱在赤山被戕　唐序鳳　唐序泰俱在王家渡投河死　唐士據在湖熟被戕　唐序桃　唐高三俱在仙女廟被戕〇以上均句容鄉人　吳美潭橋東人　冷道進　孫

盛餘　張德均皆東鄉人俱被戕　盧正才下盧邨人被戕　劉心惺坊郭人十年殉蘇州難　胡有源附見劉昌本傳　倪熾甯被戕　倪熾錩被脅不從戕死　倪昌閏罵賊不屈被戕　許某被賊戕于茅山　安世姓逸被賊剖腹于蔡巷　朱繼城　俞正煊　韋恆元均罵賊不屈被戕　張心和賊至被戕　戴臣興六年罵賊被砍死○以上均承仙鄉人　徐長生　劉盛有　王正洵俱十年遇賊不屈被戕　夏賢旺賊至脅爲鄉導不從被戕　姚向川十年自經　王大喜有傳　劉興元十年聞城陷數日不食自縊死　劉可學附見陳德義傳　劉興寬十年被戕　劉興鑣被縶不屈戕死　朱廣朝十一年自縊　鄒萬年附見劉昌本傳　戎世文十年賊執不屈被戕　劉昌進聞城再陷憂憤不食賊至自盡　葛全寬遇賊不屈中鎗死　侯家勤聞賊至不食自縊死　田長明　楊道仁遇賊同時殉難　陶晉良十年賊至自縊　楊恆旺十年被戕　孫裕章十年投水死　夏儒全烏塘邨人附傳　江善林附傳　楊義高附傳　孔慶華附傳　陳萬福附傳　湯鳳文附傳　張長坤附傳○以上

均通德鄉人　郜賢洪有傳　郜惟堂罵賊被戕○均孝義鄉人　徐起立素以信義

著賊至自經死　楊正山　楊興喬俱被擄不從戕死　楊正國不屈被賊劈死　楊

興珠有殊力恨賊數遇數鬬力竭被矛刺死○以上均通德鄉人　李宗志十一年在周家被礮擊死

李長和賊索財不得被亂刃砍死　李啟富十年殉難　朱世祿十一年被戕　笪

長珍賊擄不從被戕　笪長貴在光里朝被戕○以上均孝義鄉人　戴延義被戕　戴

延惠在馬莊橋被戕　戴啟德殉蘇州難○均移風鄉人　趙亮貴被砦投水賊以矛刺死

韋玉祥十一年殉難○均來蘇鄉人　楊興有在郭家邊被戕　解國方在城被戕

○均福祚鄉人　張華居被賊索財擄掠死　凌家餘在城被戕　朱善元在下隍被

戕○均句容鄉人　程開業被戕　趙殿旺　趙榮貴　趙榮安俱在外殉

難　張榮煜子某年十三投水死　張傳富　劉勝寬　劉明立俱殉難

耿永興在賈相郁被戕　耿恆富在金陵被戕　李德正十年殉難　笪春年

十年在鄉殉難　高翰文殉丹陽難　高汝勤被戕　糜宏誥十年殉難　糜宏招

賊索財不得被拷死　糜廷瓚在倪塘被戕　糜德豪　糜廷雨俱被戕　糜廷
容被拷死　糜廷彩殉難　糜廷壽在唐巷被戕　糜廷忠　糜廷啟
糜德連　糜廷梓均在外殉難　糜宏休　糜宏允俱在小丹陽被戕　糜
宏祥在土橋被戕　糜延瑾在山岔被戕　糜宏本在後顏邨被戕　糜宏昱
糜三齡俱在外殉難　糜德全　糜宏濤俱在樵溪被戕　周明興絕粒死
吳日明殉蘇州難　周明發　樊宗金　糜宏富俱在外殉難　糜德恆
在後顏邨殉難　糜延晈絕粒○以上均來蘇鄉人　潘朝蓁被戕　潘一柄殉丹陽難
潘一經在聖潭邨被戕　潘一太在磨盤山被戕　潘本仁在唐家山被戕　潘本
桂　潘朝松俱十一年絕粒死　茅長財賊強擔糧死于下隍邨　潘一楨絕粒
潘立祥被戕　潘一楠在郭邨殉難　潘本杏不屈被戕焚其屍　笪名富投山
岔河死　笪名璽　笪敎昇俱在宅殉難　笪敎蓉在聖潭邨殉難　笪榮壽
笪敎三俱在外殉難　施孝義殉常山縣難　施可大被戕　施可德絕粒

施孝道在行香被戕　巫應富　徐天良俱殉難　徐中有被戕　徐
天昇附傳　徐中信被戕　張三老在陽郵被戕　丁喜兒　姚德祥俱在
白兔被戕　朱老四山頭上八在行香被戕　張敦信在外殉難　包良廣在聖潭郵被戕
樊德明被擄不屈矛刺死○以上均望仙鄉人　王世炳在橋東被戕　高喜福
高舜榮同絕粒死○均仁信鄉人　倪德昌在古隍被戕　倪志勳在外被戕○
均來蘇鄉人　笪美懷在柘溪被戕　笪美粱　笪美堂　習永保均被長鎗
刺死　習永壽被掠投水死　笪修全絕粒　戴德淇在上湖山被戕　戴孝壽
在唐莊被戕　戴孝富絕粒　笪教金被戕　單長金　陳正聚俱絕粒死
吳太才在丹徒上分郵被戕　吳太宇在郵殉難　吳存仁在外殉難　程彥直在北
窯郵被戕　程世賢在土祥郵被戕　程盛典殉六合難　程彥餘殉安徽省難　程
彥錦被戕○以上均望仙鄉人　史國經殉天長難　史國英殉鎮江難　唐儒仙
殉江甯難　施老四殉難　唐儒林在丹徒二墩子被戕　唐老三被鎗刺死　笪名

正被拷死　笪教武不屈被戕　周家璜　史方芝　唐崇義俱殉難　笪禮先被戕死　笪廣政在土井被戕　笪廣武在外殉難　笪天喜　笪老四　笪宏鶴　笪宏喜俱殉難　笪于庭被掠不屈釘手足于門死　笪干雙被懸梁燒死　笪國杏在泰家山被戕　笪教建在妙感郵剖腹死　笪元生　笪廣鈺　笪宏田俱不食死　笪貞喜　笪宏堂　笪教圻　笪世錦俱在外殉難　笪廣貴被戕　笪宏基在胄王山被戕　王其全被戕　笪厚治不屈被戕　笪宏興縛柱燒死　笪名安年七十賊索財不得被戕　笪名煊附傳〇

以上均望仙鄉人　步善仁在柘柏郵被礟死　芮繼盛在古隍殉難　孫聖財在下榨郵殉難　王世隆在徐家跳殉難　紀家興年七十二在郵被戕　紀重枝在秋圩郵被戕　紀立忠在俞巷郵被戕　陸學武不屈被鎗斃　陸孝明在七峼墩被戕　芮傳興在寶堰殉難　鄒正孝殉難　朱發昭在柘溪被戕　朱老四北唐郵人被賊焚死　朱和福在外殉難　朱和揚在倪塘殉難　劉昭忠被戕　王老經在南

唐莊被戕　吳恆琪不屈被戕　吳孝儒在嘉興府被戕　吳紀貞被拷死　吳彰
貞在茅莊殉難　吳孝植在史莊殉難　陳德純在東壩被戕　陳熙清倒懸焚死　陳
陳德琴在湻化鎮被戕　陳熙元在柏巷郘被戕　陳明仁懸梁酷打剖腹死　陳
立廷在華墓岡被戕　陳德宏懸梁被戕　陳明義索財不屈剖腹死　陳德壽在茅
莊被戕　陳德吉在古隍被燒死　戴利美殉丹陽難　戴正南絕粒　戴利炳
中礅死　戴亨瑞殉揚州難　戴亨科　戴利燦俱在外被戕　戴貞斌在南
莊被戕　戴貞林被戕　戴亨隆在潘莊被戕　朱達順　朱達貴　朱
達明均不屈被戕　糜宏綱殉難　樊緒忠殉蘭溪難　樊其旺被戕　樊祖
榮在徐山關被戕○以上均來蘇鄉人　李春林在光里廟被戕　徐道洪在湯家邊被戕
張餘德在南亭子郘剖腹死○以上均孝義鄉人　湯永德　湯永舒　湯家發
俱不屈被戕　湯興祥在後郘被戕　湯興隆在孔岡頭被戕○以上均句容鄉人　巫
道坤　糜祚龍　巫長炎俱不屈被戕　巫時金在外殉難　糜宏毅在古

陞殉難　巫時均在上洋被戕　王世淮　王世瑪俱被戕　王永樞
王永恭同不食死　周廣文　周文鵬俱被戕　吳佳玉　笪名鍾
王道正　吳佳英　笪立琪　朱金華　紀玉琪俱不屈被戕○以上
均來蘇鄉人　張孝廉殉常熟難句容鄉人　張延美被賊索財搒死　張德壽在城內寶
塔前被戕　張懋秀賊索財不得戕死焚其屍　張祖瀛在湻化鎮殉難　高朝瑞　高
朝寬俱不屈被矛刺死○以上均來蘇鄉人　董長如被矛刺死　戴長仁絕粒○均望
仙鄉人　郭某在前謝培郵被戕○來蘇鄉人　孔廣春六年殉丹陽難○坊郭人　吳存佳
十年被戕　呂德珮在徐家跳殉難　呂德禮　呂天義　呂天昭俱十年殉難
呂士興殉丹陽難　呂存志在南山郵殉難　呂德琪被擄刺字逃出戕死　呂德
蘭在謝培郵被戕　孫家信在謝培郵亂刃砍死　呂得朋不屈被戕　丁得昭在高資被
賊搒死　楊廷芳　胡國善　徐興生　徐仁淇　徐仁寬俱不屈被
戕　羅家盛被六創死　劉盛金　徐桂芳　徐富安　徐富明

徐華坤　徐貴仁兄某俱被戕　包富銀被焚死　李宗春　李宗
虎　杜德金　杜德貴俱殉難　徐德明被拷投水死　徐世明　徐
宗校　徐宗序俱同治元年絶粒死　曹家聚在蔡家橋罵賊被戕　○以上均孝義鄉人
施國炳施家邊人被戕　章某章家邊人小南門被戕　在　趙明成被戕　竇賢
椿在土山被戕　湯詔銀在寶堰被戕　徐明祥被戕　葛緒良在螺螄溝被戕
夏國安中礮死　陳大官　張正仁俱十年殉難　王正泰同治二年殉難
王元蘭在溧水被戕　王正隆十年殉難　王正長王家邊人在下埠被戕　王宏
儉在葛邨被戕　王正裕十年殉難　楊一翠在湖熟被戕　楊寶兒十年被戕
張老九擄至甲山被戕　張開宏同治二年殉難　朱本善十年被逼投圊死　張學
敏在徐相里被戕　張學銀在謝橋被戕　張學富十年被戕　葛大來在馬鞍山被戕
楊一開在丹陽被戕　楊一謂六年殉難　周貞炯在高陽橋被戕　周一才
在常州和橋被戕　趙開鳳　朱宜福俱十年被戕　趙開平被擄不從縊死　楊

士明　楊成芳俱同治元年殉難　陳經求十年殉難　張日盛十年被戕　朱居鳳同治二年殉難　陳應鳳　陳應元俱十年殉難〇以上均臨泉鄉人　郭業佳在朱家集被捻匪戕〇坊郭人　李亮彩在木瓜園被戕〇福祚鄉人　楊廷春在插花廟被戕　楊廷明縛厲壇銀杏樹礮轟死　楊爤子在厲壇剖腹死　劉麗生十年殉難　任樹堂在插花廟被戕〇以上均孝義鄉人　周基清殉丹陽難臨泉鄉人　朱延興來蘇鄉人　畢承洪　李成美均被戕　孫從武被亂刃死　施正華　紀名玉　陳三子　巫老大均被戕　紀名錦在乾元觀被戕　畢某畢墟邨人在南圩被戕〇以上均句容鄉人　陳國仁殉江陰難　陳正福在常州殉難　巫孝雙　徐朝發俱十年被戕〇以上均來蘇鄉人　唐孝彭　殷邦興　唐繼德　唐崇柏俱十年被戕　淩老四在江甯中礮死　唐正財在太平關被戕　葛延旺被拷死　徐延壽被戕　陸順發在杭州被戕　孫盛餘子某殉本邨難〇以上均句容鄉人　盛如松　尹長發　劉萬生　劉盛惠俱殉本邨難　陳

懋壽打死　陳懋興投水死　鍾朝芝被戕　張德懷子某　管盛富
管賢仁俱殉難　莫良華　莫恆清　郭延春　郭延發　任
德立俱被戕　陳懋簧殉難　胡庚揚　陳德才　陳岡兒　徐榮
兒　徐玉明　張春發俱被戕　○以上均來蘇鄉人　胡老三在閘頭被戕　朱敬淇
劉明榮在崙山被戕　朱敬祿被擄入水死　劉勝忠在高橋門被戕　劉良玉在戴家邊被戕
在黃泥壩被戕　○以上均孝義鄉人　趙安昌　趙安秋俱被
戕　趙榮才殉難　許永禮在戴家邊被戕　許傳紳　許世方俱被戕　○
以上均來蘇鄉人　湯自二　唐忠齡俱被戕　唐孝春殉丹陽難　○均福祚鄉人
朱有慶被戕　朱興聚殉蘇州難　○均句容鄉人　徐長安十年殉難來蘇鄉人　○
王著臣在東山郵被戕　○福祚鄉人　徐二麻子不食投水死　○孝義鄉人　孫立康
年八十二附傳　汪長元在陶洪被戕　畢大鵬　朱正陽俱被戕　朱天
春被亂刃死　朱安昇被戕　○以上均句容鄉人　戴長庚被矛刺死　趙志遠殉難

○均來蘇鄉人　呂得榮在甸岡郵被戕　呂士賢在謝家郵被戕　吴春來在張家邊被戕　丁得明在北河山被戕　張長清十年殉難　張長順在丹徒楊柳郵被亂刃死

張仲邦在林家莊被亂刃死　張餘盛在茅山被戕　鄒我才被戕○以上均孝義鄉人

東國發在鎮江中礮死　孫德義被矛刺死　唐啟方被戕○均句容鄉人　張有德殉難　高和安被戕　郭天祥被矛刺死　戴清芳被戕　謝有書中鎗死○以上均來蘇鄉人　張樊子殉難○句容鄉人　陳德進殉難○坊郭人　陳貞吉被擄不屈戕死○望仙鄉人　楊廷貞中鎗死○孝義鄉人　趙道儒　趙裕鎬

趙清修　史珮玉俱六年不屈殉難　趙恕松　趙惟勤　嚴明章

丁順錦　趙裕源　紀良華　史世才俱十年不屈殉難○以上均望仙鄉人

周其貴　周其樹　周其敦　周其舟　周德煦　周德炳

周德煒　周德炤　周德本　周德俊　周德煥　周德煬

周本安　周本滄　周本倫　周德據　周德純　周德營

周遵典　胡邦枅　胡邦樑　周本支　胡家傑　胡邦欽
胡邦銑　胡家儒　胡邦鏡　胡家棫　胡家諒　胡家儀
胡家晟　齊元生　齊元貴　齊元坤　齊六元　齊興禮
齊興才　齊臘元　齊慶祥　周祚庸　周祚忠　周中金
周中有　周中法　周中榜　周中連　周長隆　周長達
俱十年殉難。以上均來蘇鄉古隍人　韋宏泰在夏安埸被戕　韋明吉十一年殉難
韋安三在戴巷邨殉難　韋明祿在溧水被戕　韋明烋十一年殉難。均曹塘頭人
趙治官殉蘇州難　趙治保同治元年被戕。均臨泉鄉人　王彰瀛同治元年殉難　王
孝龕殉難　王孝崧殉高淳難　王有富殉難　張玉興六年被戕　張慶祿
殉蘇州難。以上均珠莊人　經顯珍在黃栗樹被戕　經士培同治二年被戕。均南岡邨人
趙治才同治元年殉難　趙繼高六年被戕。均臨泉鄉人　糜茂財　糜國春
糜茂黃　糜國文　巫明志俱十年被戕　糜國盛十一年被賊斷臂死　糜

國聚　糜國治俱同治元年殉難　糜德瑚六年殉難　糜德釗　王老四
俱同治元年殉難。以上均柞溪人　蔣阜林湯巷郵人。六年在來安殉捻匪難　湯年朋　湯
志前俱同治元年殉難　湯年才六年殉難　張正倫十年殉難。以上均通德鄉人
步某名逸柞溪人　張慶本　巫茂榮　趙文炳俱十年殉難　趙文韓
同治元年殉難　趙家琪　趙家藏　王茂華俱九年在高郵殉難　王茂榮九年
在趙郵殉難　趙家松九年在墓東殉難　趙家合九年在小丹陽殉難　趙志明九年
在下路殉難　趙安邦九年在山岔殉難　王老卞六年殉難。以上均西庫頭郵人　王
慶陞在南巷上被鎗擊死。坊郭人　周太鈞　周太文　周運會俱不屈被戕
王興鸞十年罵賊被戕　戎萬餘　王成忠俱殺賊被戕　許惟祿　許惟
孝俱罵賊被戕　許惟聚　許惟華十年同被戕　欒仁周有傳。以上均通德鄉
人　陳仁懷六年城陷被戕。坊郭人　王德昌殉丹陽難　王德揚　王全華
王全煒　王全沐　王艮芝　王艮琬俱同治元年殉難。以上均移風鄉

人　張長興　張才洪　張映成俱十年殉難　張長秀　劉明立　劉明山　劉艮富　劉艮仁　朱德福俱同治元年殉難○以上均孝義鄉人　張長生同治元年殉難○坊郭人　芮祖金殉難　芮繼松在寶堰殉難　芮繼寬在龍潭殉難　陳安祿在石埠橋投水死　吳正元十年被戕　李道貴十年殉難　劉餘發十年殺賊被戕　劉義恭　劉義鳳　劉義發均十年殉難　劉文龍同治元年被戕　王興旺在茅山被戕　王盛發被戕　蔣克盛十年殉難　蔣小兒同治二年絕粒死　紀宏正　芮道仁俱不屈被戕　芮道禮　唐懷建　唐懷吉　唐懷禮　高盛祺俱十年殉難　高盛珣同治元年殉難　高秉田在西唐莊被戕　高學和不屈被戕　王老三同治元年絕粒死　朱志洪　朱老三　朱觀音保俱不屈被戕　朱宣榮　朱毛子　朱壽小俱十年殉難　朱達松　朱宣義　朱宣愷俱同治元年絕粒死　王長松　郭天玉俱不屈被戕　郭天斌　郭天益　郭應瑞俱同治元年殉難

○以上均來蘇鄉人　董秉壽　董秉盛　董秉謙　董長有　董長
禮　董長明　董長春　董裕舉　董裕洪　董擅寶俱不屈被戕
○以上均望仙鄉人　高德崙　高德根俱十年被戕　趙玉發　趙世福
笪名瑶　高祖芳俱同治元年絕粒死　陳玉蒼不屈被戕　趙成廷聚眾殺賊
被戕　趙成進賊掠不屈剖腹死　張長年　張餘燮　張餘新　張餘
成　張長乾　張長英　張才仁　張慶修　張小五　戴家
謨　戴家泰　戴正武　彭應祿以上皆十年被擄不屈戕死　高應春不屈
被戕　高應錦懸縛戕死　高應禮不屈殉難　楊維義被索財戕死　楊道侯
楊維明俱不屈被戕　楊維良被索財打死　楊維和　楊維仁俱不屈被
戕　劉春元不屈投水死　劉春善　劉全義　劉恆義　劉長春
俱不屈被戕○以上均移風鄉人　張餘蘭賊擄不屈被戕○孝義鄉人　呂嘉梅　呂
嘉華　徐道明　呂志俊俱被戕○均仁信鄉人　巫良某　尚恆發

俱被戕○均福祚鄉人 嚴繼元潘莊人 貢福廣 貢艮浩 貢昌義
貢福永 冷華玉 冷華亮 冷華高 冷華鎧 冷華信
俱殉難○以上均句容鄉人 孫德進西唐莊人在榨溪拒賊被戕 萬旺子上陽郡人十
年被戕死 何宜佩殉難○句容鄉人 王廷瑞 王廷榮十年殉難 王正元
十年被戕 王正連十年被夾棍死○均孝義鄉人 尚老四 李大瑤俱六年被戕
○均福祚鄉人 袁啟祿六年被戕○鳳壇鄉人 戴成全戴家邊人 劉餘珍上杆
郡人 王廷方 王廷福 朱智貴俱絕粒死 王傳喜 王家榮
王傳第俱在地壇郡被戕○以上均通德鄉人 王家齊 王仁音俱在槐道郡被戕
○均崇德鄉人 馮科慶 譚大齡 毛義萬俱不屈被戕○均鳳壇鄉人
于元林小溪人被戕 凌才鼎坊郭人被戕 王廣運 王昭康均下郡人被
戕 湯老三 徐相有均紀家邊人被戕 張延春 張延福 張餘
壟 張德珠 張延浩 張餘材俱絕粒死○以上均崇德鄉人 韓昌富

投水死　韓興王　謝華國　韓昌合俱不屈被戕　李元春附傳　韓有盛殺賊被戕　吳在武不屈被戕　韓恆昌被擄不屈死　孔廣顯不屈被戕　孔廣坪絶粒　孔廣祥自縊　孔廣厚不屈被戕　孔昭宏不屈觸石死　孔憲琪　孔昭功　孫長發　張美南俱不屈被戕　韓邦元罵賊剖腹死　黃

李有才　張德富俱不屈被戕　楊仁餘投水死　黃敬祥附傳　黃敬先附傳　黃德才不屈被馘兩耳遂自盡　黃金榮殺賊被戕○以上均瑯琊鄉人　侯啟林殺賊被磔死　黃乾祿有傳○均通德鄉人　黃玉洪罵賊中鎗死○瑯琊鄉人　馮進開拒賊投水死○通德鄉人　巫進貴附傳　巫恆富不屈被戕　馮進太

被戕　王雙林不降被戕　成道信拒賊被亂刃死○以上均瑯琊鄉人　朱勝鼇　李旭武俱不屈被戕○均鳳壇鄉人　姚明舉擊賊被戕　張明景拒賊被戕　周聖發罵賊被戕　呂仁喜擊賊被戕　呂仁寬不從被戕　羅全達有傳　張治盛守正被戕　張慶華拒賊被戕　張德萬不屈被戕○以上均通德鄉人　張進起

不屈被戕　裔邦錦擊賊被戕　王自盛　王賢德　王恕榮　葛全基
均十年不降被戕死　王忠先罵賊奮擊被戕　王代仁擊賊中鎗死○以上均瑯琊鄉人
張延惠　王秉旺俱六年殉難　王洪明　王容壇　王咸邦　王
幼斌　王全才　許陶俱十年殉難　姚永祿　錢國興　張世壽
張尙賓　經世玉　王上林　王上位　孔昭正　孔昭新
王光裕　夏家樑　夏明揚　李繼立俱十一年殉難　宣茂貞
張廷明　趙廷弼　楊長貴　孫玉竹　孫玉松　孫餘德
李榮發　朱光廷俱同治元年殉難　周某罵賊被磔死　周基燮十年被戕
孔傳高　邱福來　邱明良俱同治二年殉難○以上均崇德鄉人　王允道
在光里廟殉難○句容鄉人　余家朝　余尙富　許世有　陳宗林俱絶粒死
○均通德鄉人　周師湞十年殉難　韓大廷十年不屈被戕　孔廣喜同治二年不屈
被戕　張餘珍十年被戕　倪純仁十年不屈被戕○以上均瑯琊鄉人　唐順常在包

家邊被戕　成興有不屈被戕　巫進朝擊賊被戕○均鳳壇鄉人　居延富擊賊被戕
死○孝義鄉人　侯興福不屈被戕　焦成美　焦洪湛　焦全金　焦全
寶俱十年殺賊被戕○以上均通德鄉人　朱道連　朱道瑚　張德新　張
德良俱七年殺賊被戕○均瑯琊鄉人　楊樹明　楊樹和　楊明達俱不屈被
戕　王老三被鎗刺死　王繼揚　王繼榮　殷邦興俱不屈被戕　楊
芝春投水後被賊刺死　楊芝蓮被懸拷死　楊明玉擊賊戕死　楊修昇不屈投水
死　王洪成被戕　唐德玉在織機橋被戕　史兆龍不屈被戕　史茂興
史興揚　史繼謙　史茂升　嚴德有　陰進壽　陰進銀
陰增隆　陰增明　胡本銀　嚴可相　嚴德懷　嚴福富
嚴成雙　嚴本啟　嚴本發　嚴本富　嚴本貴　唐世達
楊明第　陰長春　嚴謙月　朱高平　唐啟明　楊芝學
唐延才　唐延茂　唐啟發　孫成萬　孫宗富　孫家杰

楊修法	楊洪方	楊茂連	楊茂才	楊茂富	沈正大
周恆德	何太忠	唐道仁	王文樂	馮大玉	馮才生
華明才	華安仁	華邦亮	華邦珠	畢不大	凌道周
凌德高	凌和義	凌德福	貢康成	朱家壽	朱家高
陳自方	陳自良	潘明成	潘文明	潘繼芳	唐在朝
唐大庸	唐道生	唐道昌	唐道德	潘傳榮	潘繼太
孫克春	王定盛	王定高	王安福	王安祿	王安壽
許達柯	許達貴	許月伯	許月起	戴成義	戴成禮
戴老大	戴老二	戴老三	宣德禮	宣德貞	宣德坤
宣茂有	宣茂良	宣茂升	宣長生	宣茂達	宣茂賢
宣茂旺	宣茂長	宣達興	宣茂盛	宣茂祿	宣長壽
宣學貴	宣學富	宣長慶	宣學進	宣學道	許禮珍

許尙典　曹正朝　宣達明　宣茂萬　宣達艾　許達權
許達壽　許禮東　趙有忠　趙聖元　許聖方　宣茂謙
宣茂和　宣茂正　宣茂魁　宣達聖　宣達有　宣茂富
宣達朋　宣達周　宣達賢　宣茂生　宣茂榮　宣茂淸
宣茂禮　宣達隆　宣茂華　宣茂貴　宣茂順　王煥釗
王煥道　王榮芳　王道三　王聖吉　王聖琥　王聖琨
王德禮　王德義　王聖貴　王繼興　王繼郁　王繼忠
董恆榮　萬老大　萬老二　萬宗堂　萬宗超　唐延福
唐延德　潘成林曾日俱殉難　○以上均句容鄉人　張永籌在古隍被戕　潘
自廷在夏家邨被賊裸磔　潘一蘋　潘一蘊　潘一英　潘本根　潘
立成　潘一祥　潘本貴　潘立石　潘立祥　潘一簡　潘
松兒俱殉難　潘一葑　潘一慶俱在二墩子殉難　潘自庚在五墩子殉難

潘本瑯　潘本豪　潘林春　潘立淮　潘本讓俱被戕　潘本福矛刺死　潘一彝在白兔縛礟門燒死　潘立江在聖潭被戕　潘本蓉焚死　潘一藩在徐家跳被戕　包梁廣在桃樹山被戕○以上均望仙鄉人　王盛育　王世允俱見附傳　王吳年在解塘被戕　王榮錦在上味郙被戕　王萬年被賊擊牙　割舌死　王聖有　王世生俱在白兔被戕　步雍代　步正洪　步正全　步六元　步熙倫俱被戕　步金瑞　步長壽俱在唐莊被戕　步雍夏　步雍松　步德才俱殉難　步雍全在西岡被綑投水死　步雍兆在謝巷被戕　步雍楨索銀未得被石擊死　步雍謙剖腹死　潘瑞金被戕○以上均仁信鄉人　唐道恕擊樓楞焚死　唐崇聖被戕　唐道傳殉難　巫敬愷殉丹陽難　巫立福　巫啟富　巫啟高俱懸梁焚死　巫啟緒在柞溪被戕　巫敬寬　巫老五年七十三被矛刺死　汪餘慶在馬雲庵被戕　汪餘見十年　被戕　巫美洪　巫錫齡俱被戕　巫錫銀　巫家寬俱十年殉難　巫

奇秀　巫秀書俱十一年被戕　巫秀璜十年被戕　巫方兒殉難　巫英璜
十年殉難　巫喬松在三江營殉難　巫春福被賊擊死　巫家熊在馬橋口被戕　巫
立瑶　巫立霜　巫立仙俱被戕　巫家先在馬橋口被戕　馬貞仁在郝
被戕　馬嚴兒懸梁焚死　馬利壽焚死　管餘進殉難　湯世康在陶洪鎮被戕
湯盛開在薛莊被戕　湯世晟在烏岡殉難　湯茂書在董家郝被戕　湯茂
智十一年被戕　湯盛錦在廟頭巫被戕　湯盛惠　湯盛全俱在宅殉難　許
貽茂十年被戕　許謀信在韋岡被戕　陳安唐在聖潭被戕　陳開第　陳
延淵俱被戕　陳盛琳在安徽被戕　樊啟華被戕　樊祖福　樊緒馨
俱十年殉難　樊啟福　樊緒剛俱被戕　○以上均望仙鄉人　高熙發　高
耀家俱在外殉難　高耀艮在茅莊被戕　高耀喃在古隍被戕　○均仁信鄉人
丁繼典在郝被戕　丁學昌在五培墩剖腹死　丁守龍在妙感被戕　丁學盛
丁守艮俱在外殉難　丁廷盛在老鶴山被戕　丁繼國在竹園被戕　丁守

蘭在外被戕　丁繼簡附傳均丁家邨人　李成萬　李道良　李子盛　李子義　李成連　李朝金俱被戕　李子榮附傳　李子銀被滾水澆死　李成海在行香被戕　李朝坤在糜墅被戕○以上均望仙鄉人　王長義被戕　汪朝才被刺入水死　吳久生被戕○均仁信鄉人　笪敦善在宅殉難　笪美兆殉吳江難　笪明興　張啟福俱在聖潭被戕○均望仙鄉人　吳慶堂　吳廷標俱被戕　吳祖保剖腹死　吳賢鼇　吳慶坤　王成立俱被戕　王智勤被縛投江死○以上均仁信鄉人　梅邦萬　梅邦恩　梅邦彭　梅本楨　楊連第　陳朝元　陳朝勳　陳朝瑞　陳國宏　陳道尊　倪德進　徐邦本　貢元第　施大楨　笪敎仙俱殉難　笪敎循縛樹射死　笪禮通在丹徒界遇難○以上均望仙鄉人　巫昭喜　巫昭萌　巫昭松俱被戕　巫昭瓚焚死　巫儀富　巫毓懷　巫毓瓚　巫昭證　巫惠廣俱被戕○以上均仁信鄉人　吳朝瑞

罵賊被戕　范朝芳不屈被戕　朱貴良殺賊被戕　戎學海不屈被戕　范興壽
罵賊被戕　周世連　周良典　胡宏育　蔣慶玉　汪長龍　孔
毓秀　朱立志　詹聖賓　詹聖元俱不屈被戕　蘇萬福　居善
餘俱罵賊不屈被戕　胡大序　萬太盛　朱宣珠　朱道玉　張德
保俱殺賊被戕　曹施太罵賊被亂刃死　曹施本　曹顯朝　陳家育
陳其發　曹政旺　徐嗣熊　周孝忠俱不屈被戕○以上均崇德鄉人
周三兒罵賊被磔死　蔡元法不屈被戕○均仁信鄉人　吳慈鼇　吳志銀
曹光才　曹昌玉　曹志福　曹正華俱不屈被戕　趙德恭被擄
不屈遭修殺　王有志四年被戕○以上均瑯琊鄉人　黃老三焚死　袁良紅被戕
陳啟盛在戴邨被戕○均移風鄉人　李守廉在亭子山被戕○仁信鄉人　徐廷
獻被戕○坊郭人　楊學江在馬鞍山被戕死○臨泉鄉人　趙某　楊某均西佴邨人十年
被戕　朱廣和不屈被戕　張老六大墅人被擄罵不絕口寸磔死○均通德鄉人　樊

啟斌在棋杆邨被戕　張錦山六年被戕死○均坊郭人　徐亮華　徐胡小丁

從容俱被戕○均孝義鄉人　徐毓全被戕○福祚鄉人　王安滙投水死○被刺茅山

鄉人　王世禮　趙明漢俱被戕○均上容鄉人　王廷忠被戕○來蘇鄉人

韓正昌被戕　高德遠在天星橋被戕○均仁信鄉人　冷發盛　和思進

吳邦直　史長和　周貞明　楊學政　魏一香俱被戕　楊正

貟投水死　王和鳳不屈被戕○以上均臨泉鄉人　强延瑞　王賢寬　王

世文　王利賓　王仁有俱不屈被戕　羅富禮投水死　高星臺見附

周本先傳　趙瑞宣在古隍殉難　趙遠貞有傳　趙裕泰十年殉難○以上均望仙鄉

人　嚴進盛被戕　王榮科中礟死○均句容鄉人　王知道罵賊支解死

張身寬被戕○均福祚鄉人　湯厚華被焚死○鳳壇鄉人　孫家羅矛刺死○句容鄉人

袁啟祥矛刺死○鳳壇鄉人　崔恩溥六年被戕　徐順興　劉敬師有傳○

均上容鄉人　陸某　許世琴　許世理　胡有福　胡有松　胡

本錡　胡本鑑　胡之勤　胡之良　陳廣增俱絕粒殉○以上均承仙鄉
人　謝正旺在趙塘郁被戕　張志鳳被戕　成德華在東山被戕　趙朝興
殉難　戴貴春　許邦華　鄒正福　陳德旺俱殉難　陳老麵投水
死　陳三元被戕　鄒正道絕粒○以上均來蘇鄉人　謝正祿　謝本安
俱絕粒　陳廷桂六年被戕　謝本忠在殷巷被戕○均移風鄉人　胡其楠西塘
埂人絕粒死　孫萬釗　孫恆元　何咸成　呂老四　朱文繼
朱文學　孫萬勤俱十年被戕　孫恆隆在夏家邊被戕　朱正周　朱高
志均自縊　朱高欽被矛刺死　丁寬衍　孫恆懷俱被拷死○以上均句容鄉人
王安銀　徐良溱　王安順　譚良寬俱殉難○均承仙鄉人　沈
正大　沈昌進　何咸景　周恆有　周恆玉　周恆發　周
正仁　呂昌順　呂昌佩　呂昌眞　張慶旺　嚴于春　嚴
成科　嚴志錦　年萬老　馮大玉　馮才生　華安孝　畢

兆發　畢兆興　馮毛髮　馮大慶　陳達富　凌道修　凌
道裔　陳瑞毛　陳達清　嚴全餘　曹德龍　凌發祥　凌
同保　凌德仁　凌道亨　袁孝根　袁孝本　袁林保　松
小　丁有洪　袁童闕　袁德清　袁德修　袁德義　袁孝
君　王太忠　王立孝　春老三　孫全機　孫全才　孫可
隆　孫全壽　四瞎子　孫可發　孫長福　任宗玉　嚴德
貴　唐連小　唐三小　唐玉有　唐玉祿　唐玉壽瞽目　丁
有序　丁有名　丁有壽俱殉難○以上均句容鄉人　陳我合　陳家
興　成寶貝　韓自元　陳我良　陳家才　韓自武　成榮
才　陳用常　陳家蘭均仗義殺賊被戕　王盛茂　陳茂洪　陳德
喜　陳有祥　劉餘旺　劉厚文　劉慶樂　戴禮章　戴禮
賓　戴義寬　戴順喜　戴禮德　戴義萬　姚賢任　韓朝

文 韓朝良 韓熙道 王尚起 王尚發 王尚春 王通
勳俱殺賊被磔死 經永德 胡道昌 王道文 朱厚廷見附傳 章
元德 章元勳 章永豐 章永鳳 章元發 朱厚才 范
忠相 居士順俱不屈被戕 陳茂連 錢家餘 陳有興 秦長
榮 戴禮春 戴從林 劉慶華 劉慶富 劉餘香 劉德
盛 劉德財 劉餘和 劉慶柏 劉厚彬 劉餘秋 劉餘
貞 劉餘盛 劉餘進 戴承賢 戴禮發 戴子蘊 戴子
進 戴禮鴻 戴禮賓 戴保才 戴順元 巫慶方 戴子
道 居大有 韓朝賢 張子福 居德奇 韓耀龍 韓耀
明 韓老四 韓熙太 姚尚文 姚賢禮 韓子德 韓朝
正 王瑞林 王文祥 滕正連 滕道一 滕士余 滕正
聚 滕道馴 滕正才 滕正慶 滕正春 滕正發 章元

益　章元盛　朱厚信　朱厚華　朱紀錫　朱安錫　劉敦
祿　劉敦榮　劉敦全　裔大本　閻長福　閻長松俱殉難
戴元愷被礫死○以上均孝義鄉人　孔繼來點天燈死　吳廣山被亂刃死　孔
月海被戕　張德美礫死　孔傳武中礮死　孔廣元中鎗死　孔繼璋
孔廣坤　孔傳寅　孔廣鳳　孔廣秀　孔繼成　孔繼文
孔繼斌　孔繼財　許立華　胡長位俱不屈被戕○以上均福祚鄉人
巫希昱見附傳　巫全和見附傳　巫至祜　巫希全　巫希順
巫道蘭　汪發起　汪茂興　汪延順　王士義　王達三
王士乾　王士坤　王天福　王士魯　王士泰　王達五
陳士義　陳士常　范延秀　范家祥　范延泰　孔傳有
孔繼洪　孔傳泰　孔繼賢　文美新　文世九　文世彬
文世福　文美和　文世德　文兆朋　文美林　裔會尊

范茂生　戴忠三　戴文奇　聞玉田年八十一　金長生　金
正賢　金正文　金長林　金正隆　金正方　金正和　金
正連　金正譜　張延紀　許邦楹　許艮田俱絕粒死○以上均孝義鄉
人　章芳郁　尹美英　尹明宗　尹明廣　尹明球　章有
龍　章芳富　謝慶福　王守庚　裔元興後本湖人　裔元生
裔元德　裔元盛　裔元和　裔元發　萬大璜　李艮文
李艮貴　李德順　李艮壽　李德懷　徐正武年七十二俱絕粒○
以上均移風鄉人　郃世謀　郃長和　郃文德　郃文祥　郃有浩
郃有明　郃有恆　郃世興　郃有本俱絕粒死○以上均鳳壇鄉人
倪學周絕粒死○瑯琊鄉人　巫道惠　巫希高　巫道新　巫道元
王永貴　王永裕　王天喜　汪春興　林亨元　林義鳳
林義滿　范延才　范延祿　文世耕　文美彰　文世臣

文美玉　文美景　文美春　文美珠　文美生　文美華

文美連　范邦仁　范邦富　江茂連　戴文遠　金長仁

金正綱　金正禮　金長泰　解邦怡　解邦海　解邦正

解邦道　解邦江　解正壽　許行位　許明和俱不屈被戕○以上

均孝義鄉人　尹明鼇　章有興　謝慶壽　陳起盛　陳恆志

裔正來　裔正保　裔元愷　裔正揚　許成錦　許永崇

李賢福　李德方　李賢高　居永德　居長壽　居長元

居長慶　徐國榮　徐國成　徐家舒　徐家賢　徐家學俱不

屈被戕○以上均移風鄉人　朱大旺　朱大元　邰世德俱不屈被戕○均鳳

壇鄉人　王達榮　王達壽　陳士昌　王天興俱殉難○均孝義鄉人

曹德祿殉難○仁信鄉人　王仁財　王達福俱殉難　許長萬投水死

裔應考煙薰死　范茂才　范士科俱焚死○以上均孝義鄉人　李賢

朋被焚死　張餘錫碩腹賊刳而覗之　李㫤美　李賢祖　餘家正俱被逼拷死○以上均移風鄉人　朱正華　朱大聚俱被逼拷死○均鳳壇鄉人　儲昌㫤　高榮華俱被戕　俞有榮被擄不從破腹死○均瑯琊鄉人　滕德奇餓死○鳳壇鄉人　姚㫤恭在螺螄溝被脅投江殉○瑯琊鄉人　戴㫤寬在丹徒殉難○仁信鄉人

房東林　房德昌　房同華　房德煊　房同長　房同昌

房祖厚　房祖章　房祖成　房祖賢　房老八　房德玉

房祖崙俱絕粒死○以上均孝義鄉人　沈耀祖　沈益德　沈永選俱絕粒死○均移風鄉人　陳正悌　陳玉厚　陳玉橋　陳玉松　陳玉有

陳朝華　陳正芳　陳朝元　陳玉環　陳正林　陳玉寬俱絕粒死○以上均孝義鄉人　戴太恕被戕　喬自鳳罵賊被鎗亂刺死○均仁信鄉人

笪安同　巫道鳳　巫全餘　巫志周　房德連　房德才

房祖惠　沈益志　陳正峯　陳正階　陳正左　居明崙

文美諒附傳　張才華　張長壽　袁長發　張慶仁附傳俱不屈

被戕○以上均孝義鄉人　戴忠松有傳　喬老三燒死○均仁信鄉人　房德定

巫喜毓俱破腹死　房祖政懸梁拷死　范安康在白兔罵賊被戕　文道康

擊賊被戕　張才禮被矛刺死　文美璜擊賊被戕　唐序殷有傳　王士明

王光心　李道發　周貞方　陳家萬　陳家銀　陳齊愷

陳齊寶　章正邦俱十年殉　陳正方　王聚源　王良洪　王泰

祥　周恆有　陳正紅　陳本福　陳家安　陳家福　陳正

相　錢明有俱十一年殉難　王泰東　李維珍　李明廷　周基壽

劉長喜　劉長興　劉玉成　陳正位　陳齊壽　陳齊知

俱同治元年殉　賓世泰賓家邊人　唐序源　唐序太　唐承志　高士

義　尚世平　尚世基　蔣家榮　蔣傳超　蔣傳勝　尚德

普　尚世虎　陳國良俱被戕　唐承興罵賊被戕　唐承明　錢大

開俱鬭賊支解死 尙世坤在無錫罵賊投水死 蔣家齡被焚死 劉方智拷掠死

章正舉在蘇培橋殉難○以上均茅山鄉人 孫國忠靖安廠人有傳 黃尊五

李子貞附傳 徐應楨 呂元奎長子某俱被戕○均下蜀鎭人 李

慶璜 許聖經同殉湖北難○均坊郭人 潘正同遇賊責以大義被戕 鍾景耀

朱餘喜俱擊賊被戕 史長春 周之福 周元仁 朱有高 陳

福仁俱殺賊被戕○以上均仁信鄉人 許起嘉殺賊被戕 俞守泉三年殉揚州難○

均臨泉鄉人 唐世逵 唐兆祿 唐兆滿俱十年被戕 成德高 成

德仁 貢成瑞俱絕粒死 成德安在唐莊被戕 成佳全殉蘇州難 成佳

美十年被戕○以上均句容鄉人 吳明高 吳文元俱十年殉難○均琅琊鄉人

袁德聚 袁孝基 袁在中 袁松林 袁孝慈 袁在順俱十

年殉難 袁在錦 袁建垂 袁建極 袁孝林 袁德文 袁

老錨俱殉難 汪廷貴 汪廷銘 汪朝卿 汪廷仁 田學朋

汪廷茂　史德林　史德純　史繼通　史繼春　史繼松
史繼柏俱被戕　嚴德興　沈永興　凌正發　凌正和　凌
祥旺　譚惠松　曹道壽　曹長庚　何太達俱殉難○以上均句容鄉
人　劉慶榮　劉慶桂　劉慶培　劉長松　劉長庚俱殉難○均坊
郭人　胡本林　胡本位　紀傳壽　紀傳有　凌德治　紀傳
榮　王朝德　王朝孝　魏朝祥　魏朝安　朱廣福　凌大
福　魏榮位　魏九小　朱本發　朱本貴　朱本位　朱本
林　朱邦啟　朱邦祥　朱邦元　朱本盛　朱學春　朱學
瑞　朱學名　朱邦盛　朱老五　朱老六　朱邦貴　朱邦
富　朱學賢　朱朋勝　凌老七　王雙小　孫可新　顏維
鈞　鄒肇興　鄒全安　鄒全順　鄒全志俱殉難　鄒肇仁
譚啞[口罷]俱被戕　鄒我仁拒賊支解死　魏朝煌投水　魏朝綱服毒　魏

朝常　畢正身　畢正有　畢明壽　孫立成　孫昌秋　孫昌佩　孫立根　孫立禮　孫立元　趙美金　趙美財　趙美成　趙美華俱殉難　潘成欽在玉真橋被戕　唐大孝　唐大裕　夏文祥俱殉嘉興難　唐道懷殉難　唐盛璜殉常州難　紀朝興　潘繼福俱被戕　嚴玉才絕粒　汪廷佩　汪朝貞　汪崇燦　汪崇寬俱被戕○以上均句容鄉人　杜世明被戕　杜啟敬　杜啟恩　杜世興俱殉金華府難　杜啟麟　杜啟邦　杜啟法　杜啟元　杜世佩　杜世檜　杜華富　杜家喜　杜華衞　杜光普　杜光發　杜正萬　杜世聖　杜啟恭　杜啟信　杜啟朝　杜世長　杜啟定　徐毓春　徐興仁俱絕粒死○以上均福祚鄉人　劉濟元　王有興　王有財　王朝興　王廷富　王正清　王廷祿　王廷賢俱絕粒死○以上均孝義鄉人　楊憲亮絕粒死○句城十三圖人　史德均絕粒死

史德喬拒賊被戕　史茂玉　史興圍　史茂武　史茂根　史
茂義俱殉難　唐啟旺　嚴可言　嚴可章　嚴可華　嚴可知
嚴晉春　嚴玉福　嚴玉雙　嚴晉德　嚴全蘭　嚴嗣興
俱被戕　嚴可信殉嘉興府難　嚴晉元殉省城難　嚴全考　嚴世旺俱投
水死　嚴全揚　嚴晉盛　嚴于梁　嚴于康　嚴于才　胡本
發　胡有祺　胡有慶　胡有通　胡有順　胡有亨　胡本
義　胡有功　胡有位　嚴志明俱殉難　嚴承喜自縊　嚴本寬
嚴可愛　樊法元　徐富順　徐華春俱被戕　○以上均句容鄉人
張明生　張美玉俱被戕　葛延旺支解死　葛延長　王勝年
王朝聚　王龍小　王扣小　王濟小　葛二小　王廷喜
王廷才　王慶湖　蔡安才俱被戕　蔡安明被夾棍死　蔡雙小安甯
子　徐有祿　曹家聚俱被戕　湯雙蘭中礮死　○以上均孝義鄉人　萬

學富　楊貴名　萬玉有　楊富春俱被戕〇均鳳壇鄉人　朱義松
嚴鳳高　朱長林　朱長春　徐立貞　徐立本　魯正才
徐長榮　徐立華　徐明德　唐啟昌　唐啟盛俱被戕　徐
有業　金老四　張餘合　張延富　張延科　張延興俱殉難
朱聱目明廣子　王基坤俱被戕　劉慶元在堰北被戕　朱美傳
朱美喜俱殉難〇以上均句容鄉人　耿延年　孔三豆腐　倪興才
馬貞靜　王安佐　王德權　王安高　貢老六　林貨郎
戴發　王安樹　成忠儀　成衍茂　成有恆　成有敬　成
忠興　成忠仁　成忠禮　成忠信　成有禮　成有春　成
延倉　成延靜　陳家是　史漢廣　史漢生　文禮祥　吳
行喜　王裕貞　馮家成　馮禮昇　吳明立　吳靜宣　吳
宏楷　唐德運　唐祖德　王凝茂　周恆成　吳明普俱不屈被

戕○以上均茅山鄉人　許忠慎　臧盛安　章元林　章朝玉　章元坤　佴祖文　張映財　張小毛　笪立美　張才松　張長武子某　張慶逢　張慶堯　張慶連俱不屈○以上均孝義鄉人被戕

張慶聚　張慶昇　張才宏　樊啟球　鄒正位　鄒我弟

鄒純禮　鄒純月　鄒正泰　任克禮　任義榮　段榮莊

段順合　段順才　段順炳　段順從　段榮路　張盛新

張盛秀　郤禮招　倪可蘭　倪盛興　倪朝友　潘家發

梅崇義　呂存基　呂存道　張全壽　湯朝琚　章重福

俱不屈○以上均移風鄉人被戕　田明相　田明勤　田明清　田明睦

田明槐　田明琪　唐道聚　唐正卿　唐昇源　唐聯蓮

竇昌禮　王長發　張雙福　成朝保　孫老大俱不屈被戕

鍾正裕十年在王莊殉難　王中美　王安悅　陳昌有　馮邦發

周美謙　唐啟美俱不屈投水死　王繼千被拷死　周本先有傳○以上均茅山鄉人　章永瑞　聶光華　唐啟蘭俱被焚死　張才賢被亂刃死　許忠坤　許良珍　毛萬明　許良興　呂全孝　張才林　張立有　孫忠如　蔣鳴盛　蔣朝良　蔣一清　蔣一昇　譚遵壽　蔣遵興　楊論秀　楊道元　楊道啟　章友道　章友信　章友德俱殉難○以上均移風鄉人　汪和根　汪廣玉　汪本秀　汪本銓　汪永財　汪永大　汪登盛　汪本珠　田明熙　田明全　田由庚　唐照廣　唐揚興　唐才富　唐道章殉徽州難　唐啟安　唐德昌　唐順清　唐仁秀　唐雙通

湯啟福　湯賢富　湯成富　湯成保　湯存元　湯良仁

湯良義　湯良禮　湯良福　湯良成　湯良和　湯良蘭

湯良祥　湯良秀　湯良林　湯良夏　湯良秋　湯良玉

湯良玲 湯良正 黎桂生 黎大智 黎大章 黎大琪

黎世楠 黎老三 黎紹典 竇天書 竇昌仁 竇元松

竇天貴 竇天文 竇昌年 竇昌庚 竇喜庚 成在堅

嚴全方 嚴全正 俱殉難。以上均來蘇鄉人 張長泰 張映壽 張映福 張才禧 張才增 張才福 優泥岡人 張映達 張才松

張遠福 張遠春 張遠華 張才全 張才慶 張映安

張才琮 張才祥 張映喜 張映財 俱殉難。以上均政仁鄉人

張祚榮 張艮貴 戎宗典 均十年被戕見附傳 張映和 張映瑞

俱殉難。均通德鄉人 張長益 張長年 張長敬 張長均 均南巷口人俱殉難

張長順 殉難。孝義鄉人 邰有成 邰世位 俱殉難。均鳳壇鄉人

筲順法 殉難。通德鄉人 吳廷駒 坊郭人殉難 張餘山 張慶壽

張慶旺 均小俞莊人俱殉難 張慶福 南巷口人殉杭州難 包老二 坊郭人被戕

朱居常罵賊被戕　朱益三八年殉難　朱昌椿均楊柳邨人六年殉難　平家財十一年被戕　陳玉洪在柏岡被戕　張恆喜在螺螄灣被戕　張慶馨十年不屈被戕○以上均通德鄉人　陳朝楹南社邨人有傳　朱宣治十年賊擄其子志進去治尾行賊怒被戕。來蘇鄉人　步某名逸人　蔣克象妙感邨不屈被戕　朱宣華　朱宣璜　朱延佩　朱志鵬　朱延琮　朱志崇　朱慶壽　朱宣勳　朱長富　朱慶福　朱啞子　武崇餘　武崇煜　武咸悌　武咸仁　武咸禮　武咸徐　武咸珮　武林聯　笪立楨　笪修鑑　笪修成　笪修祿　笪修根　劉金元　胡正有　胡乾斛　胡乾高　鄒我元　高秉盛俱不屈被戕○以上均來蘇鄉人　湯道生被戕○移風鄉人　高忠華　高開元　高公泰　劉金佩　笪修長　朱宣明　朱延齡　蔣朝榮　蔣恆邦俱絕粒死

朱慶富索財給賊被拷死　朱三道人索財不得被戕　朱長貴　朱延連

殷正春　殷正佩　武學儒俱殉難○以上均來蘇鄉人　吳其和
周賢金　尹宗道　王榮照　王哲美　王哲良　王心芳
李聚發俱不屈被戕○以上均上容鄉人　錢昌儀　戴道恆　孔廣源
孔廣全　朱達巧　朱志禮　朱達源　朱達滿　朱達增俱不
屈被戕○以上均來蘇鄉人　端木禮興在廣德州被戕　端木利益　竇忠順
竇良昌　丁春明在紅藍埠被戕　楊紹成　楊紹炳在下埠被戕　楊
紹春在望湖岡被戕　楊臣標　楊紹彭　徐厚章在道士埠被戕　王明友
楊祚富　楊祚照　楊明昌　李明倫　徐道高在雙塘被戕
徐道琴　魏元龍　魏昌富　魏永財　魏永明　魏永信
魏永正　魏永安　魏永惠　吳煥如　吳爲順　吳爲周
吳爲春　吳爲福　江某　陳齊玉　王三元　華德銘　潘
家庸　潘泰禮　潘家仁在湖熟被戕　潘泰鳳　潘自斌　潘自

寶　潘自英　潘泰玉在丹陽被戕　潘泰典殉捻匪難　潘泰周　潘
泰貞　潘泰喜　温榮才　李一麒　李一龍　李一鳳　戴
儒生　魏元朋　戴朝覲　朱本隆　吳承景　戴儒悜　戴
臣武　戴立棟　戴立琦　戴立槤　戴立志　戴立慶　戴
朝舉　戴朝縉　戴臣漪　戴儒坤　趙廣勤　趙廣奇　趙
大賓　趙大銀　趙仁祥　萬朝瑞　趙厚才　趙厚喜　趙
厚富　趙文昇　戚元福　戚元綉　戚元綿　戚庫小　戚
泰瑞　陳倫懷　吳名志　吳名成　吳名題　吳名喜　萬
德貴　萬德琪　華思喜　華孝見　蔡大三　蔡大啟　蔡
大春　蔡大先　蔡立仁　蔡遵鳳俱不屈被戕　雍世濤　雍世
福　温仁兆　温厚田　温榮生　石啟聰　石啟明　石啟
駿　石承華　石加珍　石先灝　石先純　石紅伢　吳高

麟　石啟義俱投水死　石正壽中鎗死　濮元洪　濮元棟　濮元
林　濮永之　濮春榮　濮其鳴　俞世元　曹祥源　曹祥
有　曹家貴　曹家寬　曹家建　吳儒有　鄒和貴　鄒和
順　趙國順　楊世鳳　朱起壽　華思拈　吳玉明　吳玉
珍　華思松　湯正善　尹永德　朱友發　朱佑同　宣達
祺　唐承治俱殉難　楊學車　楊學東　楊春華　楊正廣
楊正發　楊正勇　楊正梯　楊正貴　楊長明　楊學坤
楊長禮　楊長義　楊正旺　楊錦珍　楊錦福　楊一銑
楊長順　楊長春　楊學正　楊學義　楊一渭　楊一藩
楊一信　楊一發　楊一和　楊一勳　楊一秋　楊一鳳
楊一泰　楊正梁　楊正左　楊正桂　楊正南　楊正春
楊正瓊　楊長雄　楊長喜　楊學敏　楊老四　劉老二

王老二　王老五　王三　王錦貴　王錦美　王錦照　顧
大考　王仁財　朱宗壽俱不屈殉難○以上均臨泉鄉人　尹宗元禦賊被戕
尹啟發拷死○均上容鄉人　戴儒慶　朱宣正均禦賊被戕　朱宣世
荷鋤擊賊礮中腦死　朱宣家　朱宣儉　朱宣佩　朱宣新　朱志巧
朱志雲　朱志亮　朱志黃　朱達周　朱達鎬　朱宣桐
朱宣枝　朱延英　朱宣章　朱宣喜　朱志正　朱宣南
朱宣墅　朱達亮　朱老虎　朱毛毛俱殉難○以上均來蘇鄉人
許起達　趙宗棠子某　王安漳俱殉難○均承仙鄉人　童有科
宋道正　姚行登　吳文煥　王恆慶　王德勝　許從善
趙天福　姚景容　張德科　周承楨　薛顯如　薛顯邦俱殉
難○以上均鳳壇鄉人　朱志義十年投水　朱達樞十一年遇害　朱揚揚
錢昌庚俱投水死○均來蘇鄉人　經家鼐　經家襄　李承高　李承

鳳　陳正遠　陳正邦　陳繼賢　陳繼明　周篤讓　周貞
生　周孝祥　周基雲　周基正　周恆艮俱不屈殉難○以上均上容鄉
人　錢志珍　錢志蘭　錢志華　錢志魁　錢志鼇　孔廣
敢　孔廣財俱不屈殉難○以上均來蘇鄉人　郭文富賊使斂費不從杖死　章某
奮擒賊剖腹後被賊斫死罵不絕口○均承仙鄉人　王守慶十年被亂刃死○鳳壇鄉人　陳
夏小　凌啟方　凌長允　凌朝禮　凌德庚　凌朝傑　凌
啟才　凌長言　朱宣起　朱宣祥　朱達榮　朱達熊　朱
宣照　朱宣倫　朱宣吉　劉文芳　劉金序　劉文業　劉
文才　劉文淑　朱傳瑜　朱榮義　朱法慶　雷教林俱不屈殉
難○以上均來蘇鄉人　黃春元殉難○孝義鄉人　唐禮文殉難○句容鄉人　張
自鳳　李茂鑑　李茂舉　趙盛林俱殉難○以上均來蘇鄉人　謝武
成　周篤才　胡德林　賈正鼇　段嘉吉　趙正興　倪盛

陽　胡德興俱不屈被戕○以上均茅山鄉人　殿邦選十年被戕并焚其屍　朱宣富被拷死　劉金保　朱和發俱被逼投水死○均來蘇鄉人　王安森被逼投水死○崇德鄉人　朱宣高　朱宣尙　朱宣鼐　朱達炳　朱才兒

劉金茂　劉天定　劉天明　劉金林　劉金堯　劉金先

卜恆志　屈元兒　朱法清　朱傳九　朱榮第俱殉難○以上均來蘇鄉人　潘家昇　唐禮繁　唐崇信俱殉難○均句容鄉人　李兆盛殉難○來蘇鄉人　萬世壽　萬世靈　巫安發　巫安榮　巫安祿

萬大有　鍾延祥　鍾延庚　金永松　金恆月　桑萬喜

邵宗元　王廷景　巫安源　呂懋志　呂懋眞　呂懋綱

呂艮榮　呂艮啟　呂福勇　呂福全　呂福順　呂咸楷

呂咸卜　譚某逸名　邱某逸名　陳二逸名　向賢高　胡昌悌

劉尙友　劉德興　朱開來　曹施富　曹施發　曹施明

吳有浩　王德東　胡昌渭　胡昌洲　曹施金　胡宏昭
胡宏啟　胡昌朝　胡昌潛　胡宏治　譚德繼　王昌壽
王家昆　龔壽綱　龔壽福　呂祥成　曹顯楷　曹顯聘
朱明遠　朱德培　呂良佐　劉尚義　呂咸書　呂咸魁
呂咸照　呂良發　儲玉美　朱起祥俱不屈殉難○以上均仁信鄉人
周直藩六年自縊　胡德全年七十一餓死○均茅山鄉人　王德順被釘四肢于門死○來蘇鄉人
端木禮柏趙郵八十年殉難　王大有　王明元均坊郭人俱殉蘇州難
朱德才　朱德旺　朱德興　朱勝春　朱勝先　朱勝華　朱正發均被戕　朱正明　朱茂興俱絕粒死○以上均孝義鄉人
張才左　張才孝　張才香　張才立　張長鑑　張遠玲
張映保　張映發　張映祥　張映元　張才均　張映昇
張遠豪俱絕粒死○以上均孝義鄉人　張才虎　張才貴　張才知　張

長照　張映宏　張才隆　張才達　張才根　張才華　張長龍　張長榮　張映生　張長彩　張長成　張才著　張才蕙　張長舒　張映鑑　張才腆　張長盛　張長鼇　張餘逢　張餘船　張餘滄　張長泰　張慶庠　張長玉　張慶萊俱絶粒死○以上均移風鄉人　戎德文坊郭人　張長回　張長濟　張才喜　張長桃　張映松　張才壽　張長勝　張長安　張長連　張慶升　張慶燦　張慶隆　張長富　張才美　張才銘　張才坤　張映熙　張長齡　張長瀛　張長洋　張長滿　張才功　張映壽　張才滿　張才成　張映福　張長溱西通遯人　張長新　張才河　張長芳俱絶粒死○以上均崇德鄉人

高廷旺　高廷仕　高廷海　高世興　高廷釗　江成蘭　江成貴　江成進俱絶粒死　江良興　江良旺　江成佐　江

艮禮 陳賢福 江艮連 裔艮盛 裔世柏 裔世壽 裔
艮寬 裔艮達 裔艮興 裔艮金 裔艮玉 裔明治 王
正寶 王正隆 王道琦 王道興 王正文 王正亮 王
道善 王道極俱被戕 江艮信 江賢近 江賢珠 陳道富
陳德有 陳賢法 涂世宗 劉春興 劉春旺 劉春福
劉春生 劉長聚 劉長根 劉春富俱同治二年殉難 賈永貴
賈永亮 賈永發 賈永安 賈延緒 賈延身 賈方朝
賈方壽 賈方勳 賈永康 賈永壽 賈永年 賈永和
賈正福 賈正舒 賈正林 賈學禮 賈學功 賈學知
賈永祿 賈永釗 賈延華 賈延培 賈方春 賈德春
賈方伸俱同治二年被戕 巫恆貴 巫恆華 巫恆榮 巫恆旺
巫永泰 巫永瑞 巫永有 巫永富 巫永貴 巫恆和

巫永善　巫長元　巫永朝　巫永華俱同治元年絕粒　賈延貴
賈延廣　賈延庚　賈延芳　賈方金　賈德讓　賈德偉
賈德修　嚴賢良　章朝有俱同治二年絕粒○以上均移風鄉人　王長
玉　王大煥　王大瑾　王廣林　王廣富　王廣灝　王廣
賢　王廣生　王聚才　王廣瑞　王廣居　王廣起　王廣
進　王照美　王廣朋　王照蘭　王泰山　王大柏　王大
右俱同治二年絕粒　王照根被戕○以上均瑯琊鄉人　俞長庚　俞春茂
俞恆有　俞恆茂　戴春茂　戴春林　戴學德俱六年被戕○以上
均孝義鄉人　朱嘉能　朱盛元　朱盛鳳　朱盛宏　朱盛浩俱六
年被戕　朱興智　朱興益　朱盛亭　朱盛錢　朱盛朝　朱
盛亮　朱道華　朱道盛　張德信　張德良　朱道連俱七年被
戕○以上均鳳壇鄉人　劉長春　許傳旺　許長安　許傳生　許

成立　許成景　許長旺　萬明珠　嚴聖才　嚴賢明　徐
國揚　湯慶壽　湯慶福　湯慶榮俱十年被戕○以上均移風鄉人　巫
良貴　巫良懷　巫欽相　包聖先俱十年被戕○均孝義鄉人　王傳
發　裔傳名均貫塘邨人　朱盛隆　朱興聚　朱興保俱十年被戕
朱道懷　朱盛全　朱道治　張餘連　張慶喜俱同治元年被戕○
以上均鳳壇鄉人　劉全榮　劉恆有　劉正明　劉利貞　劉利聖
陳才有　陳才成俱同治元年被戕○以上均移風鄉人　朱紹元　朱興
隆　魯德榮　魯德靈　魯長有　魯長海　魯德興　張慶
貴　張興基　張興鳳　張餘和　張興高　張興祿　張餘
靈　張餘純　張餘春　張餘喜　張餘開　張餘淮　張餘
大　張德亮俱同治元年殉難○以上均鳳壇鄉人　劉春元十年投水　徐洪福
同治元年被焚　王廣知餓死○均郵瑯鄉人　王大庚在大培埠擊賊被戕　倪懷禧

十年殉難　駱崇珍　歐陽大福（六年殉難）　歐陽國縉（十年被戕）　歐陽萬鈺（十年被戕。以上均歐巷人）　雍掌衡　雍元宏（太倉州被戕）　雍元容　江隆茂（西門外人十年殉）　徐滙源　俞宏三（住俞檻邨七年殉）　俞某（死內應事）　朱有德（被戕）　胡有欽　吳承錦（在花茂邨被戕）　吳錦華（在花茂邨殉難）　醫士倪德煥　陳懷仁　陳德富　陳德懷　陳通寶　陳車匠　陳聰溶（在湖隄邨被戕）　荀世芳　巫義恬　樊紹文　屠增麟　姚奇福（姚家邨人十年被戕）　姚長浚　高銀保　高士貞　何壯乾（在糜墅橋殉難）　何長存　王宗魯（湖栢邨人）　王正洪　王遠光（十年在王家邨殉難）　王長仁　王司務　王遠燊　王大成（十年殉難）　張餘某（六年在道士橋殉難）　張葆元（十年殉難）　張慶貴　張延合（在花家莊殉難）　張朝松　張慶紘（在西城殉）　楊師質（戴邨人不屈死）　楊禮位（六年被戕）　楊義貴（十年被戕）　楊道終　楊道朋（十年被戕。以上均楊巷邨人）　周恆信（住方溪邨六年殉難）　周

德恭　劉元喜在道士橋殉難　劉顯芳在新坊郵殉難　甘本澄　談子敬
商致和殉省城難　任存煥孔郵人同治二年被戕　馬汝明　李有畬
李某朱張巷人六年在淞鄉被戕　宋鳳章在李家橋殉難　萬德起住高陽橋七年殉
華思智在華家邊被戕　尙德漢在義成橋殉難　郭蔭培十年在淮北被戕　駱春
沼　史珮玉　孔繼純　孔長生　孔昭鼇　許華章均十年殉
蔣忠璘　趙何通六年在馬平橋殉難　趙瑞麟　趙政恆　趙政迎
趙家棟三年罵賊死　趙顯增殉長州難　戴德成住窯山郵七年殉　戴世允
十年殉難　戴道銘　戴成艮　謝儉祿　謝欽聚謝家邊人均十年被戕
戴世晝　戴世乾　戴世貴同治元年殉難　丁仁全　喬順起均張杆里
八七年殉難　尙義僕名逸有傳　呂咸富　巫有恆　李鶴林　陳世
旺　倪朝福十一年被戕　朱榮升　蔡景祥同治二年被戕　胡定啟
譚德功子某　蔡明望　徐春和均被戕　楊方祿　楊國孝

孔廣渾（殉江甯難）　陳德發　張榆郎　俞士永　李光鳳　王大德　許發高　許升安　張得玉　陳倫信　楊得貴　周章如　周魁勝　方正位　陶玉和　戴禮仁　高應鍾　孫新紅　孫金貴　季仁富　柳明卿　雍楚與　趙志仁　王鴻儒　陳祖灝　夏萬安（皆殉難○以上均見府志）　趙志廣（殉江北難）　許明和（在下蜀被戕）　許興位（被戕）　許艮旺（十年絕粒○均孝義鄉人）　戴天仁　戴天臧　戴仁泰　戴仁福　戴仁富　戴仁和（俱殉難）　戴仁友（被戕）　戴大富　戴大貴　戴大營　戴大旺　戴大隆　戴大有　戴大生　時道餘　時道元（俱殉難）　時道方（被戕）　時道裕（被戕○以上均瑯琊鄉人）　駱崇元　劉慶元　王遠先　趙福壽　樂道中　李名禮　戴立麟　戴立耀　俞廣箕　王承貴　楊宏財　張崇禮　張崇義　朱維科　劉昌壽　解吉善

戎敘勝　戎棊　王承麟　宣介堂　王家富　戴志連　張照之　劉敬坤　蔣景懋　王介眉　湯建中　盧賢德　許渭以上俱見版位　陳常滿　陳常蒼　陳常溢　陳常山　陳常全　陳常懋　陳正萊　陳正源　陳正寬　陳正壽　陳正廣　陳正湖　陳正家　陳正佑　陳兆厚　陳正寶　陳正坤　陳咸鐘　陳咸鳴　陳恆譜　陳恆譜　陳恆義　陳恆禮　陳咸選　陳咸埜　陳安財　陳安庚　陳安庠　陳安浩　陳安孝　陳恆玉　陳安吉　陳安慶　陳安壽　陳安齡　陳正艮　陳咸長　陳咸有　陳常祿　陳常純　陳常盛　陳常金　唐邦清　唐安起　唐安春　唐年兒俱殉難○以上均望仙鄉人

高德進　高秤兒　高德璜被戕　高德安被戕　高德綸被戕　高德順　高德美　高德武　高烈淮被戕　高樹松

高德興十年投水○以上均移風鄉人 董昌琮 董秉禮 董昌璣均不屈被戕 董昌熙同治元年被執不屈剖心死 董昌行 董昌璜 董裕辰均絕粒死 閔道春 閔道安 閔道有 閔美保均被戕 巫邦聚 巫國富 巫國壽 巫邦容 巫國興 巫國才 巫國明 巫邦求 巫世福 巫才高 巫邦科 巫國奇 巫國嘉 巫國瑞 巫國琛均殉難 巫邦才在城被戕 巫國聚十年被戕○以上均望仙鄉人 糜國琦在馬莊橋被戕 糜國志 糜國安 糜國發 王長美 王文祥 樊家禮均不屈被戕 糜宏樑在外殉難○以上均來蘇鄉人 居四附傳 方朝貴均坊郭人俱六年被戕 陳得壽附傳 倪繩錦唐陵人在潦塘被戕 孫老二張延祺家丁十年被戕

方外

僧恆修有傳 僧開寶有傳 僧達林住丁家庵十年被賊拷掠舉火焚死 僧嚴

如住張廟賊欲殺害投黃堰壩死　僧光明　僧光慧均住福緣庵賊擄不屈被戕　僧才寶住臨泉鄉同泰寺十年被戕　僧性池住下蜀鎮鄰華庵九年殉難　僧可慶七年罵賊不屈被戕　華山房頭僧淡然　僧長華均七年被戕　僧智成

道士張子雲不屈死　郭道士住善司廟有傳　郭道士住開泰庵不屈被戕

俞嗣修住茅山乾元觀十年被戕　范信明　戎如山　張敏仁　董載福　歐巨川　朱克恭　丁其芳　于其康　陳其信　王覺淨　梁覺洲　許如俊　林如楷　楊潢作　唐信順　李信眞以上均茅山九霄宮道士十年罵賊被戕

流寓

安徽巡檢張栢震澤人有傳弟勉妻某氏子寶書老弱十五口同殉難　龔有壽丹徒人妻劉氏女三姑在句投井殉難　孫明庚丹徒人同治二年在樊家郜被賊剖腹食心妻樊氏同遇害　鄭兆勳揚州人妻陳氏在上蘭郜同戕　無名氏金陵人六年避至朱家山城陷男

女老幼共八口相率投郵西園裏塘死　呂家和上元人。十年在土橋被戕｜妻劉氏縊死

以上流寓士民一門殉難

文生張允之上元人有傳　文生張耀乾上元人陣亡　文生蔣雨滋丹徒人王莊陣亡　文生陸樨林上元人十年殉難　文生侯某湖北人在夏甸售醫同治二年被戕　監生王大逵上元人有傳　監生張天錫江甯人　武生呂元魁溧陽人在搪陵郵被戕　尹廷松溧水人被剖腹死　葉德興溧水人有傳　胡東堂高淳人在趙郵課讀被戕　張佩芝揚州人在北墅郵被戕　趙德和儀徵人在倉頭被戕　沈振遠洞庭山人十年在東陽殉難　朱某寶應人在鄒巷被焚　王某上元人住陳家莊殺賊被戕　王大江北人在土埠郵傭工被戕　張二揚州人在唐巷郵被戕　張老四太平圩人十年在東山郵被戕　丁老丹徒人在上蘭郵剖腹死　查老販巢縣人業菸在郭莊廟被戕　陶木匠太平府人十年在老鶴郵被戕

以上流寓士民殉難

許長有長德江北人佃種岡子郵爲團勇六年陣亡　張錦黼錦黻丹陽人珥陵鎮陣亡
荊學文秀發丹陽人珥陵鎮陣亡　鄧學孟昌松川秀明秀雙喜明吉丹陽人均在蘇
巷陣亡

以上流寓勇丁一門殉難

陳啟林江北人傭工岡子郵六年爲團丁陣亡　周長慶江北人爲三岔團丁六年陣亡　徐
永山　陳書元　王汝培　張榮孝　湯厚恭以上五名均丹陽人珥陵鎮
陣亡　韋茂健丹陽人墓郵陣亡　張　陳有成　張以鍾均丹陽人華山里陣亡
姜國茂溧陽人古讀里陣亡　吳瓦匠丹徒大港人王埠圩團丁殺賊數人十年被礫死　馮
棉花匠　王箍桶匠均太平府人充南鄉團丁六年崇福橋陣亡　施再思　施忠
艮　朱勝揚　朱廷章　姚福德　王香培　王元貴　王正
陞　張永和　周勝坤　顧金相以上十一名均蘇鎮中營兵丁句容陣亡　琅山
營兵某見附傳

以上流寓勇丁殉難

芮長發親兵什長　陳倫信　陳德玉　孫新洪　劉興科　周占魁　戴禮仁　楊得貴　張錫禮　方正位以上皆什長　李家樂　周得貴均親兵　侯興林　李家貴　王朝進　余東海　戴力富　楊義禮　蔡學林　戴成聚　陳得容　唐宏　巫永勝　毛仁成　張金發　魏大有　沈得寶　張萃和　趙志中　李仁富　李光鳳　許發高　王大發　許升安　雍楚興　錢玉庚　汪學初　孫金貴　周魁勝以上均正勇　曹大全　夏延泰均長夫　曹福成　萬大發　戴友名均伙夫　○以上均係淮軍　○附祀盧州譚劉二公祠○均見府志

以上附弁勇殉難

續纂句容縣志卷十一下終

續補忠義

知府田芬　參將湯茂泰　都司易新勝　都司黃昌　都司

陳光謨　守備向忠國以上皆霆軍同治三年克復句容陣亡

以上官

銓選主簿孔廣幹殉貴州大塘難　五品軍功尹懷義咸豐十年在通逕邨被戕

以上紳

貢生倪用賓妻某氏　子葆和　和妻張氏　葆平　平妻陳氏　文生徐富珍　文生

姚道元　文生樊志賢十年被戕　文童施國斌　文童施家珮

童生樊啟緒妻歐陽氏十年殉

以上士

欒繼曾女一罵賊不屈被戕　朱攸餘妻欒氏同殉　李有功妻包氏弟有敬有德

子餘慶德妻某氏　餘廣敬妻某氏慶妻某氏。坊郭人　陳正福妻丁氏　張慶有妻朱

氏長祥姪　張長成妻周氏　張才印妻孔氏○以上一門　朱式榕　王

仁財　趙國紀　張慶友　俞明慶　朱一道　陳福仁　朱

有高　陳國昇　巫老四　高秉直　張有蘭　施國成　鄒

照盛　夏老二　陳有德　王守理　王履中　張餘道　鄒

正芬　鄒順新　鄒安鼎

以上民

練首毛德章福祚鄉人　王大鳳有傳　趙家義　趙正迎　趙正祿

趙義方均上容鄉人　張餘豪東鄉人　練首吳廷珍茅山鄉人　柯長

松　柯仁信　宋家楨　俞士湧　俞士源　陳得壽　柯長

林　朱達三　朱達昌　朱達順

以上團丁

續纂句容縣志卷十二上

邑人張　瀛分纂

人物　流寓

溯吾句容舊族之始半多寓公金牛運阨再造江東附鬣攀鱗十數萬戶特置瑯琊僑郡以居之靖康之難扈蹕渡江者亦數萬人聚族於此他若官於斯與游於斯者往往愛山水淸奇民風渾樸輒流連不忍去乾隆中葉騷客羇人壇坫風流一時稱盛洎乎赭寇跳梁東南不靖白下諸名宿鸞飄鳳泊暫覓一枝與邑人士把盞聯唫以吐其磊砢不平之氣亂定後率皆扶搖以去星移物換人往風微謹述舊聞以存陳迹作續流寓志

孫星衍字淵如一字季逑陽湖人父勳乾隆時任句容校官星衍誕於署及第後以鼎元先路牓其堂幼雖好蹴踘諸戲而一

目輒數行下骨記不忘故淹貫羣籍爲一代鴻儒王氏修竹樓駱氏西爽軒水木明瑟極吾邑園亭之盛星衍與同鄉洪亮吉趙懷玉諸賢觴詠其中流連竟日梁井堙於斷甓葛碑仆於荒榛胥訪得之搨數百本遠餉同好一時韻士騷人來游來歌稱盛事焉

蔡琳字紫南江甯舉人咸豐癸丑應禮部試甫抵京聞江甯陷以母在城中即返車星夜馳至望城而泣百計脫母於難輦至句容散岔鎮授徒以養琳博學嗜古循循善誘邑人章安福其高足也琳己未捷南宮歷官刑部員外郎著有荻華館詩稿數卷

郭懷仁字樂山合肥人咸豐間避亂居句容郭莊廟課徒於花茂吳氏劬學工文時金陵方攻戰相距數十里礮聲隆隆不絕

於耳猶把卷濡毫昕宵不輟己未借闈秋試橐筆赴浙計泖水上書者僅二十八人中式二名懷仁與焉後捷禮闈入翰苑以去

姚兆頤字友梅江甯人咸豐三年僑居句容與駱崇禧曹政修輩均有傳結社聯唫詩名藉甚嘗有如此惡緣拋不了又來帶雪看茆山之句所作輒隨手散去體弱善病不能常饜文戰六年後流轉吳門亂定中拔萃科光緒己卯始領鄉薦未幾丁父憂以毁卒

傳遇昌字用霖江甯人與姚兆頤同寓句容應華陽院課兆頤竟夕搆思只成一藝遇昌風發泉湧已成數首與何鴻儀潘同俱有傳均爲邑令趙廷銘所激賞得貲輒沽酒入社角逐詞壇與會颷舉流離瑣尾之際不作悽楚音其曠懷若此己未北上捷

京兆試以縣令改興化學博終於任遇昌同里魏賡元字伯颺亦詩社中健將丙辰句容城陷避居吳門曹政修贈以詩云佳日喜添詩酒伴好風吹散別離情少年同是青驄客知己重聯白馬盟可想見其概矣後中庚午舉人以廣文終

徐士怡字棣友其先安徽石埭人父廷芳道光間爲句容典史有惠政遂卜居句容中街士怡幼穎悟好讀書嘗受業於邑副貢淩長埏之門既長益篤志苦學博覽古今篤嗜古文詞駢體雜作睥睨一世少許可而詞氣溫和爲所心折則虛衷以就在華陽詩社中與同人相砥礪駱崇禧謂爲曹政修之勍敵庚申後飢驅蓬轉所遭艱苦悲憤悉泄諸詩遂成詩稿一卷同治間獨山莫祥芝任通州招致令其子弟師之遂歿於其署著有寄生山館詩稿

趙崧字筱容一字蘋江貴州遵義人父廷銘咸豐間官句容知縣解任後居縣治文星里崧少時與弟龍負雙丁之譽好交游馳逐文壇詩社中幾十年龍早卒崧游京師書屢上輒報罷鬱鬱不得志遍走大江南北至滬上終無所遇晚年就幕吳下以喘疾卒無後箸書十數種俱未成

張肇岑字蘭坡甘泉人嗜金石精篆隸鐫刻少游阮文達之幕晚年寓句容搜訪古迹獲梁南康簡王石柱又得顏魯公李君斷碑手識日月其淵雅好古如此

王敦甫字新吾丹徒人少游粵東在制府阮芸臺幕中得牛痘新書一卷精研其法遂傳種於楚由楚而吳推廣愈多道光間邑令王檢心聘至句容設局施種俾重輯新書刊版行世兵後卜築于白兎鎮光緒初就館邑中知縣袁照設局延主其事時

年已八十有六前後手種不下數千人暇時信口吟哦爲容易格亦布衣中不可多得者

張錦坡上元諸生寄居東陽鎮敦品勵學治家嚴肅少與江夏陳鑾友善後鑾貴巡撫江蘇道光某科監臨南闈同人爲錦坡賀而錦坡竟不應試未幾鑾署督兩江以書招之而錦坡終不往其高潔如此壬寅英夷犯順東陽辦團練錦坡捐重貲助之續府志誤以恒順鋪號爲名

續纂句容縣志卷十二上終

續纂句容縣志卷十二下　　邑人張　瀛分纂

人物　方外

句曲顯名始於茅氏寶華著迹肇自誌公地以人傳尚矣魏晉以來嗣宗師者數十代持梵律者億萬人甚至燧人降生景定志云宋眞宗遣使祈嗣茅山遇異人言王眞人當降爲宋第四帝詳詢名號則曰古燧人氏及仁宗生始行步每持槐柳以節鑽之眞宗喜曰洵燧人也江神乞戒華山志云釋三昧有道行結廬野雉潭潭龍現形受戒泊舟觶魚嘴江神出而乞戒崑城之小乙金龍潭鎮之五顯神皆託夢自云吾已得戒祀勿殺戮僂指靈異更僕難終今雖元風不振釋教寖微而黃冠野服猶守全眞露頂搭衣尚多苦行顧岐視二氏削而不書可乎爰稽山志兼采輿評得若干人作方外志以續仙釋

閻道人不知何許人其投刺於人稱希言人與之書亦稱希言頂一髻不巾櫛粗布衫而無袖服履而不襪疏眉朗目豐輔重

頤色正紫腰腹十圍叩之如鐵重可三百斤行步輕捷雖少壯不啻也盛暑赤裸而曝日中不汗窮冬鑿冰而浴又令人積溺缶中浴之出使自乾嗅之殊不覺膻臊以故所至皆異之目爲道人以其不巾櫛也又目之闊蓬頭諸慕道者咸以奮呼矣道人亦不辭或坐不起拜之亦不起然未嘗求伸於不知已喜飲酒量不過三四升酣暢自適則歌道曲以娛坐者食能百人不擇葷素第嗜蔬而安粥人奉之幘則幘奉之衣則衣予之金錢則亦置袖中轉盼即付之何人手不顧也出則童子噪而從之往往袖甘果爲餉故從者益衆問道人曰百歲乎曰然問且二百歲乎曰然問元時嘗爲集慶路總管乎曰然或曰道人不過六十耳何誑我爲曰是誑爾也竟無以測也然道人絕不爲人道其所繇得叩之以延年沖舉之術亦不應惟勸人行陰騭廣

施予勿淫勿殺勿憂勿恚勿多思而已萬歷十六年十月十三日過一毛百戶俊家飯畢謂其徒我欲得湯浴湯至凡三浴而後爽然命移枕蓐地坐曰道人不當臥牀也已覺氣息微始驚問道人得無欲去乎道人曰既知之何問又問有所言否曰我何言窮理盡性以至於命齊家治國平天下而已遂瞑趺坐不僵浹旬猶暖氣色休休然汗沾鬚有若璣者三日而入龕七日而移至乾元觀時時啟龕視之蓋百日猶若生也道人游行人閒者五十餘年灼然著聲者垂四十年出無恆嚮詣無恆主宿無恆夕忽然而來忽然而去無住無主無戀爲本無相爲宗其眞有道者耶弁山人曰道人以甲申之冬過我弁中酒閒忽謂余吾家山西二十七八時行販燕市足自給而房幃過度成瘵且死而遇我師誨之坐功得無恙且謂汝欲不死亟去家毋問

當是時有一女而置之今者都不憶吾血屬惟憶姓閻度其時
蓋在嘉靖乙未丙申閒也余謂道人漫應人多矣安知不復漫
謂我我姑漫應之因相與失笑而別

舒道人晚而慕道浪跡諸名勝至三茅鬱岡之下見有宋朱眞
人幽光顯揚碑仆於荆榛中土人取石爲灰碎其碑將負去忽
雷雨晦冥若見有人湊合立之者道人異之乃倚碑結茅而棲
堅意精心凡十餘年而道人閻希言者始來自終南豐腹重頷
不冠不履舒知其不凡拜爲師遂相與胼胝興復古乾元觀云
道人名本住字一庵金陵人與江文谷同爲希言高足弟子卒
年九十有六

江道人名本實字文谷薊州玉田人蚤歲棄家學道萬歷壬午
至鬱岡師希言嘗言人生未嘗無死有盡形骸人死未嘗無生

當存精氣乃於洗心池旁培小阜疊石塞牖趺坐於中謂其徒每日向牖呼之應則已不應則入收歛遺蛻凡呼之三年乃不應啟石視之坐蛻矣故稱爲活死人墓所著有華陽眞誨行於世

李道人黟縣人父母皆夢一道人入門而生名夢仙以正德壬午生父故雄於貲道人暱妓鳳仙年至四十幾死有一丐者呼門自稱清淨敖蓬頭爲邱長春十代孫指北海牢山爲居教以修煉法更名一了偕之登天目囑之曰咄咄善守而道黃白男女皆惑世罪孽汝其戒之忽不見道人遂勸妓爲道姑棄妻子雲游西粵湘山楚太和山散髮嘯歌衆莫之識時閻希言在山獨識之相得甚懽朝夕修證閻往茅山李忽投清涼澗中捧腹大笑從此遂不衣嚴冬亦然故以赤肚名十年遊終南又十年

遊匡廬三年始入茅山而閻先一年尸解矣欲師江文谷文谷不受遂拜空而師閻復着衣曳履混於衆衲衆衲不爲禮更號徹度遇病者不假藥餌或呪或咽無不立愈衆稍禮之東南巨室咸倚爲命延之就之者車馬錯於途談道一本於無欲問仙搖首閉目曰不知不知嘗坐燕口洞三年王荆石宿大茅峯夢一道人坐斯洞覺而馳至遂肅拜焉里中有新必獻之洞不獻必有夢迫之化於萬歷已未八月年一百十五歲

王小顛道名合心常州宜興人生而慧辯通儒術弱冠居金沙卽悅水雲之士作方外遊遍諸名山訪高流見閻希言師事之叩昇舉事希言曰所謂昇舉者豈虛空之中別有苑囿宮殿以爲游息而往居哉無非仙蹤耳於是歷巒岡而始慰其入道之心合心學博而才敏構詞用意出人意表其所言多是默示道

妙傷感世態復善草書屈伸變化絶無塵跡讀道書悟一言則篤信而體行之嘗言曰吾聞鴻濛鑿而太樸死然則是禮也鑿之首也乃假於酒跛履踞坐以自放狂歌浪語以禦人藏機作拙以示無用於是人皆目之爲顛而省其禮以接之而合心亦得簡其禮以答人矣於是人咸稱爲小顛又嘗爲其師江愼言薦度九曰全眞何以獨度九以乾陽至九則羣龍無首陽當變陰時時靜坐養成陽晶數極恐其反暗故從九而鼓動其陽光過此九九則仙之造化定矣衆人死則爲鬼屬坤之陰暗而無知至六日則坤之六爻已終陰極則變而一陽復生於下以爲地雷復故易有七來復之辭於是乘其復明而薦拔之此衆人所以度七也

楊承乾字體元無錫人早孤入山有志適茅山道士趙逑先至

吳門道出錫山邂逅相遭願隨几杖然寡言語甘澹泊詩酒自好世故不知即悟道參元不形於色述先未察其異人更莫之識也虔奉純陽歲久或問感應若何輒笑而不答人竊譏其愚如也一日承乾與述先白門返轡買棹江頭承乾在後與藍衫破碎者八人談笑從容戀戀不舍述先叱曰此丐者也爾何與爲伍承乾曰此眞丐者乎師殆未之覺耳嗣後益娛情於詩酒醒世以瘋癲憑人毀譽終莫之較會有張我愚者修眞養性名重一時游大茅見承乾風骨不凡功行已著乃忖曰溯劉混康曁劉大彬兩眞人後年湮代遠繼芳躅而遙翥者其惟斯人也隨結爲神明契承乾又獲呪棗書符法拯人疾苦試無不驗人嘖嘖焉乃輒諉曰此偶然耳何足道乾隆辛未上元日忽語其徒曰七月八日余須解蛻衆莫之信期至異香滿室咳唾成蓮

起而吟曰峋嶁山裏出仙人今古從來地自神我愛山幽眞寂靜眞忘眞了是成眞擲筆而逝後有自西來者見承乾坐半山松樹下云

施代銘字盤谷茅山乾元觀道士住持治西葛仙庵風神瀟洒樂與士大夫游道光閒宦裔孔廣業自遠省歸應童試報罷後悵無所依代銘慰留庵中助以膏火俾卒業靑其衿以去粵逆陷城代銘避亂渡江轉側淮海閒猶勸人爲善（事見孔昭秉孝逆烱鑒中）亂定募建庵堂規復舊制光緒初年廣業宦成丁艱歸握手殷勤重敦舊好而代銘亦皤皤老矣逾年忽欲歸臥乾元鍵戶不出彌月卽逝若預知其解蛻云

周紹溪字子安茅山九霄宮道士博覽羣籍工書善寫蘭詩亦秀逸與曹政修交最善嘗贈政修有我是山中狂道士君原天

上謫仙人之句又見其題便面絕句云漫誇劉阮結仙姻畢竟讕言莫當眞我是山中狂道士桃花多處卽抽身又張鶴峯工琴周月耡善畫皆羽流中之風雅者

王童興武進人中年出家住持茅山乾元觀兵後宮觀荒涼其徒十餘人力耕自給童興苦志戮力鍊氣養神三十年如一日光緒戊戌年六十二示期解蛻屬諸衆曰寘吾甕中三年後啟驗屆期宛然趺坐遂裝塑遺蛻而龕奉之遠近觀者如堵咸嘖嘖稱歎謂展上公後一人而已按玉宸觀有古仙人展上公遺蛻因訛爲肉身觀咸豐閒賊至始毁

李道士直隸人光緒初住持靑元觀觀無恆產矮屋數閒荒址數畝而已李某繚以短垣樹桑種菜自食其力暇則讀周易萊傳以自娛能以符呪治疾不受餽遺或有詢其苦況者輒應曰

有則啖飯無則啜粥無求於人而有自得之樂其高潔如此後十數年病歿

圓先號渾儀山東郯城縣范氏子年十四投海州碧霞宮祝髮乾隆二十九年圓具寶華受記主席躬行實踐恪守成規兩逢聖駕臨幸　寵施優渥住持三十四年

懷遠句容人古隍邨樊氏子幼剃度爲僧居金陵普德寺通文翰乾隆中與省會諸名宿相往還世所稱懷遠大師者也攜姪樊徵明於寺俾傅習親師遂成考據詞章之學懷遠著有經誦隨筆若干卷

昌蒼號體乾海州人姓陳氏年十二投法起寺祝髮後依止寶華精勤三學繼席以來整頓規模重光布薩四方乞戒之徒聞風奔赴道光二十六年宏開戒網緇素雲集受戒者至一千二

百餘衆自文海後南北戒期未有如斯之盛

聖性如皋人出家定慧寺同治間嗣席寶華佛殿僧寮不下千百楹粤逆之亂殘毀殆盡聖性持缾鉢募諸四方漸次建復藏經亂後散佚走　京師請頒　龍藏經一分永遠供奉重刻寶華山志以存古蹟此皆舉其大者聖性清修苦行造經顛沛流離百折不變圓寂前數年嘗語人曰吾教至二十年後陵夷澌滅殆不可問距今已十餘年云淮揚道謝元福爲銘其塔

按乾隆志仙以明初張三丰止釋以乾隆初福聚止今依次續纂非起於前明以違例也此外有年代稍遠者則纂入拾補

續纂句容縣志卷十二下終